# 契丹

從白馬青牛的起源傳說，
到草原帝國的崛起與沒落。

宇信瀟——著

# 前言

「契丹」這個民族，已經不在今天中國的五十六個民族之列，但曾經這個民族在中國北方建立了契丹帝國（遼朝），享國三百多年，盛極一時。在今天很多文學作品和戲曲作品、影視作品中，都有契丹帝國的身影。無論是在中國四大名著之一的《水滸傳》中，還是在民間流傳的小說《楊家將》、《岳飛傳》、《天龍八部》中，抑或在京劇《四郎探母》等廣為人知的戲曲作品、影視作品中，契丹人大多作為「反派勢力」出現，這與契丹帝國同時期的中原王朝——宋朝間的長期戰爭不無關係。雖然在這些文學作品、影視作品中，契丹人大多作為中原王朝的「敵人」存在，但恰恰是契丹人建立的帝國，東起渤海之濱，北至西伯利亞，南到今天河北、山西等地，向西曾一度遠至西亞，將中國文化向北、向西推廣到遙遠的西伯利亞、中亞、西亞等地，為中國文化向世界的傳播做出了不可磨滅的貢獻。「契丹」曾一度成為西方人心目中「中國」的代名詞，相傳十五世紀末哥倫布航海的目的，就是想要去往東方尋找傳說中的契丹。直至今日，在俄語、希臘語、波斯語、阿拉伯語等語言中，仍將中國稱為「契丹」。

契丹民族出自鮮卑宇文部的一支，是生活在中國東北、內蒙古東部的草原遊牧民族，在其民族語言中，「契丹」意為「鑌鐵」。九一六年，耶律阿保機稱帝，建立了契丹帝國，即「遼朝」。終遼一朝，契丹人九改九復國號，時而自稱「大契丹」，時而自稱「大遼」。因而，「契丹」和「遼」在一般情況下可以通用為契丹帝國的國號。契丹帝國充分吸取了之前眾多遊牧民族國家的經驗和教訓，不再採取單一的制度治理國家，而是採取「因俗而治」的方針，首創草原帝國「一國兩制」的基本國策。史書記載契丹帝國「以國制治契丹、以漢制待漢人」，即沿用遊牧民族的傳統習俗，治理包括契丹族在內的草原遊牧民族，並仿效中國唐宋制度，治理漢人、渤海人居住的農耕地區。契丹帝國的一國多制、因俗而治，為歐亞大陸北部草原文明與南部農耕文明的融合，探索出了新的道路，也為統一的多民族國家的形成奠定了一定的基礎。

契丹帝國給後世留下了許許多多生動的故事。關於歷代帝王，不僅有雄材偉略、開創帝業的遼太祖耶律阿保機，還有每天睡十六個小時以上，卻仍能順利執政十九年的「睡王」遼穆宗耶律璟；關於歷代太后，不僅有為集權於一身而自斷手腕的述律太后，還有在小說《楊家將》中被塑造得陰狠毒辣、在歷史上卻輔佐丈夫、兒子開創盛世的承天蕭太后；關於歷代名將，不僅有兩敗宋軍的耶律休哥、耶律斜軫，還有稱雄中亞、令契丹帝國起死回生的耶律大石；甚至在與契丹時和時戰的宋朝，也因與契丹帝國之間的和戰，留下了楊家將、寇准等許多歷史名人的奇人軼事。

隨著十二、十三世紀女真金國和蒙古帝國的崛起，契丹帝國逐漸淡出了歷史舞臺，契丹民族也逐漸融入了中原漢族以及東北、西南的一些少數民族之中。這樣一個曾經盛極一時，如今早已逝去的強大帝國，留給今天許許多多寶貴的文化遺產，對今日中國影響深遠。

宇信瀟

# 目錄

內 지

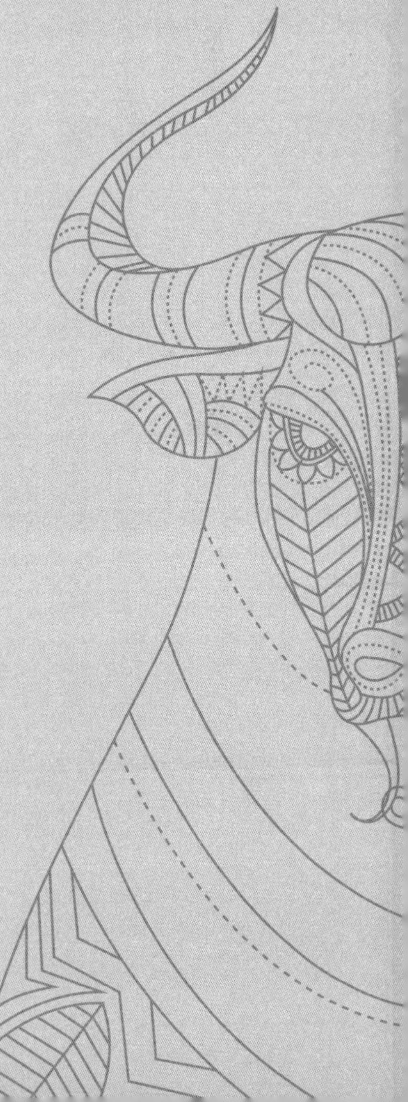

## 第一章　帝國起源

# 契丹民族的興起

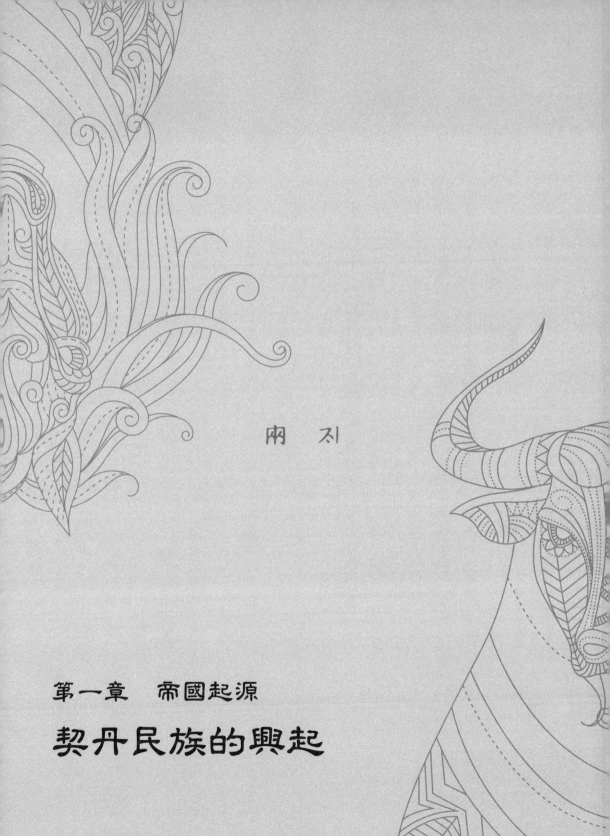

契丹帝國是十世紀到十二世紀時，契丹人在中國北部以及中亞地區建立的強大帝國，中國史籍中又稱「遼朝」。契丹帝國對後世影響深遠，蒙古帝國興起後，蒙古人一度將中國北方泛稱為「契丹」。在西方世界，「契丹」甚至一度成為西方人心目中「中國」的代名詞，直至今日，在俄語、希臘語、波斯語、阿拉伯語等語言中，仍將中國稱為「契丹」。契丹民族出自鮮卑宇文部的一支，是生活在中國東北、內蒙古東部的草原遊牧民族，契丹從東北邊陲的草原小部落發展成為疆域遼闊、盛極一時的大帝國，經歷了長期的、艱苦卓絕的奮鬥歷程。

## 白馬青牛：契丹民族起源傳說

「契丹」在其本民族語言中，意為「鑌鐵」。正如其名字一樣，契丹民族具有鑌鐵般堅韌的優秀性格，這種性格在契丹從小部落走向大帝國的過程中，起到了至關重要的作用。正是憑藉其鑌鐵般的堅韌品格，契丹人才能夠熬過數百年的艱苦歲月。

關於契丹民族的起源，在草原上流傳著一段美麗的傳說：

在大興安嶺南麓，有兩條大河奔流而下，一條是西拉木倫河，蒙古語意為「黃色的河」，中國史籍中也將這條河寫作「潢水」；另一條河是老哈河，「老哈」來自契丹語，意為「鐵」，這條河流在一些中國史籍中也被稱為「土河」。契丹帝國就興起於西拉木倫河和老哈河流域。傳說一位久居天宮的天女，有一天感到天宮生活枯燥乏味，於是駕著青牛車來到凡間，沿西拉木倫河順流而下遊玩。恰巧一位年輕的仙人騎乘一匹白馬沿著老哈河向東閒遊。二人在西拉木倫河和老哈河交匯處的木葉山相遇，一見鍾情並結為夫妻。他們生下八個兒子，這八個兒子後來繁衍為八個部落，即悉萬丹部、何大何部、伏弗鬱部、羽陵部、日連部、匹絜部、黎部和吐六於部，統稱為「契丹八部」，契丹帝國就是在此基礎上發展而來的。這就是契丹民族「白馬青牛」的傳說，最早記載於《契丹國志》中。

這一傳說實則反映了契丹人對其起源和早期歷史的模糊認識。按當代人的歷史認知，「白馬青牛」的傳說，可以解讀為：在西拉木倫河與老哈河交匯處，一個以白馬為圖騰的部落與一個以青牛為圖騰的部落世代通婚，最終形成了契丹民族。

契丹帝國建立後，契丹人極為重視這段民族起源的傳說。契丹帝國的開國君主太祖耶律阿保機，在傳說中仙人和天女相遇的木葉山上，建立了一座始祖廟，歲歲祭祀。廟內，騎白馬的仙人被尊奉為「奇首可汗」，居於南廟；駕青牛的天女被尊奉為「奇首可敦」（「可敦」在北方遊牧民族語言中意為「皇后」），居於北廟。此後，契丹帝國每遇重大戰事，契丹人都要來此地舉行大型祭祀，以祈求先祖保佑平安和勝利。契丹帝國每逢新可汗登基、春秋時祭等重大活動，必以白馬祭天、以青牛祭地，來告慰

白馬青牛的傳說

祀，以示不忘本。

先祖。平時，每遇行軍及春秋時節，契丹人也要在本部落中斬白馬、青牛祭

契丹民族早期生活在東北邊陲苦寒之地，以遊牧為生。根據契丹人關於先祖的傳說，奇首可汗的繼任首領是一具骷髏，名叫乃呵，平時生活在帳幕之中，不出帳見人。契丹部落每遇重大事務需要首領裁決之時，部眾們就斬白馬、青牛祭祀，這位首領遂化為人形出面處理。事務處理完畢後，這位元首領即刻回到自己的帳幕中，重現骷髏原形。有一天，契丹部落中一位冒失的小夥子誤闖入了首領的帳幕，意外地看到了首領的骷髏原形。這位被看穿原形的首領遂逃入深山之中，再也沒有出現。在這一傳說中，將契丹早期的這位首領刻畫成骷髏的形象，實則反映了契丹民族早期生活的艱辛，在惡劣氣候和生產力水準極低的情況下，經常出現人口大量死亡的現象。

骷髏首領之後的繼任首領名叫喎呵。平時處理日常事務時，這位首領要戴著一個野豬頭、身披野豬皮，不讓部眾看到自己的真面目。某一天，這位首領的妻子在首領帳幕中打掃時，無意中收走了首領的野豬皮。從此之後，這位首領便再也沒有出現過。這一傳說將契丹的第三位首領刻畫成野豬頭的

形象，是由於野豬在契丹早期社會生產、生活中扮演著不可或缺的角色，該傳說實則反映了在契丹民族早期的歷史中，契丹人一度以狩獵為生，依賴捕獵野豬維持基本生活。

契丹的第四位首領名叫晝里昏呵，這位首領食量驚人，養了二十隻羊，每天要吃掉十九隻，剩下的一隻羊在第二天又會繁衍為二十隻羊，其中十九隻又會被首領吃掉，剩下一隻留待繼續繁衍，如此這般周而復始。這一傳說實則反映了契丹社會發展到遊牧社會早期階段伊始，物質極為匱乏、生活極為艱苦，生活物資僅僅能夠維持最基本的生存需要。

就是在這樣的艱苦歲月中，契丹民族逐漸發展壯大，從艱難維持基本生計的草原小部落，一步步走向幅員遼闊的大帝國。

## 大唐屬民：從臣服北齊到歸順大唐

契丹人直到十世紀初才有了自己的文字，因而關於契丹早期的歷史記載，主要見於同時期的漢文史籍。在《魏書》、《北史》、《隋書》、《舊唐書》、《新唐書》、《舊五代史》、《新五代史》、《唐會要》、《五代會要》、《冊府元龜》、《文獻通考》、《宋會要》等中國史籍中，均有關於契丹的記載。

在鬆散的部落聯盟階段，契丹八部互不統屬，時而互相攻伐，時而聯合起來侵擾周邊。此時的契丹在政治上實行軍事民主制，部落聯盟的首領最早由大賀氏擔任，每任首領任期三年，每三年由契丹八部貴族集會選舉新的首領。部落聯盟規定，契丹八部「獵則別部，戰則同行」，平時各部落在各自的領地遊牧漁獵。不過，部落聯盟首領的權力十分有限，受到貴族會議的制約，即使遇到重大戰事，部落聯盟首領統一指揮，但也必須聽取八部貴族的意見，不得獨斷專行。

六世紀初，契丹屢屢南下，侵擾以另一支北方遊牧民族鮮卑為主體的王朝——北齊。五五三年農曆十月，北齊文宣帝侯尼干（漢語名高洋）御駕親征，進攻契丹。北齊文宣帝在對契丹的戰爭中身先士卒，史籍中記載他「親逾山嶺，為士卒先」，「露頭袒膊，晝夜不息，行千餘里，唯食肉飲水，壯氣彌厲」，使得北齊軍節節取勝。此役，北齊軍俘獲契丹部眾十萬多人、牲畜數十萬頭。契丹各部潰敗，損失慘重，險些遭遇滅族之災。於是，契丹各部紛紛上表稱臣，歸附北齊。經此一役，傳統的契丹八部瓦解、部眾離散，後來雖然又形成八大部落，但無論是部落名稱，還是部落成員構成，均與最早的契丹八部有所不同。

五八一年，隋朝建立。經過數年的戰爭，隋朝逐步統一中原，契丹各部遂歸附隋朝。隋煬帝楊廣在位期間，中原戰亂，隋朝對契丹鞭長莫及，契丹各部轉而歸附於北方草原上強大的突厥汗國。六〇五年，契丹人大舉南下，進攻隋朝邊境重鎮營州（今遼寧省朝陽市）。隋朝守將聯合突厥部落予以反擊，俘虜契丹部眾四萬多人，使得契丹又一次遭受重創。

六一八年，唐朝建立。六一九年（唐武德二年），即唐朝建立的第二年，契丹首領大賀咄羅率軍進攻平州（大致在今河北省陡河流域以東、長城以南地區，主要包括今河北省秦皇島市下轄的撫寧區、昌黎縣、盧龍縣以及河北省唐山市），大掠而去。隨著唐朝國力日益增強，對契丹構成一定的軍事威脅，大賀咄羅審時度勢，於六二三年（唐武德六年）遣使到長安，向唐朝進貢名馬、豐貂，以示歸附。不過，大賀咄羅以及契丹各部，在政治上仍相對傾向於當時北方草原上的突厥汗國。

大賀咄羅的繼任者是大賀摩會，大賀摩會擔任契丹部落聯盟首領期間，突厥汗國衰落，唐朝國勢日強。六二八年（唐貞觀二年），大賀摩會率部眾歸附唐朝，並親自到長安朝貢。唐太宗李世民賜給大賀摩會一套旗鼓，這成為日後契丹可汗權位的象徵。二十年後，即六四八年，唐太宗在契丹聚居地設立松漠都督府，作為管理契丹的羈縻都督府，管轄西拉木倫河流域及老哈河中下游一帶。唐太宗冊封當時的契丹部落聯盟首領大賀窟哥，為第一任松漠都督，並賜國姓「李」。唐太宗征伐高句麗時，大賀窟哥率領部眾隨軍出征。為表彰其功績，唐太宗屢屢賞賜大賀窟哥，並冊封他為左領軍將軍兼松漠都督。

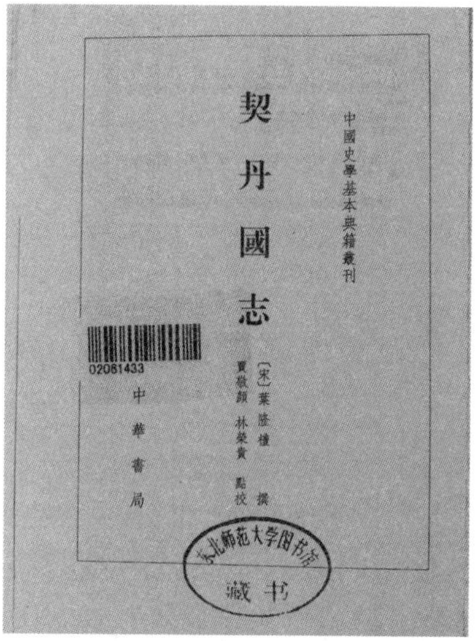

《契丹國志》（中華書局校勘本）

在這一時期，唐朝在契丹八部的領地分設十州，在達稽部領地設立峭落州，在紇便部領地設立彈汗州，在獨活部領地設立無逢州，在芬問部領地設立羽陵州，在突便部領地設立日連州，在芮奚部領地設立徒何州，在墜斤部領地設立萬丹州，在伏部領地設立匹黎、赤山二州，九州與松漠都督府合稱為「十州建制」。九州統歸松漠都督府統轄，契丹各部首領相應改封為各州刺史。

大賀窟哥去世後，其孫大賀阿卜固繼任。大賀阿卜固一改祖父大賀窟哥歸附唐朝的政策，聯合奚族侵擾唐朝邊境。六六〇年（唐顯慶五年），唐高宗李治任命阿史德樞賓為沙磚道行軍總管，會同遼東經略薛仁貴討伐契丹。薛仁貴等人在黑山擊敗契丹，擒獲大賀阿卜固，並押送至唐朝的東都洛陽。唐高宗李治冊封大賀窟哥的另一名孫子，大賀枯莫離為左衛將軍、彈汗州刺史，後加封為歸順郡王。後來，大賀窟哥的另一名孫子李盡忠（其契丹名在史籍中缺乏記載）被唐朝冊封為武衛大將軍兼松漠都督，統領契丹八部。

正是在李盡忠擔任契丹部落聯盟首領期間，受中原王朝政局變幻的影響，契丹的歷史進入了一個嶄新的時期，契丹開啟了從部落聯盟走向帝國的歷史篇章。

## 營州之亂：反抗武則天的鬥爭

李盡忠繼任契丹首領之時，正值唐朝政權頻繁更迭之際。唐高宗李治的皇后武氏擅權，在唐高宗駕崩之後，先後擁立她與唐高宗的兩個兒子為帝。六九〇年，武后廢黜自己的兒子唐睿宗李旦，自立為帝，史稱「武則天」。武則天稱帝後，改國號為「周」，史稱「武周」。武周政權繼承了唐朝對契丹的宗主地位。

武周政權的東夷都護府（下轄松漠都督府、饒樂都督府二府）大都護兼營州都督趙文翽，負責管理當時東北地區的奚族和契丹事務。趙文翽性情暴虐，對契丹橫徵暴斂，對契丹各部首領更是傲慢無禮，甚至言語之間將他們視為奴僕。這引起了契丹人的廣泛不滿。

六九六年，契丹爆發饑荒，契丹首領兼松漠都督李盡忠向武周政權請求救濟。負責契丹事務的趙文翽不但不予救濟，反而變本加厲地盤剝契丹百姓。李盡忠忍無可忍，與妻兄孫萬榮共同謀劃，於六九六年農曆五月十二日率領契丹人發動起義，攻克營州，斬殺趙文翽。契丹人的這次起義，在中原王朝的史籍中被稱為「營州之亂」。

起義初戰告捷，李盡忠自立為「無上可汗」，這是契丹首領首次稱汗，契丹從此邁出了從部落聯盟走向帝國的第一步。

得知契丹起義，武則天極為震怒，甚至下詔將李盡忠改名為「李盡滅」、將孫萬榮改名為「孫萬斬」。武則天不僅在口頭上以這種極端方式表達憤怒之情，而且還調集重兵征討契丹。六九六年農曆五月二十五日，武則天詔命左鷹揚衛將軍曹仁師、右金吾衛大將軍張玄遇、左威衛大將軍李多祚、司農少卿麻仁節等二十八員將領率軍征討契丹。同年農曆七月十一日，武則天增派春官尚書、梁王武三思為榆關道安撫大使，納言（官職名）姚璹為副使，屯兵勝州，以備策應。

面對氣勢洶洶的武周大軍，李盡忠採取誘敵深入的戰術。他先是釋放了攻占營州時俘獲的武周士卒，假意對他們說：「我們沒有糧食來供養你們，又不忍殺害你們，因而釋放你們回去。況且我們是由於饑荒導致無法糊口，才起兵反抗，我們本來就不想與官軍（指武周軍隊）為敵，待官軍到來，給我們發放糧食，我們即刻歸降。」這些武周士卒向南逃至幽州（今北京市西南），遇到曹仁師等武周統帥，便將契丹因饑荒難以自存、有意歸降的情報告知他們。曹仁師等人信以為真，心生輕敵之念，於是爭相進軍，導致部隊陣形鬆散混亂。李盡忠繼而在武周軍隊進軍途中丟棄瘦弱的牛馬，並派遣少量老弱部眾三五成群地

《契丹人引馬圖》

佯裝歸降，武周將士不知是計，更是放鬆戒備。武周前軍諸位將領為了爭功，催促士卒急行軍，致使騎兵與步兵脫離，毫無陣形可言。這一年的農曆八月二十八日，武周前軍部隊爭相開進黃獐谷（今河北省遷安市東北西硤石谷內），李盡忠早已在黃獐谷內設好伏擊圈，待武周軍隊到達後，契丹伏兵四起，武周前軍大敗，張玄遇、麻仁節等將領被俘。隨後，李盡忠利用繳獲的武周軍印偽造牒書，強迫張玄遇等人署名，假稱武周前軍已然取勝，催促武周後軍總管燕匪石、宗懷昌等將領速來接應。武周後軍部隊晝夜兼程，士卒疲憊不堪，李盡忠又一次設伏，突襲武周後軍。至此，武則天部署征討契丹的軍隊幾乎全軍覆沒，此役史稱「黃獐谷之戰」。

黃獐谷之戰後，武周政權不得不對契丹採取守勢。正當契丹起義形勢一派大好之時，李盡忠於六九六年農曆十月病逝，孫萬榮接任。六九七年農曆三月，武則天任命王孝傑為統帥，再次派遣大軍征討契丹。孫萬榮再次採取誘敵深入的戰術，將武周軍隊誘至地勢險要的東硤石谷（今河北省遷安市東北）全殲，武周軍隊統帥王孝傑也在混戰中墮谷而亡。同年四月，武則天詔命右金吾衛大將軍武懿宗為神兵道行軍大總管，會同右豹韜衛將軍何迦密率軍抵擋契丹。同年五月初八，武則天又詔命同平章事婁師德為清邊道行軍副大總管、右武威衛將軍沙吒忠義為清邊中道前軍總管，先後共調集二十萬重兵進攻契丹，企圖挽回敗局。經過幾次戰鬥，孫萬榮擊潰武周先鋒部隊，成功地阻擊了武周軍隊。武則天見狀，遣使聯絡後突厥汗國可汗阿史那默啜，共同夾擊契丹。阿史那默啜從後方偷襲契丹，六九七年夏，在武周政權與後突厥汗國的夾擊下，孫萬榮兵敗，逃亡途中被家奴所殺，首級被送到洛陽。七〇〇年，武則天詔命李楷固、駱務整等將領率軍追剿契丹起義軍餘部，此次契丹起義最終宣告失敗。

此次契丹起義雖以失敗告終，卻產生了極大影響。對武周政權而言，在征討契丹的過程中，武氏貴戚勢力屢受失敗打擊和廣泛質疑。武三思、武懿宗等武氏貴戚統率的軍隊屢遭敗績，武懿宗在戰爭中經常殘害契丹百姓，甚至對於被契丹掠走而後又歸來的中原百姓，也視其為「叛逆」，對他們施以剖腹取膽的酷刑。這使得武則天傳位給武氏子弟的計畫遭到朝野一致抨擊，無形中對武則天去世後唐朝皇室的復位起到了一定的促進作用。對契丹而言，此次起義是契丹從部落聯盟走向帝國的第一步，開啟了契丹歷史的新篇章。

## 部落聯盟：帝國基礎的奠定

契丹反抗武則天的鬥爭被平息後，契丹部落聯盟開始向帝國穩定發展。作為亞歐大陸北部草原遊牧民族，契丹人建立的帝國形態，帶有濃厚的遊牧民族特徵。遊牧民族建立的「帝國」，本質上仍然存有部落聯盟的印記。遊牧民族逐水草遷徙，既不容易建立起固定的國家行政管理制度，也不容易建立起行之有效的稅收、財政體系。在古代遊牧民族的觀念中，「部落」與「國家」、「帝國」的概念甚至很難明確區分開來。今天蒙古語中「兀魯斯」（Ulus）一詞和滿語中「固倫」（Gurun）一詞，既有「部落」的含義，也有「國家」、「帝國」等含義，這也是遊牧民族「帝國」觀念的一種體現。契丹社會早期的部落聯盟，奠定了契丹帝國的重要基礎。

孫萬榮死後，李盡忠的堂弟李失活繼任契丹部落聯盟首領，而遭受重創的契丹因與中原王朝關係緊張，不得不依附於後突厥汗國。不久之後，中原王朝也發生了重大變故。七〇五年，唐中宗李顯復位，恢復「唐」國號。七一二年，唐朝中央政權幾經更迭之後，唐玄宗李隆基繼位。七一四年，李失活趁後突厥汗國衰落之際主動向唐朝示好。七一六年，李失活與奚族首領李大酺一同到長安朝覲唐玄宗，唐玄宗賜其丹書鐵券，復置松漠都督府，冊封李失活為松漠都督，繼而冊封他為松漠郡王，並授其為左金吾衛大將軍。同時，唐玄宗對契丹八部酋長均加授為刺史。為了進一步籠絡契丹，七一七年（唐開元五年），唐玄宗將東平王李續（唐太宗第十子紀王李慎的長子）外孫楊元嗣的女兒冊封為永樂公主，將其嫁給李失活。次年，即七一八年，李失活去世，其堂弟李娑固繼任，永樂公主復嫁李娑固。七一九年農曆十一月，李娑固與永樂公主共同到長安朝覲唐玄宗。契丹與唐朝的關係進入短暫的良好發展時期。

就在李娑固與永樂公主朝覲唐玄宗的第二年，即七二〇年，契丹政局發生變故，李娑固被一名出身契丹遙輦氏的部下可突干（一些史籍中寫作「可突于」）所殺，李娑固的堂弟李郁干（一些史籍中寫作「李郁于」）被可突干擁立為契丹首領。七二二年，李郁干到長安朝覲唐玄宗，請求和親。唐玄宗冊封率更令（官職名）慕容嘉賓的女兒為燕郡公主，將她嫁給李郁干，並冊封李郁干為松漠郡王，授左金吾衛員外大將軍兼靜析軍經略使。可突干也被唐玄宗冊封為左羽林將軍。七二三年，李郁干病逝，其弟李吐干（一些史籍中寫作「李吐于」）繼任，燕郡公主復嫁李吐干。七二五年，因與可突干相互猜忌，李吐干為免遭殺身之禍，攜燕郡公主投奔唐朝，唐玄宗冊封他為遼陽郡王，留在宮中宿衛。李吐干出走後，可突干擁立李盡忠的弟弟李邵固為契丹首領。

七三〇年，可突干殺害李邵固，擁立與自己同樣出身契丹遙輦氏的遙輦屈列為可汗，史稱「遙輦窪可汗」。自此，契丹首領之位從大賀氏手中轉到遙輦氏手中。契丹政權十多年間的頻繁更迭，導致了契丹與唐朝關係的逐步惡化。遙輦屈列稱汗之後，契丹裹挾奚族一同投靠後突厥汗國。為避免契丹與後突厥汗國聯合夾擊唐朝，唐玄宗即刻詔令幽州長史、知范陽節度事趙含章進攻契丹。同時，唐玄宗詔令中書舍人裴寬、給事中薛侃在河東、河南、河北地區招募士卒，擴充軍力，繼而拜忠王李浚為河北道行軍元帥，詔令御史大夫李朝隱、京兆尹裴伷先為副元帥，率軍進攻契丹。七三二年，唐玄宗詔令信安郡王、禮部尚書李禕為河東道行軍副元帥，會同幽州長史、知范陽節度事趙含章出塞進攻契丹，可突干戰敗逃亡。七三三年，可突干捲土重來，因有後突厥汗國相助，契丹在渝關都山一帶大破唐軍，郭英傑等數員唐軍主將陣亡，六千多名唐軍將士戰死沙場。七三四年，唐玄宗再次興兵攻打契丹，詔令幽州長史兼御史中丞張守珪統率唐軍。張守珪自知如果在戰場上與契丹硬碰硬，勝算渺茫，於是派人暗中聯絡契丹松漠都督府衙官李過折，策動李過折謀反。七三四年農曆十二月的一天深夜，李過折突然舉起反旗，襲殺契丹可汗遙輦屈列以及可突干等數十名契丹貴族，後來便投靠唐朝。

七三五年農曆正月，可突干的首級被送至長安，唐玄宗冊封李過折為北平郡王、松漠都督，並賜給他錦衣一副、銀器十事、絹彩三千匹。可突干的部下耶律泥禮為主復仇，起兵誅滅李過折滿門，僅剩李過折的一個兒子李剌干僥倖逃至唐朝安東都護府避難，被唐朝冊封為左驍衛將軍。耶律泥禮掌權後，自任松漠都督，不久後擁立遙輦俎里為契丹可汗，史稱「阻午可汗」，耶律泥禮自任夷離堇。「夷離堇」來源於突厥語，是「智慧」之意，在一些中國史籍中被簡單地譯為「大王」。它是契丹的一個重要官職，最初相當於可汗的首輔大臣，掌管契丹的軍政大權，地位和權力僅次於可汗。從耶律泥禮開始，耶律氏世襲夷離堇職位，直到耶律阿保機稱帝建立契丹帝國（遼朝）為止。十世紀初，契丹帝國建立後，開國皇帝、太祖耶律阿保機保留了夷離堇這一官職，但僅負責總管所在部落軍政事務，耶律阿保機及其繼任者太宗耶律堯骨逐步將「夷離堇」改稱為「令穩」，到聖宗耶律文殊奴在位時，他於九九六年將「令穩」改稱為「節度使」。

約十年之後，即七四五年，後突厥汗國在唐朝和回鶻汗國的聯合攻擊下滅亡，契丹投靠唐朝。唐玄宗冊封契丹可汗遙輦俎里為崇順王、松漠都督，並賜國姓「李」、賜漢語名「李懷秀」。為了進一步籠絡契丹，唐玄宗冊封外孫女獨孤氏為靜樂公主，將她嫁給遙輦俎里。遙輦俎里成為契丹歷史上第六位，也是最後一位迎娶唐朝公主的契丹首領。唐朝天寶年間，出身西域康國的安祿山被唐玄宗委以重任，兼任平盧、范陽、河東三鎮節度使，受封東平郡王，鎮撫東北地區。安祿山在任時，經常殺良冒功，捕殺契丹百姓，謊稱所殺為侵擾邊境的契丹兵卒，以此向唐玄宗邀功，致使契丹與唐朝關係逐漸惡化，不少契丹人轉而投靠回鶻汗國。由於安祿山的挑唆和尋釁，契丹可汗遙輦俎里在迎娶唐朝靜樂公主僅僅半年之後就將她殺掉，興兵進攻唐朝邊塞。

七四六年，遙輦楷落即位，史稱「胡剌可汗」，唐玄宗冊封他為恭仁王、代松漠都督。遙輦楷落在位期間，契丹與唐朝之間的大規模戰爭基本結束，雙方關係進入較長的良好發展時期。七五五年，安祿山、史思明舉兵造反，史稱「安史之亂」。基於之前安祿山對契丹的種種惡行，契丹人站在唐朝這一邊，幫助唐朝平叛。唐朝平定安史之亂的兩員名將是郭子儀和李光弼，二人齊名，世稱「李郭」，其中李光弼是契丹人，他因赫赫戰功受封臨淮郡王，去世後加諡號「武穆」。李光弼出生於營州柳城（今遼寧省朝陽市），其父名為李楷洛，生卒年在史籍中沒有記載，當時及後世常有人因字音相同，推測李楷洛可能就是契丹胡剌可汗遙輦楷落，但至今尚無定論。在幫助唐朝平定安史之亂的過程中，契丹功不可沒。

安史之亂結束後，契丹迎來了相當長的一段穩定發展時期。唐朝出現了地方藩鎮割據的局面，唐朝東北方向上與契丹接壤的河朔三鎮（即范陽、成德、魏博三鎮，亦稱「河北三鎮」）割據，將唐朝中央與契丹隔開。因此，自胡剌可汗的繼任者蘇可汗開始，唐朝不再冊封契丹可汗為松漠都督，契丹也由依附唐朝轉而依附回鶻汗國。此後，蘇可汗的繼任者鮮質可汗曾七次遣使到長安朝貢，鮮質可汗的繼任者昭古可汗曾四次遣使到長安朝貢，但在這段時期中契丹與唐朝中央並沒有多少直接交往。昭古可汗的繼任者耶瀾可汗遙輦屈戍在位期間，唐朝於八四二年擊敗回鶻汗國，契丹轉而依附唐朝，並請求唐朝皇帝賜印。唐武宗李炎賜給契丹可汗遙輦屈戍一枚「奉國契丹之印」，但並沒有恢復冊封契丹首領為松漠都督的傳統。耶瀾可汗的繼任者巴剌可汗習爾之也曾遣使到長安朝貢。巴剌可汗去世後，族人遙輦欽德即位，史稱「痕德可汗」。（一些中國史籍中亦稱「痕德菫可汗」）痕德可汗在位期間，適逢唐末農民戰爭爆發，唐朝中央對東北地區的契丹人鞭長莫及。痕德可汗趁機擴張勢力，吞併奚族和北方草原另一支遊牧民族室韋，並時常襲擾唐朝東北邊境重鎮幽州、薊州等地。當時，唐朝東北地區的地方藩鎮將領劉仁恭，為解除契丹的威脅，率軍翻越摘星山進攻契丹，放火燒毀大片草原，極大地打擊了契丹的遊牧經濟，契丹牛馬大量餓死，痕德可汗近十年時間未能再進攻中原王朝邊塞。

自七三〇年遙輦屈列被可突干擁立為可汗，到九〇六年痕德可汗遙輦欽德去世，近兩百年間契丹歷經九位可汗。他們均出自遙輦氏。太祖耶律阿保機建國稱帝后，將這九位可汗留下的宮帳系統尊為「遙輦九帳」，並設立遙輦九帳大常袞司管理九帳事務。《遼史・百官志》記載：「遙輦九帳大常袞司，掌遙輦窪可汗、阻午可汗、胡剌可汗、蘇可汗、鮮質可汗、昭古可汗、耶瀾可汗、巴剌可汗、痕德可汗九世宮分之事。」

遙輦氏九位可汗在位期間，正值契丹由鬆散的部落聯盟向帝國過渡的關鍵時期，這一時期契丹統治者制定的很多制度，為日後的契丹帝國所繼承、發展。

這段時期契丹可汗即位時舉行的燔柴禮，為契丹帝國歷代君主所沿用。燔柴禮又稱「柴冊禮」，是契丹民族一種極富民族特色的重大禮儀活動。每當新可汗登基時，契丹八部貴族登上山頂，面向東方架起柴堆，積薪為壇，新可汗接受八部貴族奉上的玉冊，並將玉冊、犧牲等置於柴堆之上

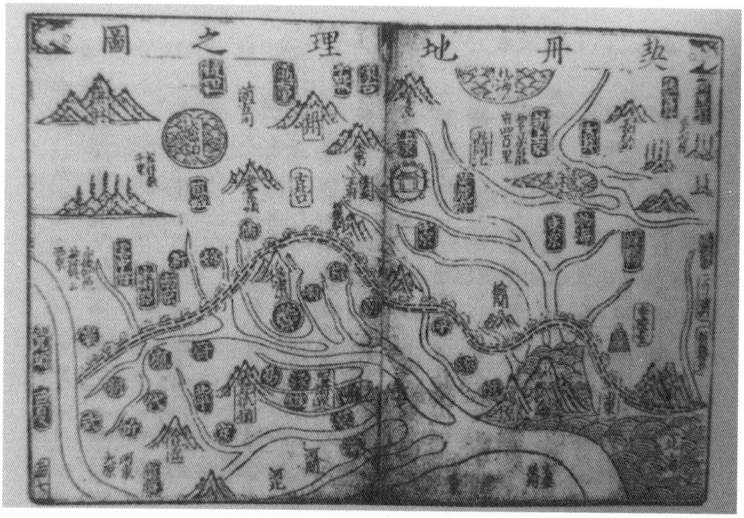


《契丹國志》所載《契丹地理之圖》

一同焚燒，以告祭上天。隨後，八部長老共同上前執新可汗馬首，標誌著新可汗合法地位的確立。燔柴禮是契丹可汗登基的標誌，只有舉行了燔柴禮，新可汗才具有正統性、合法性。契丹帝國正式建立後，歷任君主登基均依照這一傳統舉行燔柴禮。六二八年唐太宗李世民賜給契丹部落聯盟首領大賀摩會的儀仗，包括一套旗鼓、十二面旌旗、直柄華蓋、曲柄華蓋等，成為日後契丹帝國君主權位的象徵。

契丹可汗的部落聯盟首領地位，也為日後契丹帝國君主的權位奠定了基礎。作為草原遊牧民族，契丹人建立的政權無論是部落聯盟還是帝國，均帶有濃厚的遊牧民族特色。即使在契丹帝國建立後，契丹民族傳統的氏族組織、部落組織仍然存在，並在契丹帝國的社會生活中扮演著重要角色；契丹民族的傳統軍事貴族階層依然存在，並在契丹帝國的政治生活中發揮著重要作用。

九〇六年農曆十二月，痕德可汗遙輦欽德去世，遙輦氏占據契丹可汗之位的時代隨之結束，可汗之位轉入與遙輦氏同樣出自契丹迭剌部的耶律氏手中。隨著最高權力的更迭，契丹帝國逐步建立，契丹的歷史翻開了嶄新的一頁。

㒳 지

## 第二章　帝國初建

# 從部落聯盟走向草原帝國

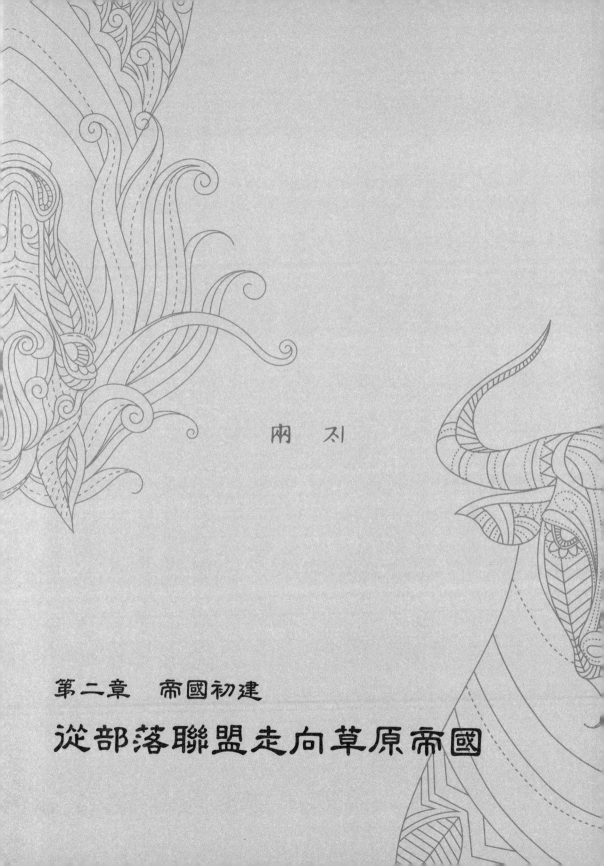

經歷了民族大遷徙時代的動盪和北方草原遊牧民族政權的更迭，契丹帝國於十世紀初正式建立。契丹帝國充分吸取了之前眾多草原民族國家的經驗和教訓，不再採取單一制度治理國家，而是制定出因俗而治的基本國策，用遊牧民族的傳統習俗治理草原故鄉、用「漢法」治理新歸附的農耕地區，開創了中國北方草原遊牧帝國一國多制的道路，為契丹帝國走向繁榮昌盛奠定了堅實的制度基礎。

## 初登汗位：耶律家族的興起

九世紀末至十世紀初，契丹迭剌部耶律氏興起，世代擔任夷離堇。九〇六年農曆十二月，痕德可汗遙輦欽德去世，時任夷離堇的耶律阿保機掌握了契丹政權，不再擁立遙輦氏成員為新可汗，而是自立為可汗，從此契丹汗位從遙輦氏家族轉到耶律氏家族手中，契丹帝國也應運而生。

耶律阿保機出生於契丹迭剌部耶律氏，生於八七二年，父親是契丹迭剌部首領耶律撒剌的，耶律阿保機稱帝建國後，追尊其為宣簡皇帝，廟號德祖。耶律阿保機的母親是出身述律氏的述律岩母斤，被後世追尊為宣簡皇后。耶律阿保機的父親育有六子，分別是長子耶律阿保機、次子耶律剌葛、第三子耶律迭剌、第四子耶律寅底石、第五子耶律安端、第六子耶律蘇。據《遼史》記載，耶律阿保機出生前夕，他的母親夢見太陽落入自己懷中，耶律阿保機誕生時，帳內有神光異香環繞，久久不能散去。耶律阿保機剛生下來就如三歲孩童一般大小，落地便能爬行，三個月後便會行走，滿百日便能開口說話。耶律阿保機出生之時，正值草原各部落之間相互攻伐之際，他的祖父耶律勻德實就在殘酷的部落紛爭中遇難，他的祖母為了保護剛出生的耶律阿保機，時常將他藏在鄰居或者僕人的帳篷中，用泥灰塗抹其面，以免他被仇家認出。

遼太祖耶律阿保機像

耶律阿保機自幼聰慧，才智過人，並且身材魁梧健壯，天生神力，能拉開三百斤的強弓。最初，耶律阿保機在痕德可汗遙輦欽德身邊擔任「撻馬狘沙里」（契丹語，意為「扈衛官」）一職，曾率領「撻馬」（契丹語，意為「扈衛隊」）戰勝小黃室韋、越兀、烏古、六奚、比沙笷等鄰近的草原小部落。九〇一年，耶律阿保機擔任夷離堇。唐朝末年，東北地區的地方藩鎮將領劉仁恭曾率軍攻打契丹，放火燒毀大片草原，導致契丹牛馬大量餓死，痕德可汗近十年時間未能再南下進攻中原。自九〇二年開始，耶律阿保機趁唐末中原動盪，屢次率軍南下，進攻唐朝河東、代北等地，多次擊敗劉仁恭，斬獲頗多。耶律阿保機本人也因屢建戰功，在契丹民眾心目中威望日增。

九〇六年農曆十二月，痕德可汗遙輦欽德去世，依照傳統，契丹八部貴族理應推舉遙輦氏家族成員為新可汗，但各部貴族稱奉痕德可汗遺命，推舉耶律阿保機為新可汗。起初，耶律阿保機堅辭不受，他的堂弟耶律曷魯多次帶頭勸諫。某一次，耶律阿保機推辭說：「當年我們的祖先夷離堇雅里曾經以不該被立為可汗為理由加以推辭，現在你們又來推舉我這個同樣不該被立為可汗的人，是何道理？」耶律曷魯堅稱：「從前我們的祖先之所以推辭，是因為先汗的遺命中沒有提到、符瑞沒有出現，他只是為國人所擁戴罷了。現在先汗言猶在耳，天賜神瑞，人心所向。上天與先汗的旨意如此一致，天命不可違背，人心不可拂逆，先汗的遺命也不得違抗！」耶律阿保機聽後問道：「雖然有先汗的遺命，但諸位又如何知曉我繼任可汗一定是天命所歸呢？」耶律曷魯回答：「我們聽說您出生之時，神光照亮天際，奇香瀰漫帷帳。上天向來不會無緣無故施恩於人，必定是施恩於有德之人。我們契丹羸弱，長期受到鄰近部落的欺侮，因此上天降下您這位聖人來振興整個部落。先可汗知曉了天意，因而留下這樣的遺命。遙輦氏子孫眾多，並非沒有可立之人，然而臣民們還是一同傾心於您，此乃天意！」耶律阿保機仍然堅辭不受。當天夜裡，耶律阿保機單獨找來耶律曷魯，埋怨他道：「眾人借先汗遺命逼迫我，你難道不瞭解我無意汗位的心意？你怎麼能跟隨眾人一同推舉我呢？」耶律曷魯回答：「從前夷離堇雅里儘管推戴之人眾多，但還是堅決推辭，並帶頭擁立阻午可汗。十幾代相傳下來，君臣的名分已亂，法紀的準則也被破壞。如今戰事紛紛擾擾，百姓疲於奔命，部落興旺的命運，就取決於今日的選擇。您必須應天命、順人心，以報答先汗的遺命。」經過幾番勸諫與辭讓，耶律阿保機於九〇七年農曆正月最終同意接受眾人推舉，即位為可汗。

耶律阿保機稱汗之後，任命耶律曷魯為于越。「于越」是契丹的一種官職，地位高於夷離堇，僅次於可汗，一些中國史籍中將其釋義為「總知軍國事」。耶律曷魯的祖父耶律匣馬葛是耶律阿保機祖父耶律勻德實的兄長，耶律曷魯自幼與耶律阿保機一同長大，與他關係密切，成年後，二人經常並肩作戰。耶律阿保機的三伯父耶律釋魯對二人極為欣賞，曾對家人說：「將來能夠將我們家族發揚光大的，必定是這兩個孩子！」耶律曷魯的父親耶律偶思在臨終前囑咐耶律曷魯：「阿保機天生聖人，你要帶領眾兄弟忠心輔佐他。」耶律阿保機前來探望伯父耶律偶思時，耶律偶思更是緊緊握著耶律阿保機的手囑託道：「你乃是絕世之奇才，我已經囑咐我的兒子曷魯，要他帶領眾兄弟追隨於你，望你好好照顧他們。」耶律阿保機與耶律曷魯互換裘服、馬匹，立誓永不相負。耶律阿保機即位為可汗之後，將耶律曷魯視為自己最信賴的謀士。在耶律阿保機建立統一的契丹帝國過程中，耶律曷魯也立下了汗馬功勞。

到耶律阿保機擔任可汗之時，契丹經過了幾個世紀的發展壯大，已經降服了東邊與契丹同出自鮮卑宇文部的奚族和西邊的遊牧部族室韋，加之昔日草原上的霸主突厥汗國、回鶻汗國的衰落，契丹日益強盛。此時，鬆散的部落聯盟已經不能適應契丹社會發展的需求，契丹社會需從鬆散的部落聯盟過渡到統一的國家形態。每三年選舉可汗的傳統，導致了契丹最高領袖權位的頻繁更迭，這必定影響契丹政局的穩定，進而影響契丹對新歸附地區的管轄和治理，不利於統一的契丹國家的形成。針對契丹社會的新形勢，耶律阿保機進行一系列革新，推動著契丹由部落聯盟向帝國過渡。

## 諸弟之亂：汗位繼承制的革新

耶律阿保機登上汗位之後，面臨的首要問題就是汗位傳承制度的革新，這同時也是契丹由部落聯盟向帝國過渡階段急需解決的首要問題。按照契丹選舉可汗的傳統，一旦汗位掌握在某一家族或氏族手中，就意味著這個家族或氏族的所有成年男子，都有機會當選可汗。依照傳統，契丹可汗每三年選舉一次，雖然可以連選連任，但這一傳統畢竟為可汗所在家族或氏族的所有成年男子，提供了當選可汗的可能性和合法性。契丹可汗是由選舉產生，還是遵照有章可循的繼承制度來傳承，決定了契丹的國家性質。

針對當時契丹社會發展的新形勢與傳統選汗制度之間的矛盾，耶律阿保機採取拖延戰術，在暫時不改變傳統的前提下，將可汗的選舉日期一再拖延，以期爭取更多的時間來應對新的內外形勢，繼而順利完成社會變革。直到耶律阿保機登上汗位後的第五年，他仍然未舉行可汗選舉，這不可避免地遭到直接利益者的強烈反對。對耶律阿保機可汗權位的威脅和挑戰，首先來自耶律家族的內部。

面對可汗權位的誘惑，耶律阿保機的弟弟們首先發起對汗位的爭奪戰。耶律阿保機的父親耶律撒剌的育有六子，其中包括耶律阿保機在內的前五個兒子均由正妻述律岩母斤所生，第六子耶律蘇由側妻述律氏所生。耶律阿保機的四個同母弟弟，耶律剌葛、耶律迭剌、耶律寅底石、耶律安端結成一派，連續三年發動了三次較大規模的汗位爭奪戰，史稱「諸弟之亂」。

九一一年農曆五月，耶律阿保機的二弟耶律剌葛帶頭對耶律阿保機的權位發起挑戰。耶律剌葛在耶律阿保機稱汗之後擔任惕隱。「惕隱」（一些中國史籍中亦寫作「梯里已」）是負責管理契丹可汗宗族內部政教事務，以及後來契丹帝國皇帝宗族內部政教事務的官員，在主要以血緣為紐帶結成社會組織的遊牧民族中，「惕隱」地位極高，「惕隱」這一官職極為重要。耶律阿保機任命耶律剌葛為惕隱，足見他對這個弟弟的重視，耶律剌葛追隨耶律阿保機東征西討，具備傑出的軍事才能，在契丹部眾中也頗有威信。權力和能力兼備，使得耶律剌葛逐漸萌生出覬覦可汗之位的野心。按捺不住野心和權力慾望的耶律剌葛，終於在九一一年聯合其他三位耶律阿保機的同母弟，挑唆對耶律阿保機心懷不滿的契丹守舊貴族，以索取戰爭中擄來的奴隸和牲畜為由，突然向耶律阿保機發難，借機打擊耶律阿保機的權威。耶律阿保機在妻子述律月里朵的提醒下，意識到此事並非只是表面上對戰利品分配提出異議，因此果斷拒絕了契丹守舊貴族重新分配戰利品的提議。耶律剌葛四兄弟見耶律阿保機並未上當，於是便密謀以武力攻取耶律阿保機的宮帳，搶奪象徵契丹可汗權位的旗鼓和祖先的神帳。令他們意想不到的是，耶律阿保機五弟耶律安端的妻子粘睦姑因懼怕禍及自身，偷偷向耶律阿保機告密。耶律阿保機迅速採取行動，逮捕了四位弟弟。耶律阿保機念及手足之情，並沒有處罰弟弟們，而是拉著他們登上高山，令他們立誓效忠自己，隨即便原諒並釋放了四位弟弟。第一次諸弟之亂宣告結束，耶律阿保機與弟弟們繼續維持著表面上的和諧。

一年多之後，即九一二年農曆七月，耶律剌葛、耶律迭剌、耶律寅底石、耶律安端四兄弟，在耶律阿保機的叔父耶律轄底的慫恿下再次發動叛亂，新任惕隱、耶律阿保機的堂弟耶律滑哥也參與其中。耶律滑哥是耶律阿保機的叔父耶律釋魯之子，少時與耶律阿保機兄弟一同玩耍，一次因遇老虎險些喪命，幸好被耶律阿保機救下。耶律滑哥成年後，與父親耶律釋魯的小妾私通，被耶律釋魯發現。耶律滑哥為避免遭受責罰，竟搶先殺害了父親耶律釋魯。耶律釋魯遇害後，耶律阿保機掌權，為保住耶律家族顏面，耶律阿保機只好將罪責全部推諉於耶律釋魯的小妾，並將她處死，而對耶律滑哥則未予以懲罰。第一次諸弟之亂之後，耶律阿保機褫奪了弟弟耶律剌葛的惕隱之位，將耶律滑哥任命為新的惕隱。耶律滑哥非但不念及耶律阿保機的救命之恩、包庇之情、擢拔之義，反而恩將仇報，積極為耶律剌葛等人出謀劃策。耶律剌葛四兄弟與耶律轄底、耶律滑哥等人謀劃，趁耶律阿保機領兵親征術不姑部凱旋之際，率軍在半途阻截耶律阿保機。兩軍相持之時，耶律剌葛四兄弟毫不掩飾地要求遵照選舉可汗的傳統競選。耶律阿保機沒有與叛軍發生正面衝突，而是假意應允，隨即率軍南下到達十七濼，立即舉行選舉儀式和燔柴禮，自行宣布自己是新可汗。這一做法完全符合可汗連選連任的傳統，耶律阿保機搶在諸弟之前取得了可汗的合法地位。耶律阿保機搶先一步選舉、登基，本就令耶律剌葛等人措手不及，又迅速率軍北上，以正統可汗身分討伐叛逆，輕而易舉地抓獲耶律剌葛四兄弟和叛亂者。耶律阿保機再一次念及手足之情，釋放了自己的四個弟弟，但果斷地處決了眾多叛亂者。他將參與叛亂的叔父耶律轄底及其子耶律迭里特縊死，將耶律滑哥處以極刑。耶律滑哥臨刑前，耶律阿保機難忍心中憤恨，歷數其罪行：「滑哥不畏上天，反君弒父，其惡不可言！諸弟作亂，皆此人教之也！」至此，第二次諸弟之亂被耶律阿保機成功平定。

九一三年農曆三月，距離第二次「諸弟之亂」還不到一年的時間，耶律剌葛、耶律迭剌、耶律寅底石、耶律安端四兄弟又一次發動叛亂。這次，四兄弟吸取了上一次失敗的教訓，趁耶律阿保機率軍親征蘆水之機，自製旗鼓，搶先舉行燔柴禮，擁立耶律剌葛為新可汗。之後，四兄弟兵分兩路：耶律迭剌和耶律安端率領一千名精騎，佯裝去向耶律阿保機彙報政務，企圖趁耶律阿保機不備之時將其殺害，耶律剌葛和耶律寅底石則率領叛軍主力，攻打留守老營的可汗宮帳，企圖搶奪象徵可汗權位的旗鼓和神帳。耶律迭剌和耶律安端沒有多少權力鬥爭經驗，他們的計謀很快被哥哥耶律阿保機識破，二人被擒，他們率領的千名精騎也被耶律阿保機輕易收編。耶律剌葛和耶律寅底石則是一路進展順利，他們指揮叛軍猛攻耶律阿保機留守老營的可汗宮帳。耶律阿保機的妻子述律月里朵沉著應對突如其來的變故，一面親自率領自己掌握的侍衛親軍——珊瑚軍拼死抵抗，一面派人火速向耶律阿保機求援。叛軍依仗人多勢眾，放火燒毀了可汗宮帳的大批輜重和帳幕，奪走了象徵可汗權位的旗鼓和神帳。述律月里朵一面組織眾人救火，一面派遣騎兵會同耶律阿保機的援軍追擊耶律剌葛的叛軍，但只奪回了旗鼓。耶律阿保機率軍向北追至老哈河，便暫時停止了追擊，他十分傷感地對部下說：「人非草木，孰能無情，他們畢竟是我的兄弟，他們和手下將士們離家久了自然會想念家鄉，時間長了他們自然會回來。」果真如耶律阿保機所言，耶律剌葛的部將們思鄉之情油然而生，不斷有人偷偷離開耶律剌葛逃回老營。耶律阿保機待叛軍士氣低落之時，一戰平定叛亂，生擒耶律剌葛、耶律寅底石等人，奪回神帳。耶律阿保機又一次赦免了他的四個弟弟，但四兄弟的部將全部被處死。臨刑前，耶律阿保機特許為這些人設宴三天，宴飲之後方才行刑。耶律阿保機採納妻子述律月里朵的建議行刑，這些部將或被推下懸崖摔死，或被用亂石砸死，以儆效尤。至此，第三次諸弟之亂宣告結束。

作為「諸弟之亂」的始作俑者，耶律阿保機的四位同母弟結局不盡相同。

耶律阿保機的二弟耶律剌葛是三次諸弟之亂的領導者，三次諸弟之亂的目標也是諸弟要擁立他為新可汗，取代耶律阿保機。諸弟之亂後，耶律剌葛雖然僅是受到杖責的象徵性處罰，但與哥哥耶律阿保機之間的嫌隙已然無法挽回。「諸弟之亂」後不久，耶律剌葛便離開契丹，投奔南面的中原王朝。此時盛極一時的唐朝已經滅亡，在九〇七年至九六〇年這五十三年間，中原、江南地區先後出現了很多短命王朝和割據政權，統稱「五代十國」。耶律剌葛先是投奔了李克用建立的前晉（五代十國中後唐的前身），不久之後又投奔後梁。九二三年，李克用之子、後唐開國皇帝李存勗滅掉後梁，耶律剌葛被擒，李存勗痛恨他反覆無常，將其滅門，耶律剌葛最終受到了應有的懲罰。

耶律阿保機的三弟耶律迭剌結局較好。他自幼聰慧好學，極具語言天賦，很受哥哥耶律阿保機賞識。一次，耶律阿保機命他接待回鶻使者，耶律迭剌原本對回鶻語言和文字一無所知，但經過與回鶻使者短短十天的交往，耶律迭剌竟熟練地掌握了回鶻語言和文字。十天之後，當耶律阿保機與回鶻使者交談時，耶律迭剌已經能夠將耶律阿保機的話準確無誤地翻譯給回鶻使者，並當場用回鶻文字筆錄成文，耶律阿保機和回鶻使者都十分驚訝。諸弟之亂時，耶律迭刺只是受到二哥耶律剌葛的蠱惑而參與叛亂，他本人並沒有多少政治訴求和目的。三次諸弟之亂後，耶律阿保機僅是象徵性地對他處以杖責了事，隨後仍然命他參與創建契丹小字。九二六年，耶律阿保機親率大軍滅亡渤海國，在渤海國故地建立東丹國，由太子耶律突欲擔任東丹王，同時任命耶律迭刺為東丹國的左大相，請他輔佐太子耶律突欲。耶律迭刺最終得以善終，他主導創建契丹小字，對契丹文字的創建和發展做出了不可磨滅的巨大貢獻。

契丹文金魚符

耶律阿保機的四弟耶律寅底石在諸弟之亂中屬於脅從叛亂，事後沒有受到任何處罰，此後追隨哥哥耶律阿保機東征西討。在征討渤海國的戰爭中，耶律寅底石立有戰功，因功受封太師、政事令，輔佐東丹王耶律突欲。耶律阿保機駕崩後，妻子述律月里朵掌權。述律月里朵擔心耶律寅底石對自己的地位構成威脅，於是派司徒劃沙暗殺了耶律寅底石。

耶律阿保機的五弟耶律安端同四哥耶律寅底石一樣，在諸弟之亂中也屬於脅從叛亂，同樣沒有受到任何處罰。九二六年，耶律阿保機御駕親征渤海國時，任命耶律安端等人為先鋒，渤海國滅亡後，耶律阿保機在當地建立東丹國。耶律阿保機的長孫、世宗耶律兀欲在位時，耶律安端一度被封為東丹國王。九四九年，駙馬蕭翰等人寫信勾結耶律安端一同發動叛亂，被耶律安端之子耶律察割告發。由於沒有什麼實質性的叛亂行為，耶律安端也就沒有受到實質性的處罰。九五一年，其子耶律察割弒君，耶律安端受牽連，被沒收私城。九五二年農曆十二月，耶律安端病逝，得以善終。

耶律阿保機六兄弟中，只有最小的弟弟耶律蘇是耶律阿保機的異母弟弟，但耶律蘇一直忠心追隨耶律阿保機，即使在諸弟之亂中，耶律蘇也堅定地站在耶律阿保機一邊，在平定叛亂的過程中立有戰功，在諸兄弟中最受耶律阿保機寵愛。在耶律阿保機駕崩數月後，耶律蘇病故。耶律蘇的後代在契丹帝國歷任要職，其孫耶律奴瓜是後來契丹對宋朝戰爭中的重要將領，屢立戰功。

諸弟之亂是耶律氏所在的迭剌部內部傳統軍事貴族階層，對汗位構成威脅的集中反映，耶律阿保機成功平定三次諸弟之亂，標誌著他完成了對迭剌部內部的統一。自此之後，耶律阿保機的可汗權位在迭剌部得以鞏固，傳統軍事貴族階層無法再對其構成威脅。耶律阿保機整合、革新了迭剌部，完成了統一整個契丹民族的第一步，這同時也是契丹由部落聯盟向帝國轉型的關鍵一步。

## 鹽池之變：契丹八部的統一

耶律阿保機平定諸弟之亂，完成對耶律氏所在的迭剌部內部的統一之後，面臨的下一個首要難題即是對契丹八部的統一。在傳統的部落聯盟體制下，契丹八部傳統軍事貴族階層對汗權構成極大的制衡，契丹部落聯盟的重大事務，必須經八部貴族會議，由八部貴族共同決議，可汗必須聽取八部貴族的意見，不得獨斷專行，否則八部貴族有權廢除可汗。可汗與傳統軍事貴族階層之間的權力分配問題，是契丹由部落聯盟向帝國轉型過程中面臨的首要難題。

契丹八部是由「白馬青牛」傳說中的兩位契丹始祖所生的八個兒子世代繁衍而來，最早的八部分別是悉萬丹部、何大何部、伏弗鬱部、羽陵部、日連部、匹絜部、黎部和吐六於部，史稱「古八部」。五五三年農曆十月，北齊文宣帝親征契丹，契丹遭受重創，各部潰敗，部眾離散，後來雖然又形成八大部落，但無論是部落名稱，還是部落成員構成，均與最早的契丹八部有所不同。唐朝初年，契丹民眾又逐漸整合為八個部落，分別是達稽部、紇便部、獨活部、芬問部、突便部、芮奚部、墜斤部和伏部，此時正值大賀氏擔任契丹部落聯盟首領時期，因此這

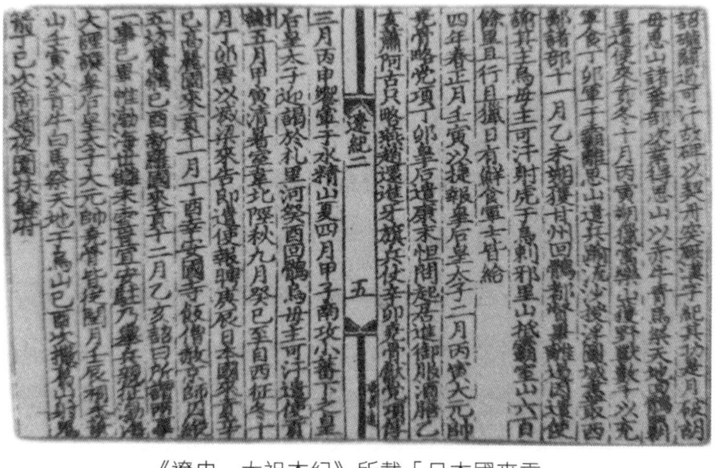

《遼史　太祖本紀》所載「日本國來貢」

八部史稱「大賀氏八部」，唐朝曾在這八部的領地分設十州，史稱「十州建制」。八世紀上半葉，契丹經過十多年的動盪，直到七三〇年，遙輦氏取代大賀氏成為契丹部落聯盟首領，大賀氏八部也在政局動盪中分化瓦解，重新整合。到遙輦氏掌握契丹可汗之位時，新的契丹八部形成，它們分別是迭刺部、乙室部、品部、楮特部、烏隗部、突呂不部、涅剌部和突舉部，史稱「遙輦氏八部」。耶律阿保機稱汗後，面臨的八部貴族對可汗權位的挑戰，則是來源於遙輦氏八部。

耶律阿保機登上汗位後，遲遲不舉行可汗改選，其他七部貴族也普遍存在不滿情緒，諸弟之亂中，也有其他七部貴族的參與。趁諸弟之亂剛剛平定，耶律阿保機實力有所削弱，七部貴族就立即聯合向耶律阿保機施加壓力，在耶律阿保機征討黃頭室韋班師途中截住他，要求他即刻舉行可汗改選。耶律阿保機的迭刺部尚未從諸弟之亂的創傷中恢復過來，耶律阿保機只好採取以退為進的方針戰術，暫時向七部貴族妥協，主動交出了象徵可汗權位的旗鼓和儀仗，表明自己讓出汗位的誠意。隨後，耶律阿保機又主動將自己所轄水草豐美的領地讓給其他七部，他對七部貴族說：「我手下有很多漢人，我們契丹人習慣了草原上的放牧生活，可以縱馬馳騁，但漢人無法適應這種生活。你們想要的好草場我都讓給你們，我去漢地築一座城，讓漢人們住進去，從事耕種，我也率領我的部眾搬去和他們一同居住。」七部貴族得到好處，便欣然同意。

耶律阿保機選擇在灤河河畔盛產鹽的地區築城，這座城池是仿照中原王朝東北邊境重鎮幽州城的建制而築的。在令漢人從事耕種的同時，耶律阿保機還大力發展鹽業。契丹其他七部民眾需要食鹽，紛紛帶著牲畜等物資來與耶律阿保機交換，耶律阿保機在貿易中迅速增強自身實力。待時機成熟，耶律阿保機採納了妻子述律月里朵的計策，派人去對七部貴族傳話：「我有鹽池，經常向你們提供鹽，可是你們只知道吃鹽，卻從不念及鹽也有主人！我們都是同族兄弟，你們吃了我們這裡生產的鹽，要懂得感恩啊，是不是應該來犒勞我們啊？」七部貴族聽罷，也覺得應該去酬謝耶律阿保機，於是紛紛趕著牛羊到耶律阿保機的城池拜訪。耶律阿保機殺牛宰羊設下酒宴，盛情款待七部貴族。就在酒酣耳熱之際，耶律阿保機伏兵四起，前來赴宴的七部貴族悉數被殺，耶律阿保機迅速揮師征討，很快便降服了七部，奪回了可汗之位。這一事件大約發生在九一五年底至九一六年初，史稱「鹽池之變」。

鹽池之變標誌著耶律阿保機最終完成了對契丹八部的統一。自此之後，耶律阿保機的可汗權位不再受契丹各部傳統軍事貴族階層的掣肘，這是契丹由部落聯盟走向帝國的關鍵一步。鹽池之變後，耶律阿保機開始著手建立新的國家。

## 太祖開國：契丹帝國正式建立

諸弟之亂和鹽池之變後，契丹傳統的軍事貴族階層沒落，加之連年的對外戰爭，使得東北、西北的一些遊牧部族先後納入契丹版圖，鬆散的部落聯盟體制已經不再適應契丹社會發展的新形勢，契丹國家形態的轉型迫在眉睫。耶律阿保機順應時勢，最終完成了契丹由部落聯盟向帝國的過渡。

對於契丹而言，九一六年又是改選可汗之年。耶律阿保機原本計畫依照傳統儀式，通過一次形式上的選舉來繼任可汗，但這一計畫遭到其麾下一位漢族謀士韓延徽的反對。也正是在韓延徽的推動下，耶律阿保機才正式建立了契丹帝國。

韓延徽出生於八八二年，恰好比耶律阿保機小十歲。韓延徽出生於中原王朝官宦世家，父親韓夢殷歷任薊州（位於今北京市西南部）、儒州（位於今北京市延慶區）、順州（位於今北京市順義區）刺史。韓延徽青年時期在唐朝末年割據幽州一帶的盧龍節度使劉仁恭手下為官，擔任幽都府文學、平州錄事參軍等職。九〇七年，劉仁恭之子劉守光囚禁父親，自立為盧龍節度使。由於連年征戰、實力削弱，劉守光為求得契丹援助，尊耶律阿保機為叔父，以待叔父禮來待契丹。有一次，劉守光派遣韓延徽出使契丹求援，韓延徽覲見耶律阿保機時，不肯行跪拜禮。耶律阿保機十分惱怒，將他扣留下來，罰他去草原上牧馬。述律月里朵聽說後，勸諫丈夫耶律阿保機道：「韓延徽這個人自持操守，在困境中仍然不屈不撓，是一位賢士，可汗您怎麼能夠讓他去牧馬，讓他受到如此折辱？這樣的賢士，您應當加以禮遇才對啊！」耶律阿保機遂召見韓延徽，交談之中發現他才識卓著，便留他在身邊擔任謀士。

當時中原動亂，有很多漢人逃亡到北方草原，歸附契丹，但他們大多不習慣草原遊牧生活，因而生活窘困，很多逃亡而來的漢人甚至淪為奴隸，這引起了當時契丹社會的諸多社會矛盾和民族間的摩擦。這一社會問題最初令耶律阿保機一籌莫展，韓延徽擔任謀士時，向耶律阿保機獻策築城，以安置逃亡而來的漢人。耶律阿保機採納了韓延徽的進言，選擇合適地點築起一批城池。依據韓延徽的建議，耶律阿保機將同鄉漢人安置在同一座城池中耕作，並以他們家鄉的名字為這座城池命名，甚至保留了他們家鄉的里坊名稱。這些城池被稱為「僑縣」。同時，耶律阿保機還指派專員為歸附而來的漢人擇定配偶，保障他們安居樂業。這些舉措很好地解決了當時一系列的社會問題和矛盾，不僅使得歸附而來的漢人能夠融入契丹社會，而且提高了社會生產力、增加了稅收。

出於思親之情，韓延徽曾偷偷逃回中原探望母親，並一度留在後唐為官，但因與同僚王緘有嫌隙而遭受排擠，又偷偷逃回契丹。傳說韓延徽偷偷南逃前夕，耶律阿保機夢見一隻白鶴從自己的帳幕中飛出，韓延徽返回契丹前夕，耶律阿保機又夢見白鶴飛入自己的帳幕之中。第二天醒來後，耶律阿保機對左右侍從說：「韓先生就要回來了。」幾日之後，韓延徽果然回到契丹。耶律阿保機非但沒有責怪韓延徽，反而更加重用他，還高興地為他賜名「匣列」，即契丹語「去而復來」之意。小說《楊家將》中「四郎探母」的故事，即取材於韓延徽探母的故事，只是故事的主人公由韓延徽換成了楊家四郎楊延徽（一些版本的《楊家將》中寫作「楊延輝」）。

九一六年，契丹又逢改選可汗之年，耶律阿保機原本計畫在形式上履行選舉儀式，為自己繼任可汗提供合法性。韓延徽向耶律阿保機進言：「契丹可汗要每三年選舉一次，但中原皇帝都是終身為帝，從未聽聞選舉皇帝的故事，您何不稱帝？」耶律阿保機深表贊同，在九一六年，這一年最終廢除了選舉可汗的制度，正式稱帝建國，定國號為「大契丹國」，年號「神冊」。耶律阿保機的後世子孫九改九復國號，時而自稱「大契丹」，時而自稱「大遼」，耶律阿保機又被稱為「遼太祖」。至此，契丹選舉可汗的制度被廢除，帝制在契丹最終確立。

「遼」的國號一般認為得名於遼水（今遼河）。關於契丹的國號，學界一般認為契丹帝國歷史上最重要的國號變更有三次：耶律阿保機之子耶律堯骨（史稱「遼太宗」）在位時，於九四七年改國號為「遼」，有學者持不同意見，認為這次改國號發生在九三七年或九三八年；耶律文殊奴（史稱「遼聖宗」）在位時，於九八三年改國號為「契丹」；耶律查剌（史稱「遼道宗」）在位時，於一〇六六年改國號為「遼」。也有學者認為契丹實行的是「雙國號制」，對契丹本族以及北方遊牧漁獵民族自稱「大契丹」，對中原地區自稱「大遼」。

耶律阿保機稱帝建國時，契丹已經透過一系列的對外戰爭，將東北、西北的廣大地區及眾多民族納入版圖。登上帝位之後，耶律阿保機向東滅掉了渤海國，在原渤海國的基礎上建立東丹國，由太子耶律突欲擔任東丹王；向南奪取了今天河北北部、山西北部一些地區，將當地從事農耕的漢人囊括進契丹帝國之內。耶律阿保機建立的契丹帝國不再是單一民族構成的國家，其境內包含有多個民族、多種生產和生活方式、多種經濟形態以及多種文化。

面對契丹社會的新形勢，耶律阿保機在韓延徽等謀士的建議和幫助下，採取「因俗而治」的方針，首創草原遊牧帝國一國多制的基本國策，史書記載他「以國制治契丹、以漢制待漢人」，這一基本國策成為契丹帝國享國三百多年的重要制度保障。

關於君主稱號，自九一六年耶律阿保機稱帝開始，契丹帝國的君主一般被稱為「皇帝」。不過，在中國北方草原遊牧民族的語言中，「可汗」即有「皇帝」之意，因此契丹帝國歷史上有時會出現「皇帝」與「可汗」混用的情況，如耶律大石，在當時及後世既被稱為「天祐皇帝」、「德宗皇帝」等，又被稱為「菊兒汗」、「葛兒汗」等。同理，在中國北方草原遊牧民族的語言中，「可敦」即有「皇后」、「太后」之意，契丹帝國歷史上也會出現「皇后」、「太后」與「可敦」混用的情況。契丹帝國皇帝登基，除了仿效中原王朝皇帝舉行登基大典之外，同時也要遵從契丹民族可汗登基的傳統，舉行燔柴禮。

不同於中原王朝住所的「坐北朝南」習俗，北方草原民族的住所「坐西向東」。契丹帝國皇帝（可汗）的宮帳也不例外，可汗坐西向東，左手邊為北方、右手邊為南方。據此，耶律阿保機創立南、北面官制度，分別設置南院大王、北院大王。以南院大王為首的「南面官」按照中原漢地的制度治理漢人、渤海人等南方農耕民族，以北院大王為首的「北面官」按照草原民族的遊牧傳統習俗治理契丹、奚、室韋等北方草原民族，兩套制度並行不悖。每逢朝會時，皇帝（可汗）與皇后（可敦）並坐，皇帝（可汗）穿著漢服、皇后（可敦）穿著「國服」（即契丹民族傳統服飾），以北院大王為首的「北面官」居左、以南院大王為首的「南面官」居右。

契丹帝國保留了草原遊牧民族「逐水草而居」的傳統習俗，每年春夏秋冬四季，皇帝（可汗）的「斡耳朵」（契丹語「宮帳」之意，一些史籍中又寫作「斡魯朵」）要隨季節遷移，這一制度被稱為「四時捺鉢」，又寫作「四季捺鉢」，「捺鉢」在契丹語中意為「行宮、行營、行帳」。四季的「捺鉢」分別稱為「春捺鉢」、「夏捺鉢」、「秋捺鉢」、「冬捺鉢」。最初，四時捺鉢的地點並無定制，直到耶律文殊奴（即遼聖宗）在位時，才有定制：春捺鉢的地點主要在長春州的魚兒濼（今洮兒河下游的月亮泡）、

《遼史》（中華書局校勘本）

混同江（又稱「鴨子河」，今松花江流經吉林省扶餘市的一段）一帶，有時在鴛鴦濼（今內蒙古自治區集寧區東南黃旗海）一帶；夏捺鉢的地點在永安山（今內蒙古自治區西烏珠穆沁旗東境）或炭山（今河北省沽源縣黑龍山的西側支脈）一帶；秋捺鉢的地點在慶州伏虎林（今內蒙古自治區巴林左旗西北西拉木倫河源、白塔子西北）一帶；冬捺鉢的地點在廣平澱（今西拉木倫河與老哈河交匯處）一帶，即「白馬青牛」傳說中仙人與天女相遇之處。四時捺鉢制度既是遊牧傳統的體現，又帶有巡查制度的性質。

為了更好地治理新歸附的漢地，耶律阿保機組織學者創制契丹文字，他命以突呂不為首的學者們參照漢文，用三百多個漢字作為拼音字母，創制契丹大字，又命以三弟耶律迭剌為首的學者們參照回鶻文和漢文，創制契丹小字，從此契丹人有了自己的文字。契丹文在東亞世界沿用近三個世紀，直至一一九一年，女真金國的章宗皇帝完顏麻達葛正式下詔，在官方和民間廢止契丹文。

出於對漢文化的尊崇，耶律阿保機給自己和兒子們取了漢語名字：耶律阿保機給自己取漢語名字為耶律億，給妻子述律月里朵取漢語名字為述律平，給長子（後立為太子）耶律突欲取漢語名字為耶律倍，給次子耶律堯骨取漢語名字為耶律德光，給第三子耶律李胡取漢語名字為耶律洪古。自此，契丹帝國歷任皇帝（可汗）都有兩個名字，即一個契丹語名字和一個漢語名字。此外，耶律阿保機因妻子述律月里朵所在的述律家族，在他建國創制的過程中勞苦功高，特為述律家族選了漢姓「蕭」。之所以選「蕭」姓，主要是因「蕭」為契丹語「述律」中第一個音節的諧音，同時又有期望述律家族能夠像蕭何輔佐劉邦一樣，輔佐自己的意涵。此後三百餘年間，契丹帝國的皇后（可敦）幾乎均出自蕭氏一族，僅有一例特例，即世宗耶律兀欲同時冊立的兩位皇后中，其中一位為漢族女子甄氏。也正因此，契丹帝國歷史上有很多位「蕭皇后」、「蕭太后」，其中最著名的當屬遼聖宗耶律文殊奴的母親承天太后蕭綽。

耶律阿保機稱帝以及推行的一系列革新措施，推動契丹最終完成了由部落聯盟向帝國的轉變，契丹帝國正式建立。

## 經略渤海：帝國擴張的開端

契丹帝國正式建立後，太祖耶律阿保機一面進行內政改革，一面對外擴張。耶律阿保機在位時期，契丹帝國主要擴張方向是向東擴展，消滅渤海國，在原渤海國的基礎上建立東丹國，使其作為契丹帝國的屬國。至十世紀下半葉，東丹國的歷史結束，契丹帝國將這一地區劃為直屬地。經略渤海，成為契丹帝國擴張的開端，也為帝國版圖的擴展和地方治理提供了典範。

渤海國是我國東北地區以粟末靺鞨為主體的地方少數民族政權，粟末靺鞨是中國東北地區遊牧漁獵民族靺鞨的一支，靺鞨與肅慎、挹婁、勿吉，乃至今天的滿族均有淵源，今天的滿族即來源於靺鞨的一支。渤海國極盛時，勢力範圍包括今天吉林省大部分地區、黑龍江省和遼寧省部分地區、朝鮮半島北部地方以及俄羅斯濱海邊疆區南部地區，在《新唐書》等中國史籍中被譽為「海東盛國」。

渤海國在歷史上與契丹一直有著千絲萬縷的聯繫和糾葛。六九〇年，武則天篡唐自立為帝，改國號為「周」，史稱「武周」。六九六年，契丹人因不滿武周政權營州都督趙文翽的壓迫，在李盡忠、孫萬榮的帶領下發動起義，在中原王朝的史籍中稱為「營州之亂」。為拉攏契丹東面的粟末靺鞨共同夾擊契丹，武則天冊封粟末靺鞨首領乞乞仲象為「震國公」。「震」字取自《周易》震卦卦名，因震卦位於東方，故而武則天冊封乞乞仲象為震國公。六九七年，乞乞仲象去世，其子大祚榮繼任。六九八年，大祚榮在東牟山山城（今吉林省敦化市西南城子山山城，也有學者認為是今吉林省延吉市東南城子山山城，或是吉林省和龍縣西古山城）正式建國，初名「震國」，大祚榮自稱「震國王」。七一三年，唐玄宗冊封大祚榮為「渤海郡王」，加授忽汗州都督，震國也因此更名為「渤海國」。

渤海國境內居民以粟末靺鞨人為主體，包含高句麗人、契丹人、奚族人、室韋人、漢人等。也正因此，渤海國與契丹交往密切，也時有邊境摩擦。十世紀初，契丹帝國逐步建立，東面的渤海國成為契丹的主要威脅之一。渤海國常年在西部邊境扶餘府（治所扶餘城，位於今吉林省農安縣）屯駐重兵，對契丹構成重要威脅。無論是向南進攻中原王朝，還是向西、向北降服草原諸部族，渤海國都是契丹帝國東面的牽制力量。耶律阿保機稱帝前後，其權位主要面臨契丹內部傳統軍事貴族的威脅，無暇東顧。到十世紀二十年代，契丹內部政局穩定，社會經濟也已獲得了長足發展，耶律阿保機遂決定親征渤海國，「畢其功於一役」，徹底解決東面渤海國的威脅。

九二四年春，渤海國殺死了契丹帝國遼州刺史張秀實，並在遼州大肆劫掠。得知消息後，太祖耶律阿保機頒布詔書，宣稱自己將御駕西征。眾人

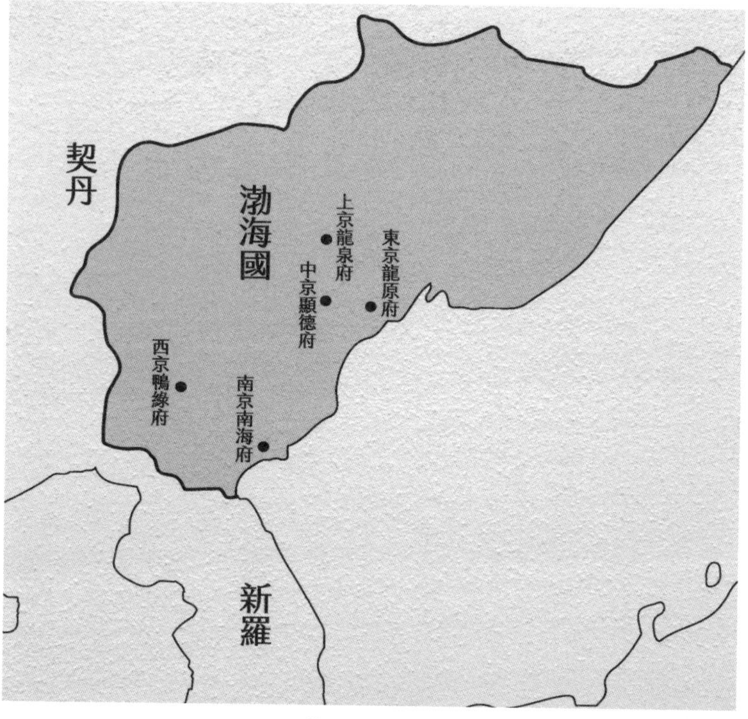

渤海國疆域圖

接到詔書後極為詫異，渤海國在契丹帝國東邊，而此時耶律阿保機卻要西征，令人不解其中用意。只有太子耶律突欲領悟父皇聲東擊西的真實意圖，於是配合父皇耶律阿保機佯裝準備西征，以此麻痹渤海國。九二五年冬，耶律阿保機動員契丹各部，宣稱渤海國為契丹的「世仇」，隨後御駕親征，傾全國主力進攻渤海國。九二五年末至九二六年初，契丹大軍一舉攻克渤海國西部邊境重鎮扶餘城。攻克扶餘城後，耶律阿保機命太子耶律突欲、次子耶律堯骨為先鋒，進攻渤海國上京龍泉府（又稱「忽汗城」，今黑龍江省寧安市西南渤海鎮）。九二六年農曆二月二十三日深夜，契丹軍對龍泉府發起總攻，渤海國第十五代國王大撰率領城中軍民拼死抵抗。三天之後，大撰見大勢已去，只好帶領王室、百官出城投降。至此，享國兩百二十八年的渤海國宣告終結。

九二六年農曆七月，大撰一家被送至契丹帝國上京臨潢府，太祖耶律阿保機命人另築一座新城，供大撰全家居住。此外，耶律阿保機給大撰更名為「烏魯古」，給他的妻子更名為「阿里只」，這兩個名字原是耶律阿保機在龍泉府受降時所乘的兩匹馬的名字，耶律阿保機將這兩個名字賜給大撰夫婦，以此來紀念吞滅渤海國的戰功。耶律阿保機對渤海國王室沒有趕盡殺絕，而是妥善安置，這贏得了後世的高度讚譽。元代編纂的《遼史》中，評價遼太祖耶律阿保機有帝王氣度，主要體現在三個方面：「代遙輦氏，尊九帳於禦營之上，一也；滅渤海國，存其族帳，亞於遙輦，二也；並奚王之眾，撫其帳部，擬於國族，三也。」耶律阿保機先後取代了遙輦氏的可汗之位、攻滅了渤海國、降服了奚族，但對其均妥善安置，非但沒有殘害、屠殺這三股「敵對」勢力的後代，反而給予其殊榮和生活保障，這充分體現了耶律阿保機寬容、仁愛的品德。

渤海國滅亡後，耶律阿保機在原渤海國的基礎上建立東丹國，國名取「契丹之東」之意，定年號為「甘露」。東丹國作為契丹帝國的一個屬國，由太子耶律突欲擔任東丹王。原渤海國上京龍泉府被更名為「天福城」，作為東丹國的首府。耶律突欲基本保留了渤海國原有的行政制度。歷任東丹國國王有權任命百官，東丹國常設四名宰相，兩名由契丹人擔任、兩名由靺鞨人擔任。東丹國每年須向契丹帝國貢納細布五萬匹、粗布十萬匹、馬一千匹，契丹帝國每有對外征戰，東丹國須履行提供兵源、物資的義務。

耶律阿保機駕崩後，太子耶律突欲在皇位爭奪戰中失敗，其弟耶律堯骨繼承契丹帝國帝位。為削弱哥哥耶律突欲的勢力，耶律堯骨陸續將部分東丹國居民遷出故地。九二九年，耶律堯骨將天福城居民遷至遼河流域，天福城遂廢棄。渤海國滅亡後，先後被契丹帝國遷至契丹內地及遼東地區的原渤海國移民，多達一百萬之眾，他們大多與周邊民族融合。九三〇年，耶律突欲渡海南逃至後唐，東丹國暫時由其妻蕭氏攝政。大約在九四〇年，耶律突欲的長子耶律兀欲繼任東丹國國王。九四七年，耶律兀欲繼承契丹帝國帝位，將祖父耶律阿保機的五弟耶律安端冊封為東丹國國王。九五二年，耶律安端病逝，東丹國名存實亡。到九八二年，契丹帝國徹底廢止東丹國國號，東丹國宣告結束。

一國多制、因俗而治的國家治理模式是契丹帝國的基本國策。契丹帝國保留了原渤海國故地居民的生產、生活方式，對原渤海國故地採用中原漢地的制度來治理，主要由「南面官」擔任地方行政長官。經略渤海，不僅是契丹帝國一國多制、因俗而治這一基本國策的體現，同時也是契丹帝國對外擴張，建構多民族、跨文化帝國的開端。

九二六年農曆七月二十七日，太祖耶律阿保機於攻滅渤海國班師途中，病逝於扶餘（今吉林省四平市西一帶），終年五十五歲。耶律阿保機作為契丹帝國的開創者，為國家留下了寶貴的制度遺產，同時也因改變契丹舊俗而遺留了一定的社會矛盾，耶律阿保機駕崩後，契丹帝國雖然經過了一系列的帝位爭奪戰，但耶律阿保機開創的一系列制度，特別是一國多制、因俗而治的基本國策得以沿用並不斷發展完善，為契丹帝國的長足發展奠定了基礎。

丙 지

## 第三章　帝位更迭

# 在徘徊中前行的帝國

九二六年，契丹帝國的建立者太祖耶律阿保機在征服渤海國之後的班師途中，病逝於扶餘。耶律阿保機駕崩後，契丹帝國各種社會矛盾爆發，開始了長達數十年的帝位爭奪戰。幸運的是，在這一過程中，耶律阿保機開創的一系列制度，特別是一國多制、因俗而治的基本國策得以沿用，逐漸發展完善，成為契丹帝國立國的基礎。新興的契丹帝國在長期的帝位爭奪戰中艱難前行。

## 斷腕太后：第一次帝位爭奪戰

耶律阿保機病逝後，圍繞契丹帝國帝位的歸屬問題，契丹帝國內部產生了嚴重分歧，這種分歧實則反映出了契丹帝國皇權與契丹傳統軍事貴族權力之間的角逐。

有史籍記載的太祖耶律阿保機子女，共四男一女，他們是長子耶律突欲（漢語名耶律倍）、次子耶律堯骨（漢語名耶律德光）、三子耶律李胡（漢語名耶律洪古）、四子耶律牙里果（漢語名不詳）、女兒耶律質古（漢語名不詳）。其中長子耶律突欲、次子耶律堯骨、三子耶律李胡、女兒耶律質古為耶律阿保機與可敦述律月里朵所生，四子耶律牙里果為宮人述律氏所生。

九二一年，耶律阿保機攻打後唐，四子耶律牙里果隨軍出征，被後唐軍隊俘虜，軟禁於太原，直到九三六年（即耶律阿保機駕崩十年後）才被釋放回國。耶律阿保機駕崩時，耶律牙里果不在契丹帝國國內，加之他本就是宮人所生，因此沒有參與帝位競爭。耶律阿保機的繼承人理應從他與可敦述律月里朵所生的三個兒子中選出。

述律月里朵所在的述律家族有著回鶻人的血統，述律月里朵生於八七八年，父親名為述律婆姑，母親是耶律阿保機的姑姑，其名在史籍中沒有記載。述律月里朵年幼時就具有不凡的氣質，《遼史》中曾記載：述律月里朵幼年時曾到西拉木倫河與老哈河的交匯處遊玩，遠遠看見一位乘青牛車的仙女，令人意想不到的是，這位仙女見到述律月里朵後，慌忙避開，消失在茫茫草原之中。這位乘青牛車的仙女，正與契丹起源的「白馬青牛」傳說中的主人公之一相吻合。自從仙女為述律月里朵讓路的事情發生後，草原上就流傳著一句童謠：「青牛嫗，曾避路。」

八九二年，十四歲的述律月里朵依照習俗，嫁給了比她年長六歲的表哥耶律阿保機。此後耶律阿保機征戰在外時，述律月里朵或追隨丈夫並肩作戰，或為丈夫留守老營。耶律阿保機每遇大事，必徵詢妻子述律月里朵的建議，述律月里朵也時常對丈夫耶律阿保機諫言獻策。在諸弟之亂、鹽池之變中，述律月里朵均作為丈夫的左膀右臂，全力輔佐丈夫統一契丹、建立帝國。耶律阿保機感念妻子述律月里朵及其所在的述律家族功勳卓著，特為述律家族選漢姓「蕭」。依據傳統，述律家族即後來的蕭氏家族，被確立為契丹帝國的後族。

述律月里朵所生的三個兒子年幼時，耶律阿保機就對他們進行考驗。耶律阿保機曾觀察三個兒子的睡相，發現三子耶律李胡總是蜷縮在大哥耶律突欲、二哥耶律堯骨身後睡覺。在一個風雪交加的日子，耶律阿保機故意讓三個兒子出去拾柴，以此來考驗他們。長子耶律突欲精心選擇長短相近的乾柴，捆綁得整整齊齊背回家；次子耶律堯骨動作很快，出門之後將能找到的木柴無論長短、粗細、乾濕，全部拾取，不加分揀地捆成比自己還高的一大捆背回家，在兄弟三人中最先完成任務；三子耶律李胡怕冷，跟在二哥身後，只撿了二哥掉落的三、五根木柴應付了事。耶律阿保機見狀，對妻子述律月里朵說：「長子心思縝密，二子敦厚實誠，比起兩位哥哥，三子實在是遠不能及。」

早在耶律阿保機登基稱帝時，就採用「天、地、人」三才的典故，給自己上尊號為「天皇帝」，給妻子述律月里朵上尊號為「地皇后」，並效仿中原王朝，冊封長子耶律突欲為太子，上尊號為「人皇王」。每逢大事，耶律阿保機必讓耶律突欲參與決策，在攻滅渤海國之後，耶律阿保機更是對耶律突欲委以重任，將他冊封為東丹王，讓他負責治理原渤海國故地。雖然耶律突欲的太子名分早已確立，作為耶律阿保機的繼承人似乎毫無懸念，但作為草原遊牧民族的契丹，原始的可汗選舉制仍有廣泛影響，強者為汗的傳統觀念根深蒂固。耶律突欲一方面性格相對柔弱、戰功不算顯赫，一方面傾心中原漢文化、對草原傳統習俗有所摒棄，導致契丹宗室貴族對他頗有微詞。相比之下，耶律阿保機的次子耶律堯骨作戰驍勇、戰功卓著，而且性格在很大程度上保留有草原遊牧民族的質樸，每臨戰事必衝鋒在前，因而在契丹傳統軍事貴族階層中口碑較好，也比較受尚武的契丹民眾的擁戴。耶律阿保機在位時，就冊封耶律堯骨為「天下兵馬大元帥」，讓他掌管全國兵權。這就造成了由太子耶律突欲所掌握的行政管理職權，與由耶律堯骨掌握的軍事職權相分離，為日後的帝位競爭埋下了隱患。

太祖耶律阿保機病逝後，為避免契丹帝國內部矛盾激化，述律月里朵並不急於遵從耶律阿保機的遺命，擁立傾心中原漢文化的太子耶律突欲即位，而是以太后身分攝政，代掌國家最高權力，史稱「應天太后」。

述律太后攝政，難免引起一些宗室貴族的不滿，對此，述律太后採取鐵腕手段打擊異己，穩定朝政。每當有臣下向述律太后發難，述律太后便問：「你思念先帝嗎？」臣下只能回答：「臣等曾受先帝隆恩，怎麼能不思念先帝！」述律太后便借機說：「若是真的思念先帝，就去陪伴、侍奉先帝吧！」隨即以此為藉口，賜死反對她攝政的臣下，為太祖耶律阿保機殉葬。每有被賜死的大臣家眷來質問，述律太后便對她們說：「我作為一國之母、天下楷模，如今寡居，我賜死你們的丈夫，讓你們守寡，也是幫助你們效仿我！」有一次，來自中原王朝的降將，被耶律阿保機任命為漢軍都團練使的趙思溫觸怒了述律太后，述律太后故技重演，問趙思溫：「你思念先帝嗎？」趙思溫當著滿朝文武回答道：「先帝最親近的人莫如太后，如果太后願去陪伴、侍奉先帝，那麼臣等自然願意跟隨太后同去。」述律太后聽罷，對趙思溫及眾臣說：「我非常想去侍奉先帝，但我的兒子們年紀尚輕，國家不能無主，我怎麼能在此危急之時丟下兒子們和整個國家呢？」話音剛落，述律太后立即拔出腰間佩戴的金刀，毫不猶豫地將自己的右手齊腕砍下，吩咐侍從將自己的這隻右手送往丈夫耶律阿保機墓中，代替自己陪葬。眾臣見狀，便再無人敢反對述律太后攝政，而述律太后受到了這次教訓，不僅放過了公開頂撞自己的趙思溫，此後也沒有再假借給先帝殉葬為藉口濫殺大臣的舉動。由此，述律太后在歷史上留下了「斷腕太后」的稱號。

述律太后攝政期間，基本上掃除了朝堂之上的反對勢力，穩定了契丹帝國的政局。在攝政約一年之後，述律太后權衡了國內外形勢和傳統貴族階層的勢力，決定立手握重兵、戰功卓著，在一定程度上能夠代表契丹傳統軍事貴族利益的次子耶律堯骨為帝。九二七年秋，述律太后在上京臨潢府舉行了隆重的選舉新帝儀式。她召集契丹宗室貴族、文武百官、各部酋長，宣布耶律阿保機帝位的繼任者將由選舉產生。述律太后讓耶律突欲和耶律堯骨二人騎在馬上，立於宮帳前，並向貴族和百官宣稱：「我這兩個兒子都很優秀，我都很喜歡，也都適合繼承帝位，我不能決定由誰繼位，現在把決定嗣君人選的權力交給你們，你們認為誰適合做新君，就去執誰的鞍轡。」眾臣知道述律太后屬意次子耶律堯骨，並且契丹傳統軍事貴族也大多認為耶律堯骨是他們利益的代表，於是大家爭先恐後地去執耶律堯骨的鞍轡，並歡呼著宣稱願擁立耶律堯骨為新君，耶律突欲馬前無一人執其鞍轡。太子耶律突欲無奈之下，只得率領百官上書述律太后，宣稱：「大元帥（指耶律堯骨）功德及人神，中外攸屬，宜主社稷。」他主動將原本應該由自己繼承的帝位讓給弟弟耶律堯骨。述律太后順水推舟，宣布立耶律堯骨為帝。於是，九二七年農曆十一月，即太祖耶律阿保機病逝一年多以後，耶律阿保機的次子耶律堯骨，按照契丹傳統習俗舉行了燔柴禮，正式即契丹帝國皇帝位，史稱「遼太宗」。耶律堯骨即位後，在上京為母親述律太后修築義節寺和斷腕樓，並為她斬手殉夫的事蹟樹碑立傳。

耶律堯骨即位後，原太子耶律突欲立即趕赴自己的封地東丹國，遠離契丹帝國的政治中心，以示無心爭權。然而，述律太后和太宗耶律堯骨對耶律突欲並不放心，屢次派人暗中監視，想方設法地削減東丹國的勢力，將東丹國居民大批遷往契丹帝國腹心地帶或遼東農耕地區。在母親述律太后的授意下，太宗耶律堯骨多次巡視東丹國，插手東丹國內部事務。此時契丹帝國南面的中原王朝處於五代十國時期，後唐明宗李嗣源得知契丹帝國帝位更迭之後，出於政治目的，暗中派人渡海到今天的遼東半島面見耶律突欲，邀請他到後唐「避難」。九三〇年，耶律突欲帶著自己心愛的漢族妾室和珍藏的大量漢文圖書典籍，從遼東渡海投奔後唐。耶律突欲在金州（今遼寧省大連市金州區）即將上船南逃之時，面對故土，不禁悲從中來，遂在海邊立下木牌，刻下一首臨別詩：「小山壓大山，大山全無力。羞見故鄉人，從此投外國。」

耶律突欲到達中原後，後唐君臣以天子儀仗盛情迎接。後唐明宗李嗣源先是為耶律突欲賜姓「東丹」、賜名「慕華」，不久之後改賜國姓「李」，繼而賜名「贊華」。

可能是因為不幸遭遇的打擊，耶律突欲定居後唐首都洛陽之後，性情由寬和變

《東丹王（耶律突欲）出行圖》

得暴戾。在後唐，耶律突欲不知何故染上了嗜飲人血的殘暴嗜好，時常刺破姬妾的手臂吸血。他對待奴婢更是殘忍，經常因她們犯了小錯誤就用火燙她們的面頰和手臂，狂躁時甚至會刺瞎她們的雙眼。耶律突欲在後唐新納的漢族妾室夏氏，因丈夫的暴戾性情而心生恐懼，曾一度哀求丈夫耶律突欲准許她出家為尼，但未得到耶律突欲的許可。九三六年，後唐的河東節度使石敬瑭勾結契丹大軍南下，進攻洛陽。在洛陽失陷，後唐滅亡前夕，後唐末帝李從珂決定自焚殉國，並堅決「邀請」耶律突欲同焚，耶律突欲不從，被李從珂手下侍衛李彥紳殺害，時年三十八歲。

隨著原太子耶律突欲讓國遠走，客死他鄉，契丹帝國的第一次帝位爭奪戰宣告結束。這次帝位爭奪戰，實則反映出契丹帝國各項制度在初創時期各種社會矛盾的積聚、爆發。述律太后雖然以心狠手辣的「斷腕太后」形象載於史冊，但她的獨斷，客觀上調和了契丹帝國皇權與遊牧民族傳統軍事貴族階層利益之間的矛盾，維護了契丹帝國的統一，使得契丹帝國避免了因帝位更迭而陷於分裂。經過了帝位爭奪戰的洗禮，契丹帝國內部趨於穩定，並開始向南面發展。

## 誰主中原：吞併南朝的嘗試

九二七年農曆十一月，耶律阿保機次子耶律堯骨舉行燔柴禮，正式即皇帝位，成為契丹帝國的第二位皇帝。在權位爭奪中失敗的原太子耶律突欲讓國遠走，契丹帝國第一次帝位爭奪戰結束，契丹帝國開始致力於向南發展。

早在耶律阿保機在位時，述律月里朵就為契丹帝國向南發展、奪取幽雲之地獻言獻策。「五代十國」中位於南方的吳國，為了聯合契丹夾擊中原一帶的各方勢力，曾向耶律阿保機進獻一種攻城武器「火油」，挑唆耶律阿保機揮軍南下。耶律阿保機收到火油之後非常高興，當即想要親自率領三萬騎兵攜帶火油攻取幽州。述律月里朵連忙進言道：「您可知樹木沒有了樹皮，還能否存活？」耶律阿保機回答：「不能。」述律月里朵借機繼續勸導丈夫：「幽州城也是如此，我們只需在它周圍埋伏三千騎兵，時常騷擾城內的軍民、掠奪城外的牛羊，讓他們不得不困守孤城，直到糧草斷絕。到那時，幽州城就像沒有樹皮的樹木一樣，自會歸降我契丹。如今您又何必興師動眾，率領三萬大軍勞師遠征呢？況且，怎麼能為了試驗火油的威力就要去攻打別國呢？火油雖然威力巨大，但幽州城池堅固，萬一久攻不克，我軍必會人心離散。」耶律阿保機聽後恍然大悟，遂放棄了利用火油攻取幽州的念頭。

在朝政方面，耶律堯骨幾乎完全聽命於母親述律太后，每遇大事，均由述律太后決斷。述律太后十分寵愛幼子耶律李胡，耶律堯骨因而對弟弟耶律李胡屢屢委以重任。九三〇年農曆二月，耶律堯骨因耶律李胡攻占寰州（今山西省朔州市東）的戰功，將先前所俘虜的原渤海國民戶賜給他，壯大了耶律李胡的勢力。同年農曆三月，在母親述律太后的授意下，耶律堯骨冊封耶律李胡為皇太弟，史稱「壽昌皇太弟」，兼任「天下兵馬大元帥」一職。此後，每當耶律堯骨在外征戰，均由耶律李胡留守上京。為了在契丹帝國國內樹立威信、鞏固權位，太宗耶律堯骨急需建立重大戰功。

更出人意料的是，逃亡後唐的耶律突欲也偷偷托人給弟弟耶律堯骨捎信，建議耶律堯骨揮師南下，入主中原。耶律突欲與耶律堯骨從小一起長大，兄弟間原本很要好，雖然因競爭帝位產生嫌隙，但多半是因母親述律太后而起，二人之間並沒有多大的仇恨。加之耶律突欲原本寬仁，耶律堯骨一向耿直實誠，因此耶律突欲定居後唐、遠離契丹之後，也時常感念兄弟之誼。耶律突欲在洛陽居住期間，目睹了中原戰亂頻仍、百姓流離失所的景象，於是幾次偷偷托人捎信給弟弟耶律堯骨，希望他能夠抓住大好時機，帶領契丹人入主中原。

正當契丹帝國想要向南發展、進軍中原之際，中原王朝政局也發生著巨大動盪。九三三年，後唐明宗李嗣源病逝，其子李從厚即位。九三四年，後唐明宗李嗣源的養子，潞王李從珂以「清君側」為藉口，在鳳翔起兵叛亂，攻陷後唐首都洛陽，將在位僅五個多月的李從厚廢黜，自立為帝，史稱「後唐末帝」。不久之後，李從厚在衛州（位於今河南省衛輝市）被後唐末帝李從珂部下弒殺，年僅二十一歲。後唐明宗李嗣源的女婿、河東節度使石敬瑭遭到後唐末帝李從珂的猜忌和排擠，為保身家性命，投奔契丹帝國。九三六年，石敬瑭主動請求認比自己小十歲的太宗耶律堯骨為父（石敬瑭時年四十四歲，耶律堯骨時年三十四歲），請求太宗耶律堯骨出兵幫助自己爭位。石敬瑭向太宗耶律堯骨提出三個答謝條件：一、「以父事契丹」，如果契丹帝國支持石敬瑭推翻後唐、建國稱帝，那麼新王朝名義上是契丹帝國的屬國；二、將燕雲十六州割讓給契丹帝國；三、石敬瑭建立的新王朝每年向契丹帝國進貢三十萬匹帛。對於石敬瑭的這些許諾，他的親信部下劉知遠（後漢的創立者）認為所言過重，便向石敬瑭進言：「稱臣可以，『以父事契丹』則太超過了！用豐厚的金帛賄賂契丹，足以使得契丹出兵相助，不必許諾將土地割讓給契丹，否則日後將釀成大患，到時必將追悔不已！」石敬瑭卻因急於向契丹帝國借兵來保命，未能聽取劉知遠的勸諫。

太宗耶律堯骨抓住良機，御駕親征，統率五萬騎兵自雁門關南下。太祖耶律阿保機在位時不支持大舉南下的述律太后，此時認為時機成熟，也堅決支持兒子耶律堯骨進軍中原。契丹大軍在太原城下大敗張敬達率領的後唐軍隊，斬殺萬餘人。九三六年農曆十一月，太宗耶律堯骨在柳林（今山西省太原市小店區劉家堡鄉西柳林村，俗稱「柳林莊」）正式冊封石敬瑭為皇帝，國號為「晉」，史稱「後晉」，年號天福。耶律堯骨自解衣冠授予石敬瑭，石敬瑭當即尊太宗耶律堯骨為「父皇帝」，自稱「兒皇帝」，充當契丹帝國統治中原地區的代理人。

太宗耶律堯骨擁立石敬瑭稱帝之後，與石敬瑭聯軍向後唐首都洛陽進發。後唐將領高行周、符彥卿率軍前來圍攻太原，耶律堯骨假裝撤退，避開後唐兵鋒。之前在太原城下，被契丹大軍擊敗的後唐將領張敬達，會同楊光遠所部，在契丹大軍西邊迎戰，還未列陣，太宗耶律堯骨就率軍突襲，衝散後唐軍陣。隨後，耶律堯骨在高行周、符彥卿進軍途中設伏，二人率領的後唐軍隊進入契丹大軍的包圍圈，首尾不能相顧，被打得落花流水。至此，後唐主力軍全線潰敗，數萬士卒陣亡，丟棄的武器、盔甲、輜重堆積如山。後唐主力軍被消滅後，後唐首都洛陽儼然一座孤城，完全暴露在契丹大軍面前。

在洛陽失陷前夕，後唐末帝李從珂見大勢已去，決定自焚殉國，並堅決「邀請」耶律突欲一同自焚。耶律突欲拒絕了李從珂的「邀請」，因而慘遭李從珂手下侍衛李彥紳殺害，時年三十八歲。耶律突欲南逃後唐時，只帶了漢族妾室高氏，其餘妻妾和四個兒子均留在了契丹。耶律突欲與高氏在後唐生下第五子耶律道隱，耶律突欲遇害後，高氏在亂軍中不知所終，年幼的耶律道隱被一名僧人藏匿起來，後輾轉到達契丹軍營，終於見到了叔叔耶律堯骨。契丹大軍攻入洛陽後，太宗耶律堯骨得知哥哥死訊，念及往日兄弟情誼，不禁追悔，於是將耶律突欲厚葬於他生前喜愛的醫巫閭山，上諡號「文武元皇王」，並收集哥哥生前藏書，藏於醫巫閭山望海堂——耶律突欲酷愛中原文化，生前曾在醫巫閭山建有一座望海堂，將購買的萬卷書籍珍藏其中。望海堂又被稱為「萬卷藏書樓」，是中國東北地區最早的私人藏書館。

後唐滅亡之後，石敬瑭的後晉定都洛陽，後遷都開封。石敬瑭履行了對耶律堯骨的承諾，割讓燕雲十六州，尊稱契丹帝國為「上國」，每年進貢三十萬匹帛，耶律堯骨遂退兵。九三八年農曆十一月，「二十四史」中《舊唐書》的編修者之一劉昫等一些後晉重臣聯名上書，為「上國」皇帝耶律堯骨上尊號為「睿文神武法天啟運明德章信至道廣敬昭孝嗣聖皇帝」，極盡諂媚。

九四二年，僅做了不足六年「兒皇帝」的石敬瑭病逝，時年五十歲。石敬瑭生有七個兒子，大多早夭，石敬瑭病逝時僅剩四歲的幼子石重睿尚在。石敬瑭臨終前，原本向宰相馮道托孤，希望他輔佐石重睿即位。但石敬瑭死後，馮道聯合侍衛親軍都指揮使景延廣擅自擁立石敬瑭的養子、手握重兵的石重貴即位。

馮道生於八八二年，瀛州景城（位於今河北省滄州市西北）人，是五代十國亂世中一位傳奇人物。馮道早年曾在五代十國時期北方割據政權桀燕的皇帝劉守光手下效力，而後歷仕「五代」中的後唐、後晉、後漢、後周四朝。馮道先後效力於後唐莊宗李存勗、後唐明宗李嗣源、後唐閔帝李從厚、後唐末帝李從珂、後晉高祖石敬瑭、後晉出帝石重貴、後漢高祖劉知遠、後漢隱帝劉承祐、後周太祖郭威、後周世宗柴榮十位皇帝，始終擔任將相、三公，三師之職，其間還在契丹帝國太宗耶律堯骨手下擔任過太傅。馮道一生共侍奉了六朝十二位皇帝，五個已成年的兒子也都擔任中高級官職。古人有避尊者諱的傳統，據傳說，馮道的兒子們在講學時，每次遇到父親名字「道」，都要用「不敢說」代替，例如講到老子《道德經》中「道可道，非常道」一句，馮道的兒子們就將這句讀為：「不敢說，可不敢說，非常不敢說！」一時傳為笑談。馮道在亂世官場能夠左右逢源，主要靠審時度勢。石敬瑭死後，馮道權衡利弊，擅改遺詔，擁立實權派貴戚石重貴即位，史稱「後晉出帝」。

石敬瑭尊遼太宗耶律堯骨為「父皇帝」，自稱契丹帝國的「兒皇帝」，他的養子石重貴在輩分上就應是契丹帝國的「孫皇帝」。然而，石重貴即位後，不甘心充當契丹帝國統治中原的代理人，一改養父石敬瑭「以父事契丹」的做法，派遣金吾衛大將軍梁言、判四方館事朱崇節出使契丹交涉，坦言自己只稱「孫」、不稱「臣」。同時，石重貴還有意拖欠養父石敬瑭曾許諾給契丹的每年三十萬匹帛。太宗耶律堯骨大怒，再次御駕親征，在後唐降將趙延壽的引導下揮師南下。後晉將領杜重威在前線倒戈，致使契丹大軍順利攻入後晉腹地。九四七年，契丹大軍攻入後晉都城開封，俘虜石重貴，後晉滅亡。石重貴一家被押解北上，受盡屈辱，最終客死他鄉。為招撫後晉降卒，耶律堯骨先後假意對趙延壽、杜重威許以「皇帝夢」，讓他們安撫降卒。這二人均是企圖模仿石敬瑭、借契丹勢力登上皇位的野心家，得到太宗耶律堯骨的許諾後，先後興高采烈地穿上龍袍，到後晉降卒中招搖。不明真相的後晉降卒見到還是由中原人做皇帝，便安心接受契丹軍整編。待完成對後晉降卒的整編、擴充了軍力之後，耶律堯骨就先後將趙延壽、杜重威逮捕，並幽禁至死。

占領開封後，耶律堯骨登上城樓，對開封百姓們宣稱：「我們原本不想到你們這裡來，是你們的皇帝引我們來的，你們不要害怕。朕做得了草原之主，也能做中原之主。」隨後，耶律堯骨按照中原皇帝的禮儀舉行了登基大典，在崇元殿接受百官朝賀，定國號為「遼」，因而耶律堯骨也被稱為「遼太宗」。

太宗耶律堯骨坐上中原皇帝御座的同時，縱容契丹軍隊以牧馬為名，四處搶掠，名為「打草穀」。契丹軍隊的劫掠引起中原百姓的激烈反抗，中原各地擁兵自重的將領們也有人借機起兵。九四七年夏天，太宗耶律堯骨見自己在中原的統治岌岌可危，便以天氣炎熱、回草原看望母后為名，將開封城內大小府庫所有財物搜刮殆盡，率軍北返。耶律堯骨在北返途中，曾給留守上京的弟弟耶律李胡寫信，總結自己在中原的「三失」：「派人到各地搜刮百姓錢財，為第一失；縱容契丹將士『打草穀』，為第二失；沒有儘早遣返節度使回到原駐地去治理各鎮，為第三失。」

燕雲十六州

契丹大軍行至欒城（今河北省石家莊市欒城區）外一片樹林中宿營時，太宗耶律堯骨因高燒於九四七年農曆四月二十二日病逝，時年四十五歲，這片樹林因此被當地人稱為「殺胡林」。耶律堯骨駕崩後，由於天氣炎熱，群臣擔心他的遺體腐壞，於是將遺體剖開，摘去肝臟，放空血液，用鹽和香料將遺體做成乾屍，運往草原，史稱「帝羓」。也正因此，中原百姓一度戲稱太宗耶律堯骨為「肉乾皇帝」。至此，契丹帝國第一次吞併南方中原王朝的嘗試告終。

雖然契丹大軍退出中原北返，但石敬瑭許給契丹的燕雲十六州正式脫離中原王朝管轄，長久劃入了契丹帝國的版圖。燕雲十六州是今天河北、山西北部廣大地區，包括幽州（今北京市區）、順州（今北京市順義區）、儒州（今北京市延慶區）、檀州（今北京市密雲區）、薊州（今天津市薊州區）、涿州（今河北省涿州市）、瀛州（今河北省河間市）、莫州（今河北省任丘市北）、新州（今河北省張家口市涿鹿縣）、媯州（今河北省張家口市懷來縣）、武州（今河北省張家口市宣化區）、蔚州（今河北省張家口市蔚縣）、應州（今山西省應縣）、寰州（今山西省朔州市東）、朔州（今山西省朔州市區）、雲州（今山西省大同市雲州區），後來個別州有過更名。

燕雲十六州的戰略位置極為重要，《契丹國志》中稱：「幽、燕諸州，蓋天造地設以分藩漢之限，誠一夫當關，萬夫莫前也。」實際上，先後納入契丹帝國版圖的中原各州不僅燕雲十六州：李嗣源在位時期，契丹帝國攻占了平州（位於今河北省盧龍縣一帶）；後梁與後唐政權交替之際，契丹帝國趁中原王朝無暇北顧之機，攻占了寧州（位於今遼寧省瓦房店市西北七十里永寧鎮一帶）和營州（位於今遼寧省朝陽市一帶）；後晉將領杜重威投降契丹帝國後，契丹帝國又攻占了易州（位於今河北省易縣一帶）。太宗耶律堯骨對燕雲十六州等州因俗而治，設置官吏，據《遼史》記載：「（太宗耶律堯骨）升北、南二院及乙室夷離堇為王，以主簿為令，令為刺史，刺史為節度使，二部梯里已為司徒，達剌干為副使，麻都不為縣令，縣達剌干為馬步。」自此之後，契丹帝國歷代君主堅持因俗而治的方針，用漢法治理燕雲十六州等中原各州，開墾荒地，勸課農桑，由南面官負責管理。其中幽州和雲州後來分別成了契丹帝國的南京和西京。契丹帝國占據了燕雲十六州之後，原本作為中原王朝防禦北方遊牧民族的長城，就被囊括進契丹帝國的版圖，中原王朝失去了北疆的長城屏障，北方遊牧民族騎兵便可長驅直入中原腹地。此後中原王朝如後周、北宋均試圖收復燕雲十六州，但都以失敗告終。

獲得燕雲十六州之後，契丹帝國融合了草原遊牧民族傳統和中原王朝制度，創立了五京制，陸續建立「五京」，即上京臨潢府（今內蒙古自治區赤峰市巴林左旗南）、中京大定府（今內蒙古自治區寧城縣）、東京遼陽府（今遼寧省遼陽市）、南京析津府（今北京市西南）、西京大同府（今山西省大同市）。至此，契丹帝國一直以來實行的四時捺鉢制和五京制並行，是契丹最高權力中心一國多制理念的具體體現。

契丹帝國之前的草原帝國，雖然也在一定程度上採取過因俗而治的某些方針政策，但契丹帝國首次將因俗而治的方針政策予以制度化，將一國多制定為基本國策，建立了一套較為完整的制度體系，是草原遊牧帝國一國多制的開端。

## ——橫渡之約：第二次帝位爭奪戰——

九四七年，太宗耶律堯骨在率軍從中原北返的途中駕崩，契丹帝國帝位再一次虛懸，第二次帝位爭奪戰拉開序幕。

按照述律太后的安排，太宗耶律堯骨之後，帝位應由耶律李胡繼承。早在九三〇年農曆三月，太宗耶律堯骨就在母親述律太后的授意下，冊封耶律李胡為皇太弟，兼任天下兵馬大元帥。「天下兵馬大元帥」原本是耶律堯骨在登上帝位之前的官職，耶律堯骨在冊封他為皇太弟的同時，將「天下兵馬大元帥」一職也授予耶律李胡，讓他掌管整個契丹帝國的軍事大權，事實上使得他的儲君地位得到了極大的鞏固。述律太后如果扶持幼子耶律李胡為帝，自己便可以繼續以皇太后的身分執掌朝政。但這一原本十七年前就已安排妥當的布局，卻被南征將士打亂。

太宗耶律堯骨駕崩後，契丹南征諸將一致擁立太祖耶律阿保機的長孫、耶律突欲的長子耶律兀欲（漢語名耶律阮）為帝。太祖耶律阿保機的長子耶律突欲有五個兒子，分別是長子耶律兀欲、次子耶律婁國、第三子耶律稍、第四子耶律隆先、第五子耶律道隱。其中長子耶律兀欲、次子耶律婁國、第三子耶律稍為出身契丹後族的蕭氏所生，第四子耶律隆先為出身原渤海國王族的大氏所生，第五子耶律道隱為漢族女子高氏所生。九三〇年，耶律突欲讓國出走時，只帶走了漢族妾室高氏，並與她在後唐生下第五子耶律道隱，其餘妻妾和四個兒子均留在了契丹帝國。耶律兀欲生於九一七年，即耶律阿保機正式稱帝的第二年，他身材魁梧、精於騎射，又是太祖耶律阿保機的長孫，深得耶律阿保機和耶律突欲幾兄弟的喜愛。耶律突欲投奔後唐之後，太宗耶律堯骨就將侄子耶律兀欲帶在身邊，視如己出。九四七年，後晉滅亡，耶律堯骨在開封再次舉行登基大典時，冊封耶律兀欲為永康王。耶律堯骨北返途中突然病逝，沒有留下任何遺詔，契丹帝國帝位虛懸。為避免述律太后在太祖耶律阿保機駕崩後大開殺戒的歷史重演，加之耶律李胡性情殘暴嗜殺、耶律突欲的不幸遭遇深得同情，南征諸將在南院大王耶律吼、北院大王耶律窪、太祖耶律阿保機五弟耶律安端等宗室貴族的帶領下，一致同意擁立耶律兀欲為帝。在太宗耶律堯骨駕崩後的第二天，即九四七年農曆四月二十三日，耶律兀欲隨即在耶律堯骨的靈柩前即帝位。

遠在上京的述律太后得知兒子耶律堯骨駕崩、耶律兀欲即位的消息後，未流下一滴眼淚，而是面向南方，對著兒子耶律堯骨的在天之靈悲憤地呼喊：「等諸部平定如故，我再來安葬你。」說罷，派幼子、天下兵馬大元帥耶律李胡率領留守上京的宮衛騎兵南下「討逆」，進攻擅自即位的耶律兀欲，奪取皇位。在耶律兀欲一方，太祖耶律阿保機五弟耶律安端、太祖耶律阿保機四弟耶律寅底石之子耶律劉哥請命擔任先鋒，北上迎擊耶律李胡，兩軍接戰於泰德泉。當初太宗耶律堯骨帶領南征的軍隊本就是契丹帝國的精銳之師，加之耶律李胡才智平平，因此耶律李胡大敗。述律太后見兒子耶律李胡大敗而歸，於是親自領兵南下，與孫子耶律兀欲率領的南征大軍在上京城外的西拉木倫河橫渡之地隔河對峙。

述律太后與孫子耶律兀欲雙方均沒有主動發起進攻，是因為雙方均投鼠忌器。對於述律太后一方而言，契丹帝國的精銳都在支持耶律兀欲的南征部隊之中，此時她掌握的軍隊無論在數量上，還是在戰鬥力上，都遠不及耶律兀欲的軍隊。同時，在第一次帝位更迭之際，述律太后採取鐵腕手段，殺伐無度，因而失去了人心，例如她隔河質問出身自己娘家的蕭翰為何投靠耶律兀欲時，蕭翰理直氣壯地反駁她：「你當初為了立威，無故殺掉我的母親，我已經怨恨你很久了！」對於耶律兀欲一方而言，雖然軍事上占據優勢，但述律太后大軍背後依託上京城，上京城防堅固，易守難攻，加之宗室貴族、南征將士留在上京城中的家眷，均被述律太后和耶律李胡扣押作為人質，耶律兀欲也不敢貿然發動進攻。

正當祖孫二人相持不下之際，孟父房的一名宗室貴族成員耶律屋質挺身而出，調解祖孫之間的矛盾。「孟父房」是契丹帝國四帳皇族中的一支。耶律阿保機的祖父是耶律勻德實，他生有四子，長子耶律麻魯早夭無後，次子耶律岩木的後世子孫為「孟父房」，第三子耶律釋魯的後世子孫為「仲父房」，第四子即耶律阿保機的父親耶律撒剌的，在這一支中，耶律阿保機的後世子孫為「橫帳」，耶律阿保機的弟弟耶律剌葛、耶律迭剌、耶律寅底石、耶律安端的後世子孫為「季父房」，它們統稱「一帳三房」。由此，耶律勻德實一支的皇族成員統稱為「四帳皇族」。耶律屋質即出身四帳皇族中的孟父房。

耶律屋質首先勸說述律太后道：「李胡和兀欲都是太祖與太后您的子孫，無論誰做皇帝，國家都沒有落入外人之手，您何必如此固執呢？如今罷兵議和才是上策。」耶律屋質隨即主動提出願意代表述律太后，去耶律兀欲軍中議和。得到述律太后應允後，耶律屋質趕到耶律兀欲軍中，當眾勸說耶律兀欲道：「大王您一旦動刀兵，難免骨肉相殘。即使大王您贏了，被太后和李胡扣押的人質豈不是要先送命？況且勝負未可知，還是請大王您和太后以和為貴。」耶律兀欲帳中眾將聽了耶律屋質的話，擔心自己的家眷遇害，於是紛紛勸諫耶律兀欲，耶律兀欲終於同意願與祖母述律太后見面商議罷兵事宜。耶律屋質即將起程回營向述律太后覆命時，耶律兀欲質問他道：「你我二人一向親近，你為何反而協助太后？」耶律屋質正色答道：「臣以社稷為重，不助任何人！」耶律兀欲聽罷深感欽佩，禮送耶律屋質離去。

幾天之後，述律太后與耶律兀欲見面，二人當即爭吵起來。爭吵中，述律太后轉而對耶律屋質說：「既然是你首先提出議和，那麼由你來主持公道！」耶律屋質慢吞吞地說：「太后與大王彼此退讓一步，臣才敢開口。」述律太后應允道：「但說無妨！」耶律屋質聽罷，首先質問述律太后：「當初太祖已將人皇王立為太子，太后為何要改立太宗呢？」述律太后辯解道：「改立皇儲的事，太祖生前原本是對我說過的，只是未及頒詔，太祖便先駕崩了。」耶律屋質轉而質問耶律兀欲：「太后既為尊長，大王您為何擅自即位，不先征得尊長同意？」耶律兀欲憤憤地回答：「我父親當初本應繼承帝位，卻因她（述律太后）而不得即位，所以我如今不願稟報！」耶律屋質反問道：「人皇王捨棄父母之邦，拋棄母親、兄弟、妻兒投奔他國，世上有這樣做兒子、做兄長、做丈夫、做父親的嗎？大王您對此非但沒有一絲愧意，反而滿懷怨氣，是何道理？」不等耶律兀欲開口說話，耶律屋質轉而指責述律太后道：「至於太后您，為了自己的私心和偏心，擅自更改太祖遺願，至今仍無悔意！你們這樣還妄談議和，我看還是各自回營準備開戰吧！」說罷，耶律屋質氣憤地將手中笏板重重摔在地上，拂袖往帳外走。眼見談不攏，述律太后流著淚說：「當初太祖在世時，諸弟作亂，手足相殘，這些都是我親身經歷過的，如今我怎麼會願意再看到骨肉開戰、手足相殘的悲劇呢！」耶律兀欲見祖母述律太后態度緩和下來，也趕緊表態：「當初我父親以太子身分失去帝位，寧願遠走他國，都不願與親人兵戎相向，如今我又怎願、怎敢做當初父親不願也不肯做的事呢！」說罷，祖孫二人一同撿起笏板，交還到耶律屋質手中，一場一觸即發的內戰，總算在千鈞一髮的緊要關頭平息下來。

耶律突欲所繪的契丹貴族

雙方均表明了不願開戰的態度，接下來就是確定帝位的人選。述律太后首先徵求耶律屋質的意見，耶律屋質明確表示：「帝位授予永康王（耶律兀欲），才能順應天意人心。」沒等述律太后答話，一旁的耶律李胡跳出來指著侄子耶律兀欲對眾人說道：「有我在，他休想稱帝！」耶律屋質厲聲斥責耶律李胡道：「當年太宗取代人皇王即帝位，儘管他文武兼備，仍然惹來議論。你不得人心，如果強求帝位，惹來的又何止一點議論呢？擁立永康王是眾望所歸，已成定局！」述律太后也對耶律李胡歎息道：「我一直疼愛你甚於其他孩子，如今不是我不想立你為帝，實在是你自己不爭氣，缺乏才能和人望啊！」隨後，述律太后與耶律兀欲達成和解，雙方罷兵回上京，耶律兀欲被擁立為契丹帝國第三任皇帝，史稱「遼世宗」。

述律太后與耶律兀欲祖孫二人最終達成和解，避免了契丹帝國陷入大規模內戰，這一事件史稱「橫渡之約」。

「橫渡之約」標誌著契丹帝國第二次帝位爭奪戰的結束，但「橫渡之約」僅僅是在雙方勢均力敵、投鼠忌器的情勢下達成的暫時和解，契丹帝國內部仍然暗潮湧動，圍繞帝位繼承問題所產生的隱患仍然存在。

## 世宗遇弒：皇權與軍事貴族的矛盾

九四七年，契丹帝國第二次帝位爭奪戰以「橫渡之約」為標誌，宣告結束，太祖耶律阿保機長孫耶律兀欲即位為契丹帝國第三任皇帝，史稱「遼世宗」。第一次帝位爭奪戰結束後，契丹帝國迎來了較長一段向外發展的黃金時期，將燕雲十六州納入版圖，而第二次帝位爭奪戰雖然宣告結束，但各方勢力僅僅是表面上暫時和解，契丹帝國內部各種社會矛盾仍然存在，其中皇權與傳統軍事貴族階層之間的矛盾尤為突出。

世宗耶律兀欲正式登基之後，面臨的首要問題就是祖母述律太后對自己權位的潛在威脅。耶律兀欲正式登基後不久，就收到密報，密報中稱耶律李胡意圖聯合述律太后謀反自立為帝。於是世宗耶律兀欲先下手為強，將祖母述律太后和叔叔耶律李胡幽禁在祖州（今內蒙古自治區巴林左旗西南石房子村），令他們在祖陵外面陪伴太祖耶律阿保機。時人以及後世均懷疑所謂的「密報」是世宗耶律兀欲的有意安排，其目的是解除祖母述律太后、叔叔耶律李胡對帝位的威脅。九五一年，太宗耶律堯骨之子穆宗耶律述律即位，解除了對二人的幽禁。九五三年，述律太后病逝，時年七十四歲，與太祖耶律阿保機合葬於祖陵。

世宗耶律兀欲不僅以子虛烏有的罪名幽禁了祖母述律太后，而且在冊立皇后的問題上，也有意打壓述律家族的勢力。太祖耶律阿保機在位時，因妻子述律月里朵及其所在的述律家族，在契丹帝國創建過程中功勳卓著，特為述律家族選了漢姓「蕭」，並將述律氏（蕭氏）定為契丹帝國的後族，契丹帝國的皇后均出自述律氏（蕭氏）家族。世宗耶律兀欲主要出於削弱祖母述律太后所在的述律氏（蕭氏）家族的勢力，在即位不久後就冊立漢族女子甄氏為皇后。甄氏出生於九〇五年，比世宗耶律兀欲（生於九一七年）年長十二歲。她原本是後唐的一名普通宮女，九三六年，契丹大軍南下，後唐滅亡，隨軍出征的耶律兀欲看中了時年三十一歲的宮女甄氏，將她納為妾室。耶律兀欲在即位的同一年，即九四七年，便將甄氏冊封為皇后。耶律兀欲之所以選定甄氏為皇后，有意回避出身述律氏（蕭氏）家族的人選，主要原因是限制祖母述律太后所在的述律氏（蕭氏）家族的權勢，以鞏固帝位。

世宗耶律兀欲冊立甄氏為皇后的舉動，難免觸動了契丹傳統軍事貴族階層，特別是述律氏（蕭氏）家族的利益，因而遭到普遍的、強烈的反對。在耶律兀欲冊立甄皇后的第二年，即九四八年，述律氏（蕭氏）家族成員中曾堅定擁立耶律兀欲為帝的蕭翰，就聯合耶律天德、耶律劉哥、耶律盆都等人發動叛亂。此次叛亂聲勢浩大，參與者也多為位高權重的宗室貴族，如耶律天德是太宗耶律堯骨第三子，耶律劉哥和弟弟耶律盆都均是太祖耶律阿保機的三弟耶律寅底石之子。世宗平定叛亂後，只將出身太宗耶律堯骨一系的耶律天德處死，並以杖擊之刑處罰蕭翰，將耶律劉哥流放邊疆，罰耶律盆都出使契丹帝國西北方向上的遊牧部族黠戛斯。這場叛亂平定後的第二年正月，即九四九年正月，蕭翰與妻子、世宗的妹妹耶律阿不里再次聯絡宗室貴族謀反，世宗耶律兀欲這次沒有放過蕭翰，而是將他處死，並將妹妹耶律阿不里逮捕入獄，不久之後，耶律阿不里病死在獄中。

經過了蕭翰的兩次叛亂，世宗耶律兀欲深知觸動貴族階層利益，特別是契丹帝國後族述律氏（蕭氏）家族利益所帶來的嚴重後果。九四九年農曆十月，世宗耶律兀欲迫於壓力，不得不冊封出身述律氏（蕭氏）家族的蕭撒葛只為皇后，與甄皇后並立。世宗耶律兀欲共有兩位皇后和兩位妃子，除甄皇后之外，另一位皇后蕭撒葛只、兩位妃子蕭啜里和蕭蒲哥，均出身契丹帝國的後族述律氏（蕭氏）家族。耶律兀欲共有三子三女，長子耶律吼阿不、次子耶律明扆（即後來的遼景宗）、長女耶律和古典、次女耶律觀音、三女耶律撒剌均為皇后蕭撒葛只所生，只有第三子耶律只沒為甄皇后所生。蕭撒葛只薨逝後，謚號為「孝烈皇后」，一〇五二年興宗耶律只骨在位時，改謚「懷節皇后」。在契丹帝國三百多年間，甄皇后始終未獲得任何謚號，甚至當時以及後世的一些典籍不承認她的皇后身分，將她稱為「世宗妃」。可見世宗耶律兀欲冊封甄氏為皇后，在當時朝野震動極大，以至於後世子孫甚至不願承認這名漢族女子曾做過契丹帝國的皇后。契丹帝國三百多年間，非述律氏（蕭氏）家族出身的皇后僅甄皇后一例，契丹帝國此後的歷代皇帝再無人對從述律氏（蕭氏）家族中選后的這一傳統發起挑戰。冊立甄皇后所引發的風波，反映了契丹帝國皇權與軍事貴族權益之間的矛盾，作為遊牧文化的契丹帝國，始終擺脫不了遊牧民族血緣氏族勢力的影響，也始終擺脫不了傳統軍事貴族階層的影響。

世宗耶律兀欲在位期間，一直致力於打壓契丹傳統軍事貴族階層對皇權的威脅，但恰恰是皇權與軍事貴族之間的矛盾，最終導致了耶律兀欲的悲慘結局。

早在九四九年駙馬蕭翰等人第二次發動叛亂時，蕭翰就試圖拉攏太祖耶律阿保機的五弟耶律安端參與其中。在耶律阿保機擔任可汗的時期，耶律安端就同三位哥哥耶律剌葛、耶律迭剌、耶律寅底石一起發動過三次諸弟之亂，但他在三次諸弟之亂中均屬於脅從叛亂，因而未受到太祖耶律阿保機的處罰，甚至在太祖、太宗、世宗三朝屢受重用。九二六年耶律阿保機征討渤海國時，就曾任命耶律安端與耶律突欲、耶律堯骨一同統率先鋒部隊，世宗耶律兀欲在位時，耶律安端一度被封為東丹國王。九四九年，蕭翰等人寫信勾結耶律安端一同發動叛亂，還沒等耶律安端有所回應，就被其子耶律察割發現。耶律察割毫不猶豫地面見世宗耶律兀欲，告發自己的父親耶律安端意圖與蕭翰等人勾結謀反。待蕭翰等人的叛亂被平定後，由於耶律安端沒有什麼實質性的叛亂行為，因而也就沒有受到任何實質性的處罰。

耶律察割告發父親耶律安端意圖謀反一事，並非大義滅親的忠君之舉，而是有著不可告人的祕密。耶律察割一向外表恭順、內心狡詐。早在他的伯父、太祖耶律阿保機在位時，一次耶律安端讓他去耶律阿保機的宮帳代父奏事，待耶律察割奏事完畢、退出宮帳後，耶律阿保機對左右近侍說：「據朕剛剛觀察，察割眼神遊移、面有反相，是個兇殘頑劣的傢伙，絕非表面上表現得那樣懦弱！朕如果一個人就寢時，一定不要讓他進門。」九四七年，太宗耶律堯骨病逝於契丹大軍從中原北返的途中，眾將擁立耶律兀欲即位，耶律安端本來持觀望態度，善於投機的耶律察割連忙慫恿父親支持耶律兀欲。後來耶律兀欲與祖母述律太后達成「橫渡之約」，正式即位，耶律察割因擁立之功，受封泰寧王。

耶律察割因告發父親而深受世宗耶律兀欲信任，世宗屢屢封賞於他，他借機將自己的帳幕靠近世宗的宮帳。促成「橫渡之約」的首功之臣耶律屋質察覺到異樣，便向世宗耶律兀欲進言道：「察割連自己的父親都能出賣，如此不孝之人，怎麼會忠心於您？此人陰險奸詐，太祖都曾對其有過評價，您不可不防。」但耶律兀欲不聽，反駁道：「察割捨棄自己的父親來輔佐我，是何等的忠心啊，不會有

契丹大字符牌

什麼事情。」此後耶律屋質屢屢祕密上書控訴耶律察割，世宗耶律兀欲非但不聽，甚至將耶律屋質的上書拿給耶律察割看。耶律察割看到這些控訴之後，表現得更加忠誠和懦弱，時常假裝憨厚，甚至將自己家裡的一些小事講給世宗聽，使得世宗認為他對自己開誠布公、無所隱瞞。

九五一年，中原王朝政局發生動盪，後漢樞密使郭威發動兵變，自立為帝，建立後周。隨後，原後漢河東節度使劉崇在晉陽（今山西省太原市）自立為帝，建立北漢，與後周對峙。劉崇主動依附於契丹帝國，自稱「侄皇帝」，請求世宗耶律兀欲出兵救援。世宗耶律兀欲御駕親征，率軍南下，援助北漢，母親蕭氏、兩位皇后等一眾家人隨行。契丹宗室貴族、各部將領由於連年征戰，人馬疲憊，不願南征，但世宗執意要求他們按期南下，因而導致軍中怨言四起。九五一年農曆九月初，世宗耶律兀欲率領本部人馬到達歸化州（位於今河北省張家口市宣化區一帶）境內祥古山一帶，在火神澱宿營。農曆九月四日，世宗耶律兀欲舉行祭祀，遙祭父親耶律突欲，當晚舉行宴會，款待群臣和按期趕來會師的宗室諸王、各部酋長、諸軍將領。世宗醉酒後被左右扶進內帳酣睡。耶律察割見時機成熟，利用軍中怨言，鼓動耶律盆都等人即刻發動兵變。耶律察割率眾闖入皇帝內帳，亂刀殺死了世宗耶律兀欲和陪侍一旁的甄皇后，隨即又將耶律兀欲的母親蕭氏斬殺。耶律察割弒君篡權，史稱「火神淀之亂」。

世宗耶律兀欲遇害後，耶律察割一黨大肆追殺、拘捕宗室貴族和朝廷重臣，同時加緊洗劫世宗宮帳中的珍寶。叛亂爆發後，耶律屋質連忙脫下象徵身分的紫袍，混在人群中逃出生天。世宗耶律兀欲的另一位皇后蕭撒葛只因居住在別帳，本來得以倖免，但她得知叛亂消息後，不顧自身安危，乘皇后步輦去找耶律察割，嚴詞要求為太后、世宗和甄皇后收屍，被耶律察割扣押為人質。在發動叛亂的當天夜裡，耶律察割就急忙查驗世宗宮帳中的珍寶，見到一個瑪瑙碗，便愛不釋手，並向妻子炫耀：「此乃稀世之寶，如今為我所有！」妻子提醒道：「耶律屋質還沒有抓到，他若召集軍隊來攻打，我們所有人都沒有活路，你擺弄這東西有什麼用！」耶律察割不聽，反駁道：「耶律屋質不過統領幾個奴僕，成不了事，說不定明天就會來朝覲我，實在不值得憂慮！」

耶律屋質逃走後，連夜找到太宗耶律堯骨的長子、壽安王耶律述律（漢語名耶律璟），勸說耶律述律帶頭平定叛亂。耶律述律嗜睡，本無心政治，耶律察割發動叛亂前就曾找過耶律述律，遊說他參與謀反，但被耶律述律拒絕。耶律述律一覺醒來，耶律察割已然弒殺世宗。當耶律屋質提出請他帶頭平叛時，耶律述律一口拒絕，耶律屋質拉著他的衣襟哀求道：「大王是太宗長子，察割如果自立為帝，必不容大王，大王如若此時不自救，日後必被察割所殺！」耶律述律這才同意帶頭平叛。耶律屋質本就是右皮室軍詳穩（「皮室軍」是契丹帝國君主的心腹部隊，「詳穩」是契丹語「諸官府監治長官」之意），掌握著契丹帝國的精銳部隊，火神澱之亂爆發後的第二天清早，他急忙收攏皮室軍，在亂軍中僥倖逃脫的大臣們，也陸續聚攏到耶律述律、耶律屋質身邊。耶律述律、耶律屋質率領大軍趕到世宗宮帳周圍，包圍了耶律察割的叛軍。因耶律察割扣押了世宗皇后蕭撒葛只、太宗次子耶律罨撒葛等一幫宗室貴族、朝廷重臣及其眷屬，耶律屋質等人不敢貿然發動進攻。

耶律察割見自己陷入包圍，手執弓箭威脅要將人質全部殺死，隨即當場殺死了世宗皇后蕭撒葛只。正當雙方相持不下、耶律察割將要大開殺戒之時，人質中有一位林牙（契丹語官職名稱，掌理文翰之官，大致相當於「翰林」）耶律敵獵連忙向耶律察割進言道：「大王您兵少，硬拼恐怕吃虧，如今之計，大王可以遣使對壽安王（即耶律述律）說，您弒君完全是為了擁立壽安王為帝，這樣不僅會被赦免，而且還有擁立之功。」耶律察割慌亂之中竟採納了耶律敵獵的計策。耶律敵獵又說：「如果大王信任我，我願為大王出使，去見壽安王，為表誠意，還請大王允許我帶壽安王的弟弟罨撒葛同去。」耶律察割深信不疑，竟放了耶律敵獵和耶律罨撒葛二人。耶律敵獵帶著耶律罨撒葛見到耶律述律、耶律屋質等人後，建議耶律述律將計就計，誘騙耶律察割前來領賞，趁機將其斬殺。耶律述律、耶律屋質等人依計而行，耶律察割果然中計，大搖大擺地來到耶律述律帳中領賞。耶律察割剛一進賬，迎面撞見世宗同母弟耶律婁國，未等耶律察割反應過來，耶律婁國一刀將其刺死，左右侍衛一擁而上，亂刀將其碎屍。

耶律察割一死，叛軍群龍無首，很快便投降，耶律察割諸子、部將和參與叛亂的同黨均被誅殺。火神澱之亂平定後，耶律屋質等人擁立耶律述律即帝位，史稱「遼穆宗」。

## 睡王治國：倒行逆施帶來意外收穫

九五一年，火神澱之亂平定後，太宗耶律堯骨長子耶律述律被擁立為契丹帝國的第四任皇帝，群臣上尊號為「天順皇帝」，史稱「遼穆宗」。穆宗耶律述律極為嗜睡，他在位十九年間，多半時間處於睡夢之中，因此又得綽號「睡王」。然而正是這位「睡王」倒行逆施的治國方式，很大程度上削弱了契丹傳統軍事貴族階層對皇權的潛在威脅，給契丹帝國帶來了中央集權的意外收穫。

耶律述律是太宗耶律堯骨的長子，母親蕭溫出自契丹帝國後族述律氏（蕭氏）家族，是應天太后述律月里朵的外孫女。述律月里朵為太祖耶律阿保機生有三個兒子耶律突欲、耶律堯骨、耶律李胡和一個女兒耶律質古。耶律質古嫁給母親述律月里朵的弟弟、自己的舅舅述律室魯（蕭室魯），僅生有一女蕭溫。述律月里朵將外孫女蕭溫嫁給自己的次子、時任「天下兵馬大元帥」的耶律堯骨。九二七年，耶律堯骨即帝位，冊封蕭溫為皇后（可敦）。蕭溫為太宗耶律堯骨生下二子一女，分別是長女耶律呂不古、長子耶律述律、次子耶律罨撒葛。九三五年農曆正月，蕭溫在春捺缽期間病逝於行在，太宗耶律堯骨悲痛至極，親筆撰寫哀冊，加諡號為「彰德皇后」。一〇五二年興宗耶律只骨在位時，改諡「靖安皇后」。

太宗耶律堯骨共有五子二女，分別是長子耶律述律、次子耶律罨撒葛、三子耶律天德、四子耶律敵烈、五子耶律必攝和長女耶律呂不古、次女耶律嘲瑰，除皇后蕭溫所生二子一女之外，其餘三子一女為宮人蕭氏所生。耶律述律生於九三一年，九三九年受封為壽安王。耶律述律童年正值父親在位、母親受寵的時期，不知何故染上了嗜睡的習慣，可能由於長時間處於睡夢中，這位皇子的早年經歷在史籍中幾乎沒有什麼記載。作為太宗耶律堯骨的長子，在契丹帝國這一時期諸如南下中原、橫渡之約等重大歷史事件中，均找不到耶律述律的身影。

耶律述律二十歲時，即九五一年，火神澱之亂爆發，這位皇子才被推上了歷史舞臺。原本耶律察割在發動叛亂前就已去見過耶律述律，慫恿他參與叛亂，被耶律述律拒絕。之後，耶律述律既不想辦法自保以免被滅口，也不去向堂兄世宗耶律兀欲告發耶律察割等人，而是若無其事地去睡覺了。可能出於對耶律述律嗜睡的瞭解，耶律察割遭到拒絕後，竟也不懼怕耶律述律告發他，沒有想過殺耶律述律滅口，而是按照原計畫發動叛亂。待耶律察割被殺、叛亂平定之後，耶律述律糊裡糊塗地登上了帝位，成為契丹帝國的第四任皇帝。

耶律述律登上帝位後，依舊面臨著契丹傳統軍事貴族對皇權的威脅與挑戰。耶律述律在位十九年期間，宗室貴族甚至太祖系三支（即太祖的三位嫡子耶律突欲、耶律堯骨、耶律李胡三支子孫）不斷有人發動叛亂。耶律述律因長年處於睡夢中，喜怒不定，對叛亂者的處置也隨心所欲，有時表現得寬仁大度，多數時間則極為殘忍暴戾。但耶律述律近乎倒行逆施的高壓政策，卻意外地在很大程度上削弱了傳統軍事貴族階層的勢力。

在穆宗耶律述律即位後的第二年，即九五二年，太祖長子耶律突欲一支中的世宗同母弟耶律婁國率先跳出來，聯合國舅蕭眉古得、火神澱之亂中設計捕殺耶律察割的林牙耶律敵獵，以及宗室耶律神都、耶律海里等人發動叛亂。叛亂平定後，穆宗耶律述律誅殺耶律婁國和蕭眉古得等人，並命人特意挑選一處「絕後之地」來埋葬耶律婁國。林牙耶律敵獵因曾幫助穆宗平定火神澱之亂有功，被穆宗赦免。在穆宗在位時，世宗甄皇后所生的獨子耶律只沒也遭受了酷刑，但不是因為謀反，而僅僅是因其與穆宗後宮中的一位宮女私通。在火神澱之亂爆發、耶律只沒父母遇害時，他還僅僅是襁褓中的嬰兒，火神澱之亂平定後，穆宗耶律述律將他收養在身邊。耶律只沒聰明好學，通曉契丹文和漢文，能用漢文作詩，也正因此，耶律只沒養成了風流的性格。長大後，年輕的耶律只沒與叔父耶律述律後宮中的一位宮女私通，被耶律述律逮到。耶律述律暴怒，命人捶打耶律只沒數百下，並刺瞎了他的一隻眼睛。耶律述律如此還不解恨，竟將耶律只沒處以宮刑。事後，餘怒未消的穆宗耶律述律將耶律只沒下獄，準備將他梟首棄市。不過，幾天後穆宗耶律述律竟忘記了這件事，耶律只沒一直被關押在獄中無人問津，直到他同父異母的哥哥耶律明扆即位後，耶律只沒才被釋放出獄，先前與他私通的那位宮女，也被耶律明扆賜給耶律只沒。

耶律婁國等人謀反的第二年，即九五三年，太祖三子耶律李胡一支中又有人跳出來發動叛亂。耶律李胡的次子耶律宛聯合上一年謀反被赦免的林牙耶律敵獵和宗室耶律華割、耶律嵇干等人謀反。叛亂平定後，耶律華割、耶律嵇干等從犯被處決，林牙耶律敵獵也因再次謀反被判以凌遲處死，耶律宛反而被穆宗耶律述律赦免。九六〇年，耶律李胡的長子耶律喜隱策動謀反，被捕入獄。穆宗耶律述律親自到獄中審問，得到的供詞中牽涉耶律李胡。耶律李胡因而獲罪入獄，不久之後死於獄中。但穆宗耶律述律沒有治主謀耶律喜隱的罪，甚至在第二年，即九六一年，將耶律喜隱釋放出獄。不久之後，耶律喜隱再次策動叛亂，再度被捕入獄，直到九六九年景宗耶律明扆即位後，才獲釋出獄。

穆宗耶律述律的伯父耶律突欲一支、叔叔耶律李胡一支均有人謀反，就連穆宗自己這一支的親兄弟，也曾策劃謀反。九五三年，幾乎與耶律李胡的

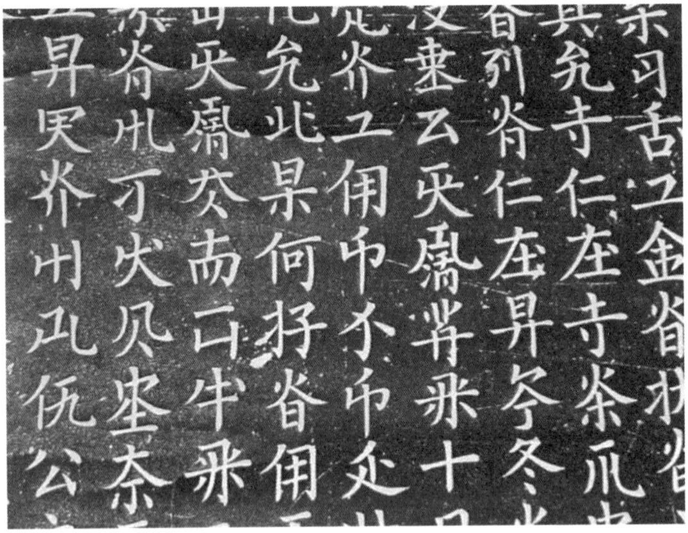

契丹文

次子耶律宛謀反同一時間，穆宗耶律述律唯一的同母弟、太平王耶律罨撒葛謀劃叛亂，但還未及動手，就在占卜吉凶時被告發。穆宗耶律述律極為震怒，但念及手足之情，僅將他幽禁了三個月，之後將他貶到西北邊關去戍邊。直到九六九年景宗耶律明扆即位後，耶律罨撒葛才回到上京。回京三年後，即九七二年，耶律罨撒葛病逝。穆宗耶律述律的異母弟、太宗耶律堯骨第四子耶律敵烈於九五九年步二哥耶律罨撒葛後塵，與耶律海思、蕭達乾等人策劃謀反，同樣未及動手就被告發，穆宗耶律述律同樣念及手足之情，放過了四弟耶律敵烈。

穆宗耶律述律在位十九年間，除了太祖系三支，其他宗室貴族、朝廷重臣也屢屢有人謀反，但均以失敗告終。在穆宗耶律述律喜怒不定的高壓統治下，契丹貴族中不少實權人物被殺，這從客觀上削弱了傳統軍事貴族階層的勢力。

在國家日常行政管理方面，穆宗耶律述律幾乎撒手不管，任命擁立他即位的首功之臣耶律屋質為北院大王、任命宗室耶律撻烈為南院大王，將朝政幾乎完全交由二人處理。除了幾次下詔減免賦稅，穆宗耶律述律幾乎不問政事，專心睡覺。在北院大王耶律屋質、南院大王耶律撻烈的主持下，契丹帝國國內各地發展生產、獎勵耕牧，雖然上京城內時有宗室叛亂，但幾乎未波及地方州縣，各地百姓能夠安居樂業。耶律屋質、耶律撻烈二人因而被百姓們稱頌為「富民大王」。除了內政方面的作為，耶律屋質、耶律撻烈也能夠統兵征戰。「五代十國」中的北漢位於今山西省中部和北部，與契丹接壤。為防止被中原地區其他政權吞併，北漢依附於契丹。後周、北宋多次攻打北漢，耶律屋質、耶律撻烈分別多次率軍援助北漢，擊退後周、北宋軍隊。耶律撻烈每次統率軍隊時，賞罰分明，深得軍心。耶律屋質更是因在穆宗在位末期、景宗在位前期，解北漢都城晉陽（今山西省太原市）之圍，而被封為「于越」（契丹官職，中國史籍中將其釋義為「總知軍國事」）。

穆宗耶律述律在位期間，基本能夠做到任用賢才、禮敬臣下。九五九年，契丹帝國的開國功臣韓延徽病逝，穆宗耶律述律極為悲慟，親自弔唁，為其加謚「崇文令公」，將他厚葬於幽州故鄉，並在他的墓地外修築牆郭，以免他的墓地遭受戰火侵擾。

可能是由於長年處於睡夢之中，隨著年齡的增長，穆宗耶律述律的脾氣秉性越來越令人難以琢磨。穆宗耶律述律對近侍常常隨心所欲地濫賞濫罰，甚至濫殺無辜。耶律述律高興時，會將自己用的金器、玉器隨意賞賜給侍從，甚至無緣無故將侍從提拔為朝廷重臣。但耶律述律不高興時，也會無故打罵甚至殘害侍從。如耶律述律在一次用膳時，前一秒還興致勃勃地觀看歌舞，後一秒就因一名侍從為他更換湯箸時動作稍有遲緩，而用割肉的小刀親手將這名侍從刺死。九六四年，穆宗耶律述律的近侍喜哥回家探望生病的妻子，耶律述律不記得喜哥是否向自己請過假，於是突然發怒，命人到喜哥家中殺死他的妻子。除了睡覺，穆宗耶律述律還喜愛飲酒和打獵。一次打獵時，耶律述律突然命人清點獵場中所養的鹿的數目，清點過後，耶律述律一口咬定數目比之前少了，於是將七名負責養鹿的僕人斬首，並命人壘起一座土堆，將他們的首級排列在土堆之上示眾。耶律述律清醒時瞭解到自己的種種暴行，也常有悔意，於是經常對大臣和近侍們說：「朕在睡夢中時，處事或有不當之處，你們不要曲意順從，等我醒來後，一定要重新向我奏明。」可是大臣和近侍們誰都不知道這位皇帝究竟何時真正處於清醒狀態。

耶律述律生前最後一次打獵時，收穫頗豐，於是大擺筵宴，與眾臣通宵達旦歡飲。耶律述律醉酒後便在內帳睡去，一眾近侍見皇帝熟睡，誤以為他會像以往一樣要睡很久，於是便懈怠下來，紛紛出帳閒坐。令人意料不到的是，耶律述律剛睡下就翻身坐起，高喊：「朕餓了，快給朕生火做飯！」耶律述律一連喊了幾次，才見到近侍們慌慌忙忙地跑進內帳，於是非常生氣地指著他們威脅道：「你們等著，朕要將你們都殺光！」說罷，又轉身躺下睡著了。見此情景，近侍們面面相覷，不知誰又會成為這位皇帝的刀下冤魂。於是，廚師辛古、近侍花哥等六人商議先下手為強，找來廚刀等利刃，七手八腳地將睡夢中的耶律述律殺死。這一事件史稱「黑山之變」。

糊裡糊塗登上帝位、糊裡糊塗執掌契丹帝國國政十九年的穆宗耶律述律，就這樣糊裡糊塗地喪命，時年三十九歲。穆宗耶律述律在位期間，契丹貴族中不少實權人物因謀反被殺，傳統軍事貴族階層勢力受到了極大削弱，意外地加強了中央集權。同時，穆宗耶律述律在位期間，中原王朝正值改朝換代之際，無暇北顧契丹，契丹帝國借此時機，大力發展經濟，儘量消弭兩次帝位爭奪戰和宗室貴族叛亂給國家帶來的創傷。穆宗耶律述律遇弒後不久，中原地區新興的宋朝與契丹帝國的戰爭也開始了，幸好此時領導契丹人的皇帝不是整天昏睡的穆宗耶律述律，才使得契丹帝國能夠在對宋戰爭中大獲全勝。有鑑於此，《遼史》中對穆宗耶律述律遇弒一事，僅有四字評價：

「死其宜哉。」

太祖耶律阿保機駕崩後，經歷了太宗、世宗、穆宗三朝的動盪，以及兩次帝位爭奪戰和無數次宗室貴族叛亂的洗禮，契丹帝國的皇權逐漸鞏固，傳統軍事貴族階層對皇權的威脅、對契丹帝國政局的影響逐漸減弱。契丹帝國也正是在徘徊中前進，逐步走向鼎盛。

內 지

## 第四章　逐鹿中原

# 遼宋和戰與契丹帝國走向鼎盛

契丹帝國在徘徊中成長、在動盪中成熟之時，南面的中原王朝也發生著巨變。唐末以來五代十國的混亂局面結束，宋朝建立。圍繞著燕雲十六州的爭奪，契丹帝國與宋朝之間展開了長達數十年的戰爭。正是在對宋朝的戰爭洗禮中，契丹帝國不斷發展壯大，逐步走向鼎盛。

## 初戰幽州：從白馬嶺之戰到高梁河之戰

九六九年，黑山之變爆發，穆宗耶律述律遇弒。耶律述律無子，世宗耶律兀欲次子耶律明扆（漢語名耶律賢）受群臣擁立即位，史稱「遼景宗」。

世宗耶律兀欲原有三子，分別是長子耶律吼阿不、次子耶律明扆、第三子耶律只沒。其中長子耶律吼阿不早夭，九五一年火神澱之亂中世宗遇弒時，僅留下不滿四歲的次子耶律明扆，和尚在襁褓中的第三子耶律只沒。火神澱之亂爆發時，耶律明扆兄弟被一名女僕藏在柴堆之中，才得以倖免於難。穆宗耶律述律在位期間，經常有宗室貴族因謀反作亂而被殺。耶律只沒也因與宮女私通，被處以宮刑。唯獨耶律明扆謹言慎行，從不參與朝政，因而躲過朝廷紛爭。由於穆宗耶律述律沒有子嗣，世宗的一些舊部也逐漸聚攏到耶律明扆周圍，希望有朝一日能擁立耶律明扆。穆宗耶律述律遇弒前一段時間，看到長大成人的耶律明扆，還曾欣慰地說：「侄兒如今已經長大，朕可以將一些朝政交付於你了。」

九六九年農曆二月二十二日，黑山之變爆發，穆宗遇弒，得知消息的耶律明扆與飛龍使女里、侍中蕭思溫、南院樞密使高勳一道帶領一千名騎兵迅速趕到黑山，當月就在穆宗的靈柩前即帝位，群臣上尊號「天贊皇帝」，改元保寧，史稱「遼景宗」。此後，契丹帝國的帝位一直在太祖長子耶律突欲一支中傳承。景宗耶律明扆即位後，任用賢能、整肅朝綱，大力發展生產，契丹帝國的國力逐漸從無數次的內亂中恢復過來。

穆宗、景宗兩朝新舊交替之時，契丹帝國南面的鄰居，中原王朝也發生著翻天覆地的變化。九六〇年，後周殿前都點檢趙匡胤發動陳橋兵變，篡位自立，建立宋朝，史稱「北宋」。宋太祖趙匡胤在統一中原、江南的過程中，為避免與契丹帝國發生正面衝突，採取了「先南後北、先易後難」的戰略方針，首先對南方的南唐、後蜀、南漢等割據政權發動進攻，將北方與契丹帝國接壤、受契丹帝國保護的北漢，留作最後消滅的目標。對於長城以南的燕雲十六州被契丹帝國占據一事，宋太祖趙匡胤一直芒刺在背。在後周時期，趙匡胤就曾跟隨周世宗柴榮，對契丹帝國多次用兵，企圖奪取燕雲十六州。後周雖然始終沒有達成奪取燕雲十六州的既定目標，卻從契丹帝國手中奪取了瓦橋關（位於今河北省雄縣西南郊）以南的一片地區，契丹帝國將這一地區稱為「關南十縣」。後來，關南十縣成為契丹帝國與北宋邊境衝突的一個焦點。北宋建立後，趙匡胤忙於南征，與北面的契丹帝國友好交往，籌劃向契丹帝國「贖買」燕雲十六州。為此，宋太祖趙匡胤還專門設立了「封樁庫」，將消滅南方各個割據政權所得的財物儲藏在其中，並且將每年財政收支的盈餘有計畫地存入，以備「贖買」燕雲十六州之用。隨著宋太祖離世、遼宋雙方進入戰爭狀態，這一「贖買」計畫最後無疾而終。

九七六年，宋太祖趙匡胤離奇去世，其弟趙光義即位，史稱「宋太宗」。相傳宋太祖趙匡胤去世當晚，曾與弟弟趙光義二人在自己寢殿飲酒，二人摒退左右，似乎有機密之事相商。席間，遠遠守在殿外的宦官和宮女看見殿中燭影搖晃，聽到殿中傳來斧鉞戳地擊物的聲音，片刻之後又聽到殿中傳來宋太祖趙匡胤高喊「好做、好做」（一些史籍記載為「好為之」）的聲音。

當夜，宋太祖趙匡胤離奇去世，留下「燭影斧聲」的千古謎案。由此，北宋朝野普遍流行宋太宗趙光義弒兄篡位的傳聞。背負著這一傳聞的宋太宗趙光義，急需通過重大功勳來證明自己是合格的帝王，於是，滅亡北邊的北漢政權、收復燕雲十六州，成了宋太宗建功立業的目標。正基於此，契丹帝國與中原王朝宋朝之間的戰爭不可避免地爆發了。

宋太宗趙光義

九七九年農曆二月，剛即位兩年多的宋太宗趙光義御駕親征，率軍北伐，首先進攻的目標就是五代十國的最後一個政權——北漢。北漢建立於九五一年，位於今山西省中部、北部地方，都城晉陽，是「十國」中唯一一個位於中國北方的政權。為了與後周、北宋等中原王朝抗衡，北漢主動向契丹稱臣，在建國同年的農曆四月，北漢開國皇帝劉崇就上書契丹，自稱「侄皇帝致書於叔天授皇帝」，請求契丹對北漢皇帝予以冊封。於是，契丹正式冊封劉崇為「大漢神武皇帝」，標誌著北漢作為藩屬國依附於契丹帝國。北宋建立後，逐一消滅了「十國」中割據南方的政權，早在宋太宗的哥哥宋太祖趙匡胤在位時，宋朝就曾四次試探性地出兵攻打北漢，均被契丹援軍擊退。宋太祖趙匡胤為避免與契丹帝國交惡，遲遲未傾全力北伐，北漢政權因此得以暫時存續。

九七九年，接到宋軍傾全國主力再次來襲的消息，北漢當時在位的皇帝劉繼元，急忙遣使向宗主國契丹帝國求援。景宗耶律明扆任命南府宰相耶律沙為統帥、冀王耶律敵烈（太宗耶律堯骨第四子）為監軍，率領兩萬騎兵增援北漢。契丹軍日夜兼程，先鋒部隊抵達白馬嶺（今山西省盂縣東北）時，正與北上阻擊契丹的宋軍隔澗對峙。契丹軍主帥耶律沙主張等後續部隊抵達之後再與宋軍交戰，耶律敵烈則認為應趁宋軍紮營未穩，迅速出擊。耶律沙與耶律敵烈爭執不下，契丹軍中諸將也各執己見。魯莽的耶律敵烈擅自率領本部人馬搶先渡澗，進攻宋軍郭進所部。宋軍則趁契丹軍半渡之際，發起進攻。契丹兵士和戰馬均浸泡在水中，騎兵優勢發揮不出來，被宋軍打得大敗。契丹傷亡萬餘人，耶律敵烈及其子耶律哇哥、耶律沙之子耶律德里、突呂不部節度使都敏、黃皮室詳穩唐筈共五員主將陣亡。主帥耶律沙連忙收攏殘部，抵擋宋軍追兵，恰好此時南院大王耶律斜軫率軍前來增援，擊退了宋軍追兵，會同耶律沙所部徐徐退卻，撤回契丹國內。此次戰役史稱「白馬嶺之戰」，是契丹帝國與宋朝戰爭中，契丹一方為數不多的敗仗之一。契丹援軍敗走之後，數十萬宋軍全力攻打北漢都城晉陽，北漢糧盡援絕，被迫投降。至此，五代十國中最後一個政權覆滅，宋朝基本統一了中原、江南地區。

白馬嶺之戰助長了宋太宗的輕敵之心。北漢滅亡之後，宋朝與契丹帝國之間再沒有緩衝地帶，雙方直接對峙。被勝利衝昏頭腦的宋太宗既不休整部隊，也不封賞將士，而是決定挾滅北漢之餘威揮師北上，直接進攻契丹帝國，想要一舉奪回燕雲十六州。九七九年夏天，數十萬宋軍翻越太行山，氣勢洶洶挺進華北平原。契丹的兩名漢族官員易州刺史劉宇、涿州通判劉厚德投降宋軍，宋軍兵不血刃占領兩州，愈發驕矜。

同年農曆六月二十三日，由宋太宗親自統率的宋軍，抵達契丹帝國的南京幽州城南，駐蹕寶光寺。當日，宋太宗指揮各路宋軍對幽州城展開圍攻。宋太宗親臨前線指揮作戰，兵分四路攻城：宋軍定國軍節度使宋偓與尚食使侯昭願領兵萬餘人攻城東南面，河陽節度使崔彥進與內供奉官江守鈞率兵萬餘人攻西北面，彰信軍節度使劉遇率所部人馬攻東北面，定武軍節度使孟玄喆率所部人馬攻西南面。契丹帝國南京留守韓德讓、南京馬步軍都指揮使耶律學古，率領城中數千守軍拼死抵抗，堅守待援，宋軍不斷變換戰法，連續攻打二十多天，仍未能攻克幽州城。

就在宋軍攻打幽州之時，遼景宗耶律明扆調集契丹帝國五院軍精銳約三萬精騎，分別由南院大王耶律斜軫、惕隱（契丹官職名）耶律休哥率領，分兩路馳援幽州。同年農曆七月，契丹主力部隊在幽州前線高梁河一帶（今北京市西直門外）完成集結。恰逢北院大王耶律奚底所部因兵少而剛剛敗退下來，耶律斜軫於是命令自己率領的主力部隊，換上耶律奚底所部的青色旗幟，以引誘宋軍追擊。宋軍追擊十餘里，進入契丹大軍的包圍圈，耶律斜軫、耶律休哥等將領率軍從兩翼殺出，宋軍大敗。契丹各路軍隊趁勢掩殺，幽州城中守軍也趁機殺出，數十萬宋軍亂作一團，大敗虧輸。兩軍酣戰之際，箭矢亂飛，宋太宗趙光義腿上中了兩箭，狼狽逃離戰場。契丹軍主帥耶律休哥在戰鬥中身先士卒，因身負多處重傷不能騎馬，卻仍然不肯撤離戰陣，堅持駕輕車指揮全軍追擊宋軍。耶律休哥命令契丹兵士人人手持雙火把，連夜追擊，宋軍不知契丹士兵多寡，爭相逃命，相互踐踏，死傷無數。宋太宗單騎帶傷逃離戰場，慌不擇路，以致戰馬陷入泥潭。千鈞一髮之際，幸虧宋軍中負責押運糧草的將領楊業父子趕到，從泥潭中救出宋太宗。宋太宗因箭傷無法騎馬，楊業父子只好用驢車載著受傷的宋太宗南逃。契丹軍一直追到涿州方才罷兵，繳獲兵器、甲帳、錢糧無數。契丹帝國與宋朝之間的第一次大規模戰役，以宋軍的慘敗而告終，這場戰役的主戰場是幽州城外的高梁河一帶，因而史稱「高梁河之戰」。

高梁河之戰標誌著契丹帝國與宋朝之間再無緩和餘地，雙方正式進入戰爭狀態，此後雙方邊境連年戰火不息。

高梁河之戰結束後，九七九年農曆九月，遼景宗耶律明扆為擴大戰果，派遣南京留守韓德讓的父親、燕王韓匡嗣為主帥，進擊遼宋邊境上的宋軍殘部。契丹軍與宋軍在滿城（今河北省保定市滿城區北）遭遇，宋軍監軍李繼隆、主帥崔翰等人不顧宋太宗事先頒發的「陣圖」，根據戰場形勢，臨時改變宋太宗事先安排好的布陣，將契丹軍擊敗。在契丹帝國與宋朝的戰爭史上，滿城之戰與白馬嶺之戰一樣，是宋軍少有的勝仗。戰後，宋軍雖然取得勝利，宋太宗並未予以褒獎，反而下旨申斥監軍李繼隆、主帥崔翰等人違抗君命、擅自變陣之過。

為報復宋朝，在高梁河之戰的第二年，即九八〇年，遼景宗耶律明扆御駕親征，契丹大軍於這一年農曆十月底包圍易水河畔的宋朝邊防重鎮，瓦橋關。宋太宗趙光義雖然宣稱御駕親征，但由於上次戰敗負傷而心有餘悸，故而行軍緩慢，遲遲不趕赴前線。農曆十一月初，宋朝瓦橋關守軍會同鎮州、定州等地趕來的援軍一起與契丹軍對戰，契丹三戰三捷，宋軍被殺得屍橫遍野，僅溺死易水中的士卒就不可勝數。契丹軍乘勝追擊宋軍到莫州，並在邊境大肆劫掠。農曆十一月中旬，景宗耶律明扆班師回朝。宋軍殘部見契丹軍退去，便諱敗為勝，向磨磨蹭蹭「馳援」前線的宋太宗趙光義報捷，謊稱「大破契丹萬餘眾，斬首三千餘級，契丹皆遁去」。宋太宗順勢下臺階，甚至還即興作詩表達未親臨戰陣殺敵的遺憾：「一箭未施戎馬遁，六軍空恨陣雲高。」詩罷，宋太宗甚至假惺惺地表示要乘勝追擊、一舉奪取燕雲十六州，經群臣「苦勸」方才同意班師。

## 孤兒寡母：景宗駕崩與承天太后攝政

九八三年，從小體弱多病的景宗耶律明扆在遊獵途中病逝，其年僅十二歲的長子耶律文殊奴（漢語名耶律隆緒）即位，群臣上尊號「天輔皇帝」，改元乾亨，史稱「遼聖宗」。因聖宗耶律文殊奴年幼，其母承天太后蕭綽奉遺詔攝政。

承天太后蕭綽（小字燕燕）出身后族，父親是北府宰相蕭思溫，母親是太宗耶律堯骨長女、燕國大長公主耶律呂不古。耶律呂不古與兩個弟弟穆宗耶律述律、耶律罨撒葛，均為太宗耶律堯骨的皇后蕭溫所生，她是契丹帝國第一位正式獲得公主封號的皇女。耶律呂不古成年後下嫁北府宰相蕭思溫，為蕭思溫生有三個女兒，分別為長女蕭胡輦、次女蕭氏、第三女蕭綽。三個女兒年幼時，蕭思溫就非常重視對她們的教育、刻意考驗她們。一次，蕭思溫命三個女兒打掃帳幕，大女兒和二女兒匆匆打掃了事，只有三女兒蕭綽認真打掃，將帳幕收拾得井井有條。蕭思溫對左右近侍誇讚道：「此女必成大事！」。蕭思溫的三個女兒長大後，分別嫁入太祖系三支（即太祖的三位嫡子耶律突欲、耶律堯骨、耶律李胡三支子孫）。長女蕭胡輦嫁給穆宗耶律述律的同母弟耶律罨撒葛，次女蕭氏嫁給耶律李胡的長子耶律喜隱，三女蕭綽嫁給景宗耶律明扆。

承天太后蕭綽像

蕭綽生於九五三年，她聰明伶俐，從小就能幫助父親蕭思溫操持家務。九六九年，即景宗耶律明扆即位的當年，為表彰蕭思溫擁立之功，景宗耶律明扆於同年農曆三月二十九日，晉封蕭思溫為北院樞密使，並將蕭思溫家中待嫁的三女蕭綽選入後宮，最初冊封為貴妃，後於同年農曆五月初二冊立她為皇后。蕭綽被冊立為皇后之後，蕭思溫權勢日盛，引起朝中重臣妒忌。九七〇年農曆五月十三日，在景宗耶律明扆率百官前往閭山行獵的途中，隨行的蕭思溫遇刺身亡。同年農曆九月，出身後族的蕭海只、蕭海里被查出為蕭思溫遇刺案的主謀，二人被處死。八年之後，即九七八年，與蕭思溫一同擁立景宗即位的高勳、女里二人也被查出曾參與蕭思溫遇刺案，二人均被景宗賜死。

景宗耶律明扆因火神淀之亂時，幾經輾轉逃出生天，受到驚嚇，從小體弱多病，即位後無法長時間臨朝理政，因此朝政多由皇后蕭綽代勞。九七六年農曆二月初五，景宗正式下詔，明確規定皇后蕭綽可以在詔令中自稱「朕」或「予」。景宗在位末期，每遇重大事務，幾乎均由皇后蕭綽主持朝會。蕭綽與眾臣商議之後向景宗彙報朝會決議，景宗一般不做任何干預，全權聽憑蕭綽處理。蕭綽還多次代景宗視察遼宋戰爭前線，甚至代景宗御駕親征，主持對宋戰爭。

九八二年農曆九月二十四日，景宗耶律明扆在雲州遊獵途中駕崩，時年三十五歲。景宗耶律明扆共有四子四女，其中長子耶律文殊奴、次子耶律普賢奴、三子耶律高七以及長女耶律觀音奴、次女耶律長壽奴、三女耶律延壽奴，六人為皇后蕭綽所生；四子耶律藥師奴可能也是皇后蕭綽所生，史籍中無確切記載；四女耶律淑哥為出身原渤海國故地的一位妃子（無正式封號，史籍中稱為「渤海妃」）所生，可能由於皇后蕭綽不喜歡渤海妃的緣故，耶律淑哥未獲得過正式的公主封號。景宗臨終前留有遺詔，傳位給年僅十二歲的長子耶律文殊奴，由其母蕭綽攝政，並任命南院大王耶律斜軫、南京留守韓德讓為顧命大臣。九八二年農曆九月二十五日，即景宗駕崩後的第二天，耶律文殊奴在父親靈柩前即位，史稱「遼聖宗」，其母蕭綽被尊為皇太后，群臣上尊號「承天皇太后」。

與以往契丹帝國帝位更迭時出現的問題一樣，承天太后蕭綽與耶律文殊奴母子首先面臨的問題，同樣是宗室貴族對皇位的威脅。為了鞏固皇位，承天太后蕭綽下詔，嚴禁宗室貴族私會，特別是近支宗室，須回到各自府中，沒有傳召不得入宮、不得相互走動。同時，承天太后蕭綽還「邀請」在京宗室諸王的家眷入宮陪侍，實質上將她們作為人質，約束宗室諸王。不久之後，承天太后蕭綽讓兒子耶律文殊奴，按照契丹習俗與顧命大臣之一、南院大王耶律斜軫交換弓箭、馬鞍，相互約為「安答」。

對於另一位顧命大臣韓德讓，承天太后蕭綽命他「總理宿衛事」，掌管宮衛禁軍。承天太后蕭綽還對韓德讓說：「吾常許嫁子，願諧舊好，則幼主當國，亦汝子也。」並賜韓德讓國姓「耶律」，賜名「耶律隆運」，隸屬契丹帝國皇族「一帳三房」中的季父房，特許韓德讓入朝不拜、上殿不趨。韓德讓覲見聖宗耶律文殊奴時，二人行抱見禮。韓德讓與契丹帝國皇帝、皇后、太后一樣，可以設立自己的「斡耳朵」（契丹語「宮帳」之意）。一次，承天太后蕭綽觀看馬球比賽，韓德讓登場時不幸被一名貴族胡里室誤撞墜馬，承天太后蕭綽當即命人將胡里室斬首，群臣無一人敢上前求情。在一些史籍特別是宋人的記載中，稱承天太后蕭綽曾改嫁韓德讓，並且在當時契丹的風俗中，承天太后的這種行為是被普遍接受的。

除了契丹帝國內部宗室貴族對皇位的覬覦和挑戰，承天太后蕭綽與聖宗耶律文殊奴母子面臨的另一重大威脅，就是南面宋朝的軍事進攻。自九七九年高粱河之戰開始，契丹帝國與宋朝就進入了戰爭狀態，邊境衝突不斷，時有較大規模的戰役爆發，雙方互有勝負。整體上來看，在景宗在位時，契丹帝國勝多負少，能夠保持對宋朝的軍事優勢。聖宗耶律文殊奴即位之初，國內局勢尚未穩定，契丹帝國急需安定的外部環境，因而對南面的宋朝採取守勢。承天太后蕭綽任命高粱河之戰中契丹軍的統帥、北院大王耶律休哥為南京留守，總管南面軍務。早在九七九年，耶律休哥就因對宋戰功，被景宗耶律明扆冊封為「于越」。契丹帝國時期，「于越」是一種官職名稱，位於百官之上。耶律休哥駐守契丹帝國的南京幽州城，訓練士卒，加固邊防工事，並勸課農桑，墾荒屯田，儲備糧草，以備不時之需。

得知契丹帝國帝位更迭的情況，宋太宗認為孤兒寡母控制不住朝政，契丹帝國必定「主少國疑」，可以奪取燕雲十六州，於是發起了幾次試探性進攻，均被契丹擊退。宋軍這些小規模、試探性的進攻，僅僅是契丹帝國與宋朝下一場大戰的序曲而已。

## 統和戰爭：帝國稱霸的決定性戰爭

九八六年，即聖宗耶律文殊奴即位四年後，契丹帝國南面的宋朝傾精兵良將二十多萬北伐，因發生在宋太宗雍熙年間，宋朝人稱之為「雍熙北伐」。而在契丹帝國的角度來說，這場戰爭爆發於遼聖宗統和年間，因此契丹人稱之為「統和戰爭」。宋軍來勢洶洶，契丹帝國再一次面臨嚴峻考驗。這次戰爭的勝負將決定契丹帝國能否穩固立足。

九八二年，景宗耶律明扆病逝、聖宗耶律文殊奴年少即位、承天太后蕭綽攝政的消息傳到宋朝，宋太宗大喜過望，再次萌生北伐之意，以期一雪前恥、奪回燕雲十六州。宋朝雄州知州賀令圖聯合其父、岳州刺史賀懷浦上書宋太宗，稱契丹「主少國疑」、太后寵信韓德讓、國人積怨已深等，力諫宋太宗出兵攻打契丹、奪取燕雲十六州。宋太宗一面指示邊將對契丹帝國發起小規模的試探性進攻，一面為發起總攻進行動員和軍事準備。九八四年，宋朝的一名參知政事李至上疏，陳述燕雲十六州並不能輕易奪取，勸諫宋太宗不可對契丹妄動刀兵。宋太宗非但不聽，反而罷免了李至的機要職務。宋太宗這一舉動向整個朝野，乃至契丹帝國發出了明確信號。此後，宋朝內部幾乎無人再提罷兵止戰的建議，契丹帝國也明確知道了大戰不可避免，積極準備迎戰。

九八六年農曆正月二十一日，宋太宗正式下詔，舉全國精銳之師二十多萬，分東、中、西三路北伐。宋軍東路軍是全軍主力，以天平軍節度使曹彬為幽州道行營前軍馬步水陸都部署，河陽三城節度使崔彥進為副帥，以侍衛馬軍都指揮使、彰化軍節度使米信為西北道都部署，沙州觀察使杜彥圭為副帥，兩軍出雄州北上，直取幽州；宋軍中路軍以侍衛步軍都指揮使、靜難軍節度使田重進為定州路都部署，西上閤門使袁繼忠為都監，出飛狐北上，進攻定州等地；宋軍西路軍以檢校太師、忠武軍節度使潘美，為雲應寰朔等州都部署，雲州觀察使楊業為副帥，西上閤門使王侁為都監，出雁門北上，進攻雲州、應州、寰州、朔州等地。三路大軍最終會師於契丹帝國的南京幽州城下，與契丹主力部隊決戰，一舉奪取幽州。為了保密，宋太宗甚至都沒有召見宰相商議，而是直接下詔將諸軍將領召集到汴京，面授北伐的具體作戰計畫。臨行前，宋太宗囑咐諸路大軍「持重緩行，毋貪小利以要敵」，並向諸軍將領頒發陣圖，告誡諸將領務必按陣圖指示作戰。宋太宗的陣圖中不僅標記了行軍路線、主攻方向，而且將軍隊臨戰時如何布陣、駐紮時如何紮營等內容鉅細靡遺地標注出來，極大地束縛了前線將領的手腳，導致前線將領幾乎無權隨機應變，只能完全依照陣圖作戰。

宋軍諸路軍一開始進展順利，連連攻克契丹帝國一些城鎮。承天太后蕭綽和遼聖宗耶律文殊奴採取集中優勢兵力、各個擊破的戰術。收縮前線各軍，主動放棄一些城池，以誘使宋軍深入，圍而殲之。承天太后蕭綽和聖宗耶律文殊奴親率精騎進抵駝羅口（今北京市南口附近）督戰，並委任耶律休哥統籌指揮前線各軍。契丹軍隊首先攻擊的目標就是宋軍的主力——曹彬率領的東路軍。耶律休哥在宋朝東路軍行軍途中採取堅壁清野戰術，並派遣小股騎兵捕殺落單的宋軍兵士。東路軍統帥曹彬不得不命令兵士沿行軍路線兩側挖壕溝，防止宋軍兵士落單，並阻擋契丹輕騎襲擾，這令宋軍體能消耗極大。東路軍有約十萬將士，軍糧消耗很快，耶律休哥遣精騎切斷宋軍糧道，使得東路軍陷入進退兩難的境地。宋朝此次北伐，東路軍是主力部隊，因此將星雲集，在進退兩難之際，曹彬召眾將商議對策，大多數將領主張兵走險棋、奮力一搏，曹彬無法約束眾將，於是帶著僅剩的五日口糧，急行軍奔襲涿州。耶律休哥將契丹大軍布署在涿州附近，以逸待勞。宋軍疲憊之師到達涿州立足未穩之際，契丹軍發起總攻，曹彬連忙下令撤退，東路宋軍全線崩潰，一哄而散。契丹騎兵一路追殺，宋軍潰軍連夜搶渡拒馬河逃命，被殺者、掉入河中溺死者數萬人，屍積拒馬河中，使得河水為之斷流。契丹軍追至岐溝關方才罷兵，戰後，耶律休哥遣士卒收集宋軍陣亡將士屍體，封土築成一座高塚，史稱「京觀」，宣示勝利。耶律休哥因驍勇善戰，使得宋朝一方對他十分懼怕。宋朝邊境一帶百姓每遇家中有小孩啼哭，便恐嚇道：「于越至矣！」此「于越」即耶律休哥，小孩聽後便會嚇得立即止住哭聲。

宋朝東路軍覆滅後，耶律休哥、耶律斜軫率領騎兵轉戰中、西兩路，迎擊來犯宋軍。宋太宗接到東路主力軍全軍覆沒的消息後，匆忙命令中、西兩路宋軍火速撤退。接到撤退命令，田重進率領的中路軍殺了一百多名契丹百姓冒領軍功，丟棄輜重火速撤退，總算安全退回宋境。而宋軍西路軍則遠沒有中路軍那般幸運。

撤退命令下達的同時，宋太宗趙光義命令潘美率領的西路軍，掩護已經奪取的雲州、朔州、寰州、應州四州百姓內遷。如果遵照宋太宗聖旨行事，必定導致西路軍撤軍速度緩慢，極有可能面臨被契丹軍追擊、殲滅的危險。正當西路軍猶豫不決之時，契丹帝國承天太后蕭綽親率十萬大軍攻占了寰州。於是，副帥楊業提出了一個各州百姓遞次撤退的折衷方案，他對主帥潘美、監軍王侁說：「契丹士氣正旺，我們千萬不能和他們硬碰硬地交戰。朝廷只是讓我們護送四個州的百姓內遷，那麼我們就率領大軍從大路出發撤退，並事先派人密告雲州、朔州的守將，等到我們大軍離開代州的那天，命令雲州的軍民先出發。我的部隊駐紮在應州，契丹人如果來攻，就下令讓朔州百姓出城，直接進入石碣谷。我再派一千

楊業

名弓箭手埋伏在谷口，並命騎兵在中路支援，那麼雲州、朔州、應州這三州的百姓，就能夠萬無一失地撤回內地了。」

楊業本是五代十國中北漢政權的將領，北漢被宋朝滅亡後，楊業歸順宋朝，官拜鄭州刺史，授右領軍衛大將軍。正是由於出身北漢降將的緣故，楊業在宋軍軍中有時會遭受排擠。西路軍將領們圍繞掩護四州百姓內遷的問題展開爭論，楊業提出折衷方案，原本是想確保部分任務能夠順利完成，但監軍王侁貪功，堅決不同意楊業的方案，主張全軍出擊，以掩護四州百姓全體後撤。王侁甚至故意敲打楊業道：「將軍素來號稱『無敵』，如今面對敵人卻遲疑不前，難道是有什麼別的心思嗎？」楊業聽罷，為表明忠心，只好率領本部人馬孤軍殿后。臨行前，楊業與潘美約定，由楊業將契丹軍主力吸引到陳家谷，潘美事先在陳家谷中設伏，與楊業裡應外合殲滅契丹軍主力。

楊業依計而行，將耶律斜軫率領的契丹軍主力引到陳家谷。然而，出乎楊業意料的是，楊業所部到達陳家谷時，並未見到宋軍伏兵。原來，監軍王侁登高觀望戰況，誤以為契丹軍敗走，為了爭功，率領大軍離開陳家谷口，奔赴前線，主帥潘美無力阻攔。待證實契丹軍並未敗退的消息後，王侁、潘美立即帶兵逃遁，全然不顧楊業所部的處境。楊業所部被耶律斜軫圍困於陳家谷，終因寡不敵眾而全軍覆沒，楊業之子楊延玉陣亡。楊業本人的坐騎被耶律奚底射中，楊業跌下戰馬，不幸被契丹軍擒獲。楊業被俘後，堅決不肯投降，絕食三日殉國。

楊業父子及所部將士殉國後，宋太宗趙光義十分悲慟，得知前線情況後，將西路軍主帥潘美降職三級、監軍王侁免職並流放到金州。為表彰忠烈，宋太宗為楊業的六個兒子加官晉爵：楊延昭擔任崇儀副使，楊延浦、楊延訓擔任供奉官，楊延瑰、楊延貴、楊延彬擔任殿直。作為對手的契丹帝國，也對楊業的忠烈節義深感敬佩，契丹人在密雲古北口一帶修建了一座「楊無敵廟」，以祭奉楊業。楊業之子楊延昭承繼父業，戍守邊疆，被時人及後世稱為「楊六郎」。「楊六郎」一稱有兩重來歷：楊延昭是楊業長子（亦有史籍中記載為楊業次子），但在堂兄弟中排行第六，故而稱「六郎」；楊延昭威震邊關，契丹人對他又敬又怕，契丹人認為北斗七星中的第六顆主鎮北方，是契丹的剋星，契丹人由此將楊延昭視為天上的六郎星宿（將星）下凡，故而稱他為「六郎」。楊延昭之子楊文廣畢生戍守西北邊境，抵禦党項人的進攻，病逝於任上。

楊業的事蹟漸漸演變成《楊家將》的故事，以小說、戲曲、評書、影視作品等多種形式廣為流傳。在《楊家將》的故事中，編纂者在楊延昭和楊文廣兩代人之間又虛構出楊宗保、穆桂英一代人，表達了對忠臣良將的渴望。《楊家將》的故事中，「金沙灘雙龍會」即取材於契丹帝國與宋朝之間的「高梁河之戰」，「陳家谷李陵碑」即取材於宋太宗發起的「雍熙北伐」，這兩場大戰均以宋朝一方慘敗而告終。這兩場大戰中，宋朝損失了無數精兵良將和軍備輜重，致使數十萬將士戰死沙場。以《楊家將》為題材的京劇《四郎探母》中，楊業之妻、楊四郎母親佘太君有一段經典唱詞：「一見嬌兒淚滿腮，點點珠淚灑下來。沙灘會一場敗，只殺得楊家好不悲哀！兒大哥長槍來刺懷，兒二哥短劍下他命赴陰台，兒三哥馬踏如泥塊，我的兒你失落番邦一十五載未曾回來……」形象地反映出宋軍敗績的慘狀。

宋軍之所以在高梁河之戰、雍熙北伐這兩場決定性戰役中慘敗，究其主要原因，與宋朝兵制有關。九六〇年，後周殿前都點檢趙匡胤被眾將黃袍加身，建立宋朝。趙匡胤當上皇帝後，回想起唐朝末年藩鎮割據、五代十國政權頻繁更迭，多因武將手握重兵所致。因此，削弱武將兵權，就成了趙匡胤與新生的宋朝所面臨的首要問題。九六〇年末，宰相趙普向宋太祖趙匡胤提議，對於武將，特別是位高權重的節度使，要「削奪其權，制其錢穀，收其精兵」。九六一年農曆七月初九，晚朝之後，宋太祖趙匡胤將石守信等高級將領留在宮中宴飲，酒酣耳熱之際，宋太祖趙匡胤突然收起笑容，長吁短歎。石守信等人忙問是何緣故，宋太祖趙匡胤答道：「若不是靠你們鼎力支持，我是坐不上皇帝寶座的，為此，我內心一直念及你們的功德！然而，當皇帝實在太過艱難了，還不如做一名節度使快樂，我整夜無法安枕而臥啊！」石守信等人忙加以勸解，不料宋太祖趙匡胤更是深深歎了口氣道：「皇帝的寶座誰不想要呢！」聽罷，眾將連忙離席叩頭道：「陛下何出此言，天命已定，誰還敢有異心？」宋太祖趙匡胤假意說道：「你們都是與我出生入死多年的兄弟，不會有異心。然而，如果你們的部下想求得榮華富貴，硬是將黃袍披在你們的身上，你們即使不想當皇帝，到那時恐怕也身不由己了。」眾將聽罷，連連叩頭，請求宋太祖趙匡胤給他們指明一條生路。宋太祖趙匡胤這才將原本的計畫和盤托出，對眾將說：「人生在世，如同白駒過隙，倏忽而逝。所謂富貴，無非是多積攢金錢，使子孫後代免於貧困而已。你們不如放棄兵權，遠離中央，到地方上去，多置良田美宅，為子孫後代建立長遠的產業。同時也可以多買些歌姬，飲酒相歡，以終天年。朕願意同你們結為姻親，君臣之間，再無猜疑，上下相安，這樣多好啊！」眾將聽罷，連連叩頭謝恩。於是，石守信等高級將領在第二天紛紛上奏，請求交出兵權，回鄉養病。宋太祖趙匡胤欣然應允，許以良田美宅，並與幾位高級將領結為姻親。就這樣，宋太祖趙匡胤將武將手中的兵權收歸中央，這一事件史稱「杯酒釋兵權」。

「杯酒釋兵權」之後，宋太祖趙匡胤進一步創建一系列軍事制度，以鞏固中央集權。首先，宋太祖趙匡胤在中央設立樞密院，樞密院長官為樞密使和樞密副使，主管協助皇帝調動全國軍隊。樞密院與「三衙」分掌軍權，又各有所司：三衙雖然掌握禁軍，卻無調兵、發兵之權；樞密院有發兵、調兵之權，卻不直接掌握軍隊。這樣，宋朝調兵權與領兵權分離，各自獨立，相互制約。第二，宋太祖趙匡胤將全國軍隊分為禁軍和廂軍兩部分，禁軍駐紮在京城和邊關，廂軍戍守地方，禁軍和廂軍的數量始終維持 2:1 的比例，這樣保證了中央禁軍數量高於任何一地的廂軍數量。第三，宋太祖趙匡胤實行更戍法，中央和地方的軍隊按時調動，而統軍將領不跟隨軍隊一起調動，這樣確保了某一支軍隊不會成為某一名將領的私人武裝力量，但也造成兵不識將、將不識兵和兵無常帥、帥無常師的局面。宋朝的兵制雖然加強了中央集權，避免了像五代十國時期那樣，因武將手握兵權而導致的政權頻繁更迭，但其負面作用，在宋朝與契丹帝國之間的戰爭中也凸顯出來。到宋太宗時期，宋太宗趙光義更懼怕武將權勢過大、對皇權構成挑戰，所以創立了「陣圖」制度，每次出兵前，都要向前線將領頒發「陣圖」，要求前線將領嚴格按「陣圖」行軍作戰，如有違背，即使取得勝利，也會遭受處罰。宋太宗趙光義的「陣圖」制度嚴重束縛了前線將領的手腳，直接導致了兩次北伐契丹帝國的慘敗。

反觀契丹帝國一方，契丹傳統軍事貴族階層雖然對皇權構成一定威脅，但契丹軍事貴族權力極大，在戰場上有著臨機應變的實權，客觀上有利於前線將領抓住轉瞬即逝的戰機，取得戰場主動權。

契丹帝國取得了統和戰爭的最終勝利，宋太宗趙光義的北伐願望徹底破滅，宋朝再無力奪取燕雲十六州。此役，契丹帝國不僅保住了燕雲十六州，而且對宋戰略方針由防守轉為進攻，為契丹帝國稱霸奠定了基礎。

## 澶淵之盟：契丹南征與遼宋議和

契丹帝國取得了統和戰爭的最終勝利之後，花費一、二十年時間向東、西兩面發展。在西域，契丹帝國相繼降服了西域的于闐、回鶻等部族；在東面，契丹降服了女真諸部，並出兵高麗，迫使高麗稱臣、進貢。契丹帝國堅持一國多制、因俗而治的方針政策，對所轄各地區進行有效治理。在聖宗耶律文殊奴在位時期，契丹帝國逐漸走向鼎盛。

九九七年，即統和戰爭結束十一年之後，宋太宗病逝，其第三子壽王趙恒繼位，史稱「宋真宗」。一〇〇四年，承天太后蕭綽和聖宗耶律文殊奴御駕親征，率軍約二十萬南下，以收復瓦橋關以南的「關南十縣」為由，主動對宋朝發起進攻，試圖徹底解決南面宋朝的威脅。接到契丹大軍來襲的消息，宋朝大臣王欽若、陳堯叟向宋真宗進言，力主遷都以避敵鋒芒。王欽若是江南人，主張遷都升州（今江蘇省南京市），陳堯叟是四川人，主張遷都益州（今四川省成都市）。宋真宗猶豫不決，於是向宰相寇準問計，沒想到寇準非但不主張遷都，反而力諫宋真宗御駕親征，率軍北上迎擊契丹大軍。寇準堅稱：「如果放棄汴京南逃，勢必動搖人心、國本，南逃途中萬一全軍崩潰，一哄而散，陛下想逃到升州、益州都不可能！如果陛下御駕親征，必定士氣大振，上下一心，擊退敵軍！」經寇准等大臣力諫，宋真宗被迫御駕親征，率師北上迎擊契丹大軍。此時，承天太后蕭綽和聖宗耶律文殊奴率領的契丹主力軍已經抵達黃河岸邊的澶州城下。澶州城跨黃河而建，被黃河分為南、北兩城。宋真宗抵達澶州前線後，駐蹕南城，不敢過黃河到北城視察戰事。宰相寇准、殿前都指揮使高瓊力促宋真宗渡河，高瓊更是揮鞭驅趕馭輦武士，將宋真宗強行抬過黃河浮橋。宋真宗在御林軍的簇擁下登上澶州北城城樓，前線宋軍見到皇帝儀仗，山呼萬歲，士氣為之大振。

契丹軍主帥蕭撻凜率領數十名輕騎兵在澶州城外巡視，誤中宋軍伏弩，墜馬身亡，契丹大軍士氣受挫。此時宋軍各路援軍紛紛趕到，澶州內外宋軍及武裝起來的民兵多達五十萬之眾，而圍城的契丹軍約八、九萬。承天太后蕭綽和聖宗耶律文殊奴見無取勝把握，就派遣宋朝降將王繼忠從中聯絡，向宋朝提出議和。就在承天太后母子御駕南征的前一年，即一〇〇三年，耶律奴瓜、蕭撻凜在望都與宋軍交戰時，宋軍主將王繼忠被俘，歸降契丹帝國。王繼忠是宋真宗做皇子時的藩邸舊屬，在宋朝時深受真宗信任，因此承天太后蕭綽令王繼忠負責聯絡遼宋雙方的議和事宜。

契丹帝國的議和提議正合宋真宗的心意，宋真宗不顧寇准等人的勸阻，執意同意與契丹帝國議和。宋真宗派遣曹利用出使契丹軍營，商談議和條款。臨行前，宋真宗將曹利用召到御帳中，囑咐他說：「契丹人如果提出割地的要求，萬萬不能應允，以前漢朝皇帝曾許給匈奴玉帛、錢糧以換取和平，有先例在前，如果契丹人索要財物，每年給他們一百萬也是可以接受的。」曹利用領旨退出御帳，等在帳外的宰相寇準將他拉到一旁說：「陛下雖許以百萬，但如果你答應契丹的數額超過三十萬，回朝後我一定殺你！」曹利用聽罷，連連保證一定按宰相寇准規定的數額標準與契丹人談判。曹利用領命趕赴契丹軍營，承天太后親自接見，並賜宴款待。經過一番討價還價，雙方終於達成協議：

一、宋朝與契丹約為兄弟之國，遼聖宗年幼，稱宋真宗為兄，宋真宗尊承天太后為嬸母。

二、雙方以白溝河為界，各守疆土，互不侵犯，雙方均不得在邊界增修城池、堡壘，凡有越界逃亡者，雙方均不得藏匿，必須遣返。

三、宋朝每年向契丹贈予「歲幣」，計銀十萬兩、絹二十萬匹，至雄州交接。

四、雙方邊境設立榷場，開放互市貿易，雙方人員均不得有挑釁行為，違者論罪處罰。

議和既成，曹利用回營覆命時，宋真宗正在用膳，不方便接見曹利用，但又迫切想知道談判結果，特別是宋朝許以契丹帝國多少錢帛，於是派一名宦官去詢問等候在御帳之外的曹利用。曹利用覺得談判事宜乃國家機密，不願告知宦官，這名宦官又因領受皇命，急於知道宋朝許以契丹的錢帛數目。曹利用在宦官的再三催問下，只好用三根手指輕輕在臉上比畫了一下，作為暗示。宦官回帳覆命道：「曹公不願相告，但用三根手指覆面，估計是三百萬吧。」宋真宗聽到宦官的彙報後，驚得連筷子都掉

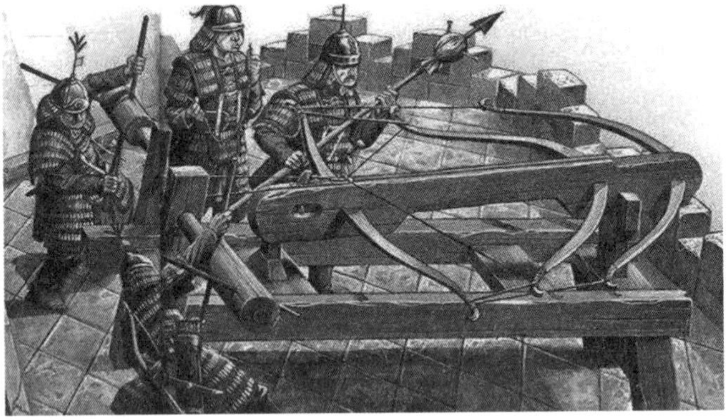

床子弩示意圖

在地上，連呼「太多！太多！」但轉念一想，每年花三百萬換取北部邊境和平，也算值得。待宋真宗用膳完畢之後，急忙召見曹利用。曹利用事先在御帳外聽到宋真宗高呼「太多」，進賬之後便誠惶誠恐地叩頭，連聲稱道：「臣死罪！臣死罪！臣答應得太多了……」當宋真宗聽到曹利用許以契丹錢帛僅三十萬時，大喜過望，連連誇獎曹利用。此後曹利用屢受提拔，官至樞密使、同中書門下平章事、尚書右僕射等要職。

澶州又稱「澶淵」，因此契丹與宋朝之間的協議稱為「澶淵之盟」。「澶淵之盟」的訂立，結束了契丹與宋朝之間長達二、三十年的戰爭局面，此後雙方百餘年沒有爆發戰爭，史書記載遼宋邊境「生育繁息，牛羊被野，戴白之人不識干戈」。承天太后蕭綽、聖宗耶律文殊奴母子此次御駕親征，雖然沒有吞併宋朝，但以另一種方式達成了戰略目標，在契丹軍處於相對劣勢的情形下簽訂和平協議，徹底解決了南面宋朝對契丹帝國的威脅。「澶淵之盟」不僅令契丹帝國獲得了豐厚的報酬，而且為契丹帝國的南部邊境贏得了寶貴的和平局面，使得契丹帝國能夠集中精力治理東北、蒙古草原和西域廣大地區，為契丹帝國走向鼎盛提供了保障。

內 지

# 第五章　東征西討

# 對高麗、西夏的戰爭與帝國的鞏固

契丹帝國在解決了南面宋朝的威脅之後，著力向東、西兩面發展。在東面，契丹帝國出兵高麗，迫使高麗稱臣、進貢，鞏固了帝國東面邊疆；在西面，契丹帝國的主要目標是新建立的西夏，經過多年戰爭與和平的反覆，契丹帝國最終迫使西夏歸附，鞏固了西部邊疆。四周邊疆的鞏固，為契丹帝國贏得了和平的發展環境，推動契丹帝國達到鼎盛。

## 三征高麗：帝國東部邊疆的鞏固

遼聖宗耶律文殊奴在位期間，契丹帝國與位於今朝鮮半島上的高麗王朝之間，爆發了三次大規模戰爭，契丹帝國三戰三捷，使得高麗對契丹帝國稱臣納貢，契丹帝國東部邊疆得以鞏固。

高麗又稱「王氏高麗」，是十世紀初至十四世紀末朝鮮半島中南部的一個王朝，歷經三十四代君主，享國四百七十五年。九一八年，王建被擁立為王，國號高麗，年號天授，定都開州，後改稱開京，位於今朝鮮民主主義人民共和國開城特別市。九三五年，高麗吞併了位於朝鮮半島南部的新羅；

九三六年，高麗滅亡了位於朝鮮半島南部的後百濟，統一了朝鮮半島中部、南部。

契丹帝國建國之初，與高麗並不接壤，兩國之間沒有利益衝突，高麗的開國君主王建早有意與契丹帝國修好，於是在九一五年派遣使者到達契丹，向太祖耶律阿保機贈送寶劍。九二六年，契丹帝國太祖耶律阿保機消滅了渤海國，契丹帝國遂與高麗接壤。渤海國覆滅時，一部分渤海國遺民向東逃到高麗境內，高麗對他們給予妥善安置，以此吸引了更多的民眾歸附。契丹帝國屢次就原渤海國移民問題，與高麗進行交涉，但均未果。因此，契丹帝國對高麗的怨恨日益增加，原渤海國移民問題成為雙方開啟戰端的一個重要原因。

十世紀末至十一世紀初，契丹帝國與南面宋朝的戰事逐漸平息，聖宗耶律文殊奴的征討目標逐漸轉向東邊的高麗。遼聖宗耶律文殊奴在位期間，契丹帝國共發起了三次對高麗的大規模戰爭。

九八五年農曆七月，聖宗耶律文殊奴傳諭契丹帝國諸道諸部，整頓兵馬，準備東征高麗，後因九八六年與南面宋朝的統和戰爭而不得不中止。在擊退了宋朝的北伐之後，東征高麗的軍事行動在契丹帝國重新提上日程。九九二年，聖宗耶律文殊奴任命東京留守蕭恒德為統帥，出兵東征高麗。東京留守蕭恒德的父親，就是「澶淵之盟」前夕誤中宋軍伏弩身亡的蘭陵王蕭撻凜，蕭恒德於九八九年迎娶了景宗耶律明扆與蕭綽所生的第三女耶律延壽奴，被聖宗耶律文殊奴封為駙馬都尉，極受承天太后蕭綽與聖宗耶律文殊奴的重視。聖宗耶律文殊奴任命蕭恒德為東征軍統帥，足見當時契丹帝國對東征高麗的重視。蕭恒德統率的契丹大軍勢如破竹，節節勝利。九九三年，高麗成宗王治向契丹帝國奉表請罪，契丹帝國當時面臨南面宋朝的軍事壓力，因而接受了高麗的議和請求，遂從高麗撤軍。至此，契丹帝國第一次東征高麗的戰爭宣告結束。

一〇〇九年至一〇一〇年，即遼宋「澶淵之盟」簽訂後的第六年，高麗內部發生政變。高麗西京留守（高麗的西京位於今平壤市）康肇（一些史籍中寫作「康兆」）弒殺了高麗穆宗王誦，並擁立高麗近支宗室王詢為國王，史稱「高麗顯宗」。王詢即位後，派遣司農卿王日卿出使宗主國契丹帝國，向遼聖宗耶律文殊奴「告哀稱嗣」，即稟報王誦仙逝、自己即位一事，但隱瞞了康肇弒君、擁立自己為國王的細節。當時高麗是契丹帝國的附屬國，高麗國王之位必須經契丹帝國皇帝冊封方才合法，高麗將領瞞著契丹帝國擅殺、擅立國王，在當時是觸動契丹帝國皇帝權威、宗主國地位的行為。經女真酋長告發，遼聖宗耶律文殊奴得知了康肇弒君、高麗王位更迭的具體情況，遂出兵第二次東征高麗。

契丹帝國與南面的宋朝於一〇〇四年簽訂「澶淵之盟」後，雙方之間開始了長達百餘年的和平局面，契丹帝國南部的邊境線穩定在白溝河一線，使得契丹帝國對高麗用兵時沒有了南面宋朝的牽制，大量契丹軍隊可以調離燕雲十六州一線。一〇〇九年農曆十一月初一，承天太后蕭綽為兒子耶律文殊奴舉行了契丹民族傳統的燔柴禮，將國政全權交給兒子耶律文殊奴。自此，聖宗耶律文殊奴正式親政。同年農曆十二月十一日，承天太后蕭綽病逝，為紀念她攝政數十年來的輝煌成就和對契丹帝國的卓絕貢獻，也為遵照聖宗耶律文殊奴即位二十七年後才舉行燔柴禮的先例，此後契丹帝國歷代皇帝均在即位數年之後才舉行燔柴禮。一〇一〇年得知高麗內部擅殺、擅立國王一事之後，失去了母親承天太后蕭綽輔佐、剛剛親政不久的聖宗耶律文殊奴一方面出於立威，一方面出於趁機收回契丹軍事貴族手中兵權的考慮，決定御駕親征，率領四十萬大軍，發起了對高麗的第二次東征。

一〇一〇年農曆十一月，契丹大軍以「義軍天兵」為旗號，氣勢洶洶地攻入高麗境內。高麗顯宗王詢任命康肇為行營都統使，率領三十萬軍隊迎戰。兩軍在通州（位於今朝鮮平安北道宣川郡西北）相遇，康肇擺出劍車陣迎擊契丹大軍。契丹軍前鋒統帥耶律盆奴先是佯裝敗退，故意讓康肇小勝幾番，以麻痹高麗軍隊。康肇果然中計，逐漸生出輕敵之心，在前線指揮作戰時甚至與好友下棋，以示對戰事胸有成竹。耶律盆奴趁高麗軍隊懈怠之機，率領精銳騎兵突襲康肇指揮部所在的三水寨。部將急忙向康肇稟報契丹大軍來襲的軍情，康肇卻輕蔑地說：「契丹兵就像是我們口中的食物，太少了吃不飽，來得越多越好。」說罷，繼續飲酒下棋。由於主帥康肇輕敵，契丹軍很快就攻進了高麗大營，部將急忙稟報，並勸康肇趕快逃跑。康肇醉醺醺地起身問道：「真的嗎？」。就在康肇剛一起身之時，他半醉半醒地隱約感覺到曾被他弒殺的高麗穆宗王誦，就站在他身後，並對他厲聲喝道：「你作惡多端，這是上天的懲罰，你逃不掉了！」產生幻覺的康肇不禁脫下兜鍪（一種頭盔）慌忙跪拜，連稱「臣死罪！臣死罪！」恰在此時，契丹軍衝進營帳，俘虜了康肇等高麗高級將領，高麗的通州被契丹軍占領。康肇被契丹軍捆在氈子裡，架於馬上，押送到遼聖宗耶律文殊奴面前處斬。

攻占通州後，契丹大軍兵鋒直抵高麗都城開京（今朝鮮開城市）。一〇一〇年農曆十二月二十八日，高麗顯宗王詢帶著後妃子女、幾位重臣和五十多名禁軍，趁契丹大軍沒有對開京形成合圍之前，在夜色的掩護下逃出開京，將開京和全城軍民丟棄給契丹大軍。一〇一一年農曆正月初一，契丹大軍攻占開京，並將其付之一炬。此前，高麗顯宗王詢剛剛逃出開京時，便連忙命河拱辰、高英起兩名重臣趕赴契丹軍營謝罪請降。同時，高麗顯宗王詢還將擅自弒君的康肇定罪為此次戰爭的「禍首」，將康肇的同黨卓思政、朴升、崔昌、魏從政、康隱等大臣或處死或流放。此時契丹大軍後方面臨高麗小股部隊襲擾，聖宗耶律文殊奴考慮到後方安全問題，擔心戰線過長容易被高麗截斷後路，遂接受高麗顯宗王詢的降表並班師。契丹一方原本要讓高麗顯宗王詢親自到契丹帝國的上京朝覲，但高麗一方擔心王詢有去無回，便藉口王詢抱病，婉言拒絕，聖宗耶律文殊奴也沒有與之計較。至此，契丹帝國第二次東征高麗的戰爭宣告結束。

一〇一三年，契丹帝國以高麗顯宗王詢未能親自到上京朝覲為由，向高麗索要江東六州，即鴨綠江東岸的六個州。對於這一要求，高麗予以拒絕，遼聖宗耶律文殊奴派遣耶律資忠，在鴨綠江上搭建浮橋，並在鴨綠江東岸高麗一側築城。此後，契丹帝國與高麗在鴨綠江一線摩擦不斷，為契丹帝國發起對高麗的第三次東征埋下了伏筆。一〇一五年時，高麗顯宗王詢派遣民官侍郎郭元，渡海到宋朝朝貢，並停用契丹帝國的「開泰」年號，改用宋朝的「大中祥符」年號，以期獲得宋朝的軍事援助，共同抵禦契丹帝國。然而，宋朝並沒有為高麗提供救兵，被激怒的遼聖宗耶律文殊奴於一〇一八年任命東平郡王蕭排押為都統、蕭虛烈為副都統、契丹帝國東京留守耶律八哥為都監，率領十萬大軍發起對高麗的第三次東征。此戰雙方互有勝負，契丹大軍並未取得顯赫戰功。高麗統帥姜邯贊在高麗龜州一帶伏擊並重創契丹先鋒部隊，高麗一方將這次伏擊戰誇大為「龜州大捷」。龜州之戰後，契丹軍隊重整旗鼓，向

契丹騎兵

高麗都城開京挺進。一〇一九年，高麗顯宗王詢為儘快結束戰爭，遣使向契丹帝國謝罪、進貢。一〇二〇年，高麗顯宗王詢向契丹帝國呈上降表，遼聖宗耶律文殊奴也就此罷手，契丹帝國對高麗發起的第三次東征宣告結束。

遼聖宗耶律文殊奴三次東征高麗，迫使高麗稱臣納貢，粉碎了高麗聯合宋朝鉗制契丹帝國的計畫，解除了帝國東面的威脅，鞏固了契丹帝國的東部邊境。結束了對宋朝、高麗的戰爭之後，聖宗耶律文殊奴於一〇二一年將契丹帝國的年號改為「太平」。大規模戰爭結束後，聖宗耶律文殊奴專心整頓內政、發展生產、賑災濟民，使得百姓休養生息，契丹帝國迎來了盛世，因這一時期年號為「太平」，契丹帝國在聖宗耶律文殊奴時期的鼎盛局面史稱「太平之治」。

## 興宗即位：內部權力分配的再調整

一〇三一年，聖宗耶律文殊奴病逝，享年六十一歲。聖宗耶律文殊奴在位四十九年，是契丹帝國在位時間最長的一位皇帝。據《遼史》等史籍記載，聖宗耶律文殊奴至少有九個兒子，因第一、二、三子早夭，聖宗耶律文殊奴駕崩後，其年僅十五歲的第四子耶律只骨（漢語名耶律宗真）即位，史稱「遼興宗」。

聖宗耶律文殊奴執政晚期以及興宗耶律只骨即位之初，契丹帝國內部面臨的最主要問題就是因對宋朝、高麗的戰功，而成長起來的一批新軍事貴族，他們對契丹帝國的皇權逐漸構成挑戰。

契丹民族是草原遊牧民族，血緣氏族在契丹社會中始終扮演著重要的角色。不同於中原王朝有著完整的皇位繼承制度，契丹帝國的皇位傳承或多或少帶有遊牧民族的原始部落選舉制色彩。除聖宗耶律文殊奴以嫡長子身分繼承皇位這一特例之外，自太祖耶律阿保機與太宗耶律堯骨的皇位傳承開始，契丹帝國每次的皇位傳承都伴隨著激烈的權力鬥爭、內部權力的再分配。聖宗耶律文殊奴即位之初，也面臨著契丹傳統軍事貴族對皇權的挑戰，聖宗耶律文殊奴的母親承天太后蕭綽重用漢族大臣韓德讓，甚至據傳她本人曾下嫁韓德讓，其中最重要的原因就是為了削弱、打壓契丹傳統血緣氏族、傳統軍事貴族特別是近支皇族的權力。從景宗在位後期到聖宗在位時，契丹帝國陸續與南面的宋朝、東面的高麗以及西北方向的一些遊牧部族，展開了曠日持久的戰爭，一批新的軍事貴族在戰爭中崛起，大幅取代了契丹傳統血緣氏族、傳統軍事貴族的權力。新軍事貴族的代表，即承天太后蕭綽的近支家族和心腹重臣勢力。

九八六年，即聖宗耶律文殊奴即位後的第四年，也是契丹帝國與宋朝之間爆發統和戰爭的那一年，承天太后蕭綽為獲得傳統軍事貴族勢力的支持，為十六歲的兒子耶律文殊奴從應天太后（即耶律阿保機的皇后述律月里朵）近支家族中選取一位女子蕭氏，冊封為皇后，然而這位蕭皇后在後宮中並不得寵，一直沒有生育子女。九九四年，承天太后蕭綽在契丹帝國的權位已經穩固，於是將自己近支堂弟蕭隗因年僅十二歲的女兒蕭菩薩哥，選入宮中冊封為貴妃。蕭菩薩哥被冊封為貴妃，不僅由於其父親蕭隗因是承天太后蕭綽的近支堂弟，也是由於她的舅舅是韓德讓。《遼史》記載蕭菩薩哥「美而才」，集美貌與才華於一身，為人謙遜恭謹，深得比她年長十二歲的表哥耶律文殊奴的寵愛。蕭菩薩哥生有兩個兒子，但均夭折。一〇〇一年，聖宗耶律文殊奴廢掉蕭皇后，將其降為貴妃，同時將十九歲的蕭菩薩哥冊立為皇后。史籍中僅記載原來的蕭皇后「因罪」被廢，並沒有具體記載她犯有何罪，契丹帝國的這次「易后」之舉，不僅是由於聖宗耶律文殊奴對蕭菩薩哥的寵愛，更是出身契丹傳統軍事貴族家庭的蕭皇后，為出身承天太后蕭綽近支家族的蕭菩薩哥讓位。其背後的深層原因，是契丹傳統軍事貴族勢力的削弱、因戰功成長的新軍事貴族勢力的興起。

皇后蕭菩薩哥雖然集承天太后蕭綽、聖宗耶律文殊奴、舅舅韓德讓、堂叔蕭撻凜等契丹帝國實權人物的呵護、寵愛於一身，但自從她的兩個兒子夭折後，她再未能生育子女。耶律文殊奴的母親承天太后蕭綽，不得不為兒子以及整個契丹帝國的繼承人考慮，廣選妃嬪進入後宮。除廢后蕭氏、皇后蕭菩薩哥之外，聖宗耶律文殊奴的妃嬪在史籍中有明確記載的就有十八位，最後為聖宗以及整個契丹帝國生育繼承人的，卻是起初並不受重視的一名宮女蕭耨斤。蕭耨斤出身應天太后親兄弟中的一支，是應天太后的親弟弟述律阿古只的玄孫女。由於蕭耨斤皮膚黝黑，因而在入宮之初並未受到聖宗耶律文殊奴的重視，耶律文殊奴甚至未將她冊封為妃嬪，只是安排她以宮女身分暫時先在母親承天太后蕭綽處，負責為承天太后蕭綽打掃、整理床鋪。據說，一天蕭耨斤在打掃床鋪時偶然發現，承天太后蕭綽床鋪上竟站立著一隻活生生、來路不明的小金雞，剛好此時承天太后蕭綽進帳，蕭耨斤在慌忙之中竟將這隻小金雞生吞了下去，結果蕭耨斤通體發光，幾天之後原本黝黑的皮膚變得白皙，光彩照人。承天太后蕭綽甚為驚奇，對她說：「你以後一定能為皇帝生下異於常人的兒子！」於是，承天太后蕭綽安排蕭耨斤為聖宗耶律文殊奴侍寢。一〇一六年，蕭耨斤果然為聖宗耶律文殊奴生下第四位皇子，初名耶律木不孤，後改名為耶律只骨（漢語名耶律宗真），交由皇后蕭菩薩哥親自撫養。因聖宗耶律文殊奴前三子均夭折，耶律只骨就成了名符其實的皇長子。蕭耨斤因誕有龍子，被冊封為元妃，地位僅次於皇后蕭菩薩哥。一〇二一年，蕭耨斤又為聖宗耶律文殊奴生下一子，取名耶律孛吉只（漢語名耶律宗元，一些史籍中寫作「耶律重元」）。

誕下龍子之後，元妃蕭耨斤的權力欲日益膨脹，她將皇后蕭菩薩哥視為眼中釘，千方百計予以加害。蕭耨斤多次指使他人誣告皇后蕭菩薩哥與宮中樂師、僕役有染，聖宗耶律文殊奴均未聽信。蕭耨斤甚至將誣告信偷偷塞進聖宗耶律文殊奴的被褥中，聖宗發現誣告信之後，苦笑著對左右近侍說：「這必是元妃所為！」然而，聖宗耶律文殊奴始終未對元妃蕭耨斤予以實質性的處罰，究其原因，不僅由於元妃蕭耨斤畢竟是太子耶律只骨的生母，更由於承天太后蕭綽、韓德讓相繼病逝後，聖宗耶律文殊奴失去了保護傘，需要得到更廣泛的支援，元妃蕭耨斤出身應天太后的親弟弟述律阿古只一系，其家族勢力在朝中盤根錯節，使得聖宗投鼠忌器。

為了穩固皇后蕭菩薩哥的地位，聖宗耶律文殊奴於一〇二八年將皇后蕭菩薩哥的堂兄弟蕭匹里，與秦國公主耶律燕哥所生的女兒蕭三蒨，冊立為太子妃，許配給太子耶律只骨。一〇三一年，聖宗耶律文殊奴病重，年近半百的皇后蕭菩薩哥在床邊服侍，元妃蕭耨斤見到此番情景，竟當著聖宗的面對皇后蕭菩薩哥說：「老東西，你也有今天！你的末日就快到了！」聖宗臨終前，百般囑託太子耶律只骨：「皇后是你的養母，朕死後，你一定要保全她的性命啊！」聖宗留下遺詔，令兒子耶律只骨即位後尊養母蕭菩薩哥為皇太后、尊生母蕭耨斤為皇太妃。

聖宗耶律文殊奴駕崩後，太子耶律只骨（漢語名耶律宗真）即位，史稱「遼興宗」。興宗耶律只骨的生母蕭耨斤拒絕被尊為皇太妃，於是脅迫兒子耶律只骨篡改遺詔，自立為皇太后，上尊號「法天太后」，臨朝攝政。興宗耶律只骨自幼被蕭菩薩哥撫養，蕭菩薩哥對他視若己出，興宗對她尊敬有加，在耶律只骨的堅持下，蕭耨斤做出妥協，蕭菩薩哥也被尊為皇太后，上尊號「齊天太后」。這樣，契丹帝國就出現了兩宮太后並立的局面。

法天太后蕭耨斤自然不會允許齊天太后蕭菩薩哥存活於世，於是羅織罪名屢屢加害。興宗耶律只骨剛剛即位，法天太后蕭耨斤就指使護衛馮家奴、喜孫等人誣告齊天太后蕭菩薩哥的兩個弟弟謀反，他們一位是北府宰相蕭浞卜，另一位是駙馬蕭匹敵，均是位高權重的大臣。法天太后蕭耨斤將二人處斬，連累到齊天太后蕭菩薩哥。興宗耶律只骨向法天太后蕭耨斤苦苦哀求道：「她侍奉先帝近四十年，又將朕撫育成人，朕怎麼忍心將她治罪？況且她年事已高，又沒有兒子，即使活著，也不會有什麼作為了。」經耶律只骨苦勸，法天太后蕭耨斤不得不暫時饒過齊天太后蕭菩薩哥的性命，將她遷往上京幽禁。一〇三二年，興宗耶律只骨舉行「春捺鉢」，人不在上京，法天太后蕭耨斤趁機矯詔，將齊天太后蕭菩薩哥賜死，以庶人之禮葬於契丹帝國祖州北面的白馬山，將蕭菩薩哥身邊的侍從、宮女百餘人全部殺死。齊天太后蕭菩薩哥被賜死後，法天太后蕭耨斤大肆捕殺、流放出身蕭菩薩哥娘家的大臣。聖宗耶律文殊奴在位時，曾將蕭菩薩哥的堂兄弟蕭匹里之女蕭三蒨冊立為太子妃，許配給時任太子的耶律只骨，耶律只骨即位後，蕭三蒨被冊立為皇后，法天太后蕭耨斤剷除蕭菩薩哥家族勢力時，將蕭三蒨降為貴妃。同時，法天太后蕭耨斤將自己的親弟弟蕭胡獨堇（漢語名蕭孝穆）之女蕭撻里冊立為皇后，許配給興宗耶律只骨。

清除了齊天太后蕭菩薩哥及其家族勢力之後，法天太后蕭耨斤獨攬朝政，興宗耶律只骨儼然成為傀儡皇帝。法天太后蕭耨斤自知興宗耶律只骨雖然是自己所生，但並非自己所養，將來一定會奪權，於是漸漸萌生出廢長立幼的想法。一〇三四年，法天太后蕭耨斤召集自己的親弟弟蕭海里（漢語名蕭孝先）等人密謀廢掉興宗，改立自己生養的小兒子耶律孛吉只為帝。出乎法天太后蕭耨斤意料的是，耶律孛吉只膽小，得知密謀後，連忙偷偷跑去見哥哥耶律只骨，將母親廢長立幼的計畫全盤托出。一〇三四年農曆五月，興宗耶律只骨假意帶著母親蕭耨斤去行宮避暑，途中先是伺機逮捕了舅舅蕭海里，然後率領兩百名侍衛親軍突然攻擊法天太后蕭耨斤的營帳。法天太后蕭耨斤毫無防備，身邊僅有的幾十名侍從悉數被興宗耶律只骨率眾殺掉。興宗耶律只骨等人闖進母親的帳幕中，逮捕了法天太后蕭耨斤，並用一輛囚車將她押往慶州幽禁。第二天，興宗耶律只骨下詔，將法天太后蕭耨斤貶為庶人，除了蕭耨斤的幾位親兄弟外，法天太后蕭耨斤的親信大臣、部將悉數被處死或流放。興宗耶律只骨對幾位舅舅從輕處罰，法天太后蕭耨斤的侄女蕭撻里也沒有受到株連，保住了皇后之位。法天太后蕭耨斤的小兒子、興宗耶律只骨的弟弟耶律孛吉只因揭發蕭耨斤廢長立幼的陰謀有功，被興宗耶律只骨冊立為「皇太弟」，成為皇位的繼承人。

蕭耨斤雖遭幽禁，但結局不算太差。一〇四七年的一天，已過而立之年的興宗耶律只骨聽「報恩經」有所感悟，將已被幽禁十三年的母親蕭耨斤迎回宮中奉養，並歸還「法天太后」的尊號。但是，興宗耶律只骨與母親法天太后蕭耨斤之間積怨已深，母子間的裂痕無法修補。興宗耶律只骨嚴密監視母親蕭耨斤，每逢捺缽，必帶上母親隨行，但母子的營帳相隔數十里之遙。八年後，即一〇五五年，興宗耶律只骨駕崩，皇后蕭撻里在丈夫的靈柩前痛哭失聲，法天太后蕭耨斤不僅毫無悲戚之情，反

契丹鎏金銅人印章

而厲聲訓斥兒媳蕭撻里：「你還年輕，尚可再嫁，何必哀痛如此！」可見蕭耨斤與耶律只骨之間已毫無母子之情。兩年後，即一〇五七年，已近八十高齡的太皇太后蕭耨斤病逝，得以善終。

剷除了法天太后蕭耨斤勢力之後，興宗耶律只骨正式親政。興宗耶律只骨即位前後，契丹帝國政局經過數年動盪，趨於穩定。此次政局動盪之時，無論是以承天太后蕭綽、齊天太后蕭菩薩哥家族勢力為代表的新軍事貴族集團，還是以應天太后述律月里朵、法天太后蕭耨斤家族勢力為代表的傳統軍事貴族集團，均受到了極大程度的削弱，興宗耶律只骨的皇權以及契丹帝國的中央集權，得到了相當程度的鞏固和強化。

## 元昊稱帝：來自西南邊陲的威脅

正當契丹帝國忙於對宋朝、高麗的戰爭，以及內部權力鬥爭之際，契丹帝國西南方向的党項人崛起，並建立了與契丹帝國、宋朝並立的國家，史稱「西夏」，對契丹帝國的西南邊境構成極大的威脅。

党項人是「五胡十六國」中羌人的一支，稱為「党項羌」。党項人早期沒有農業，生產生活依賴畜牧業。党項人早期也沒有文字、沒有曆法，以草木枯榮來計算「年」。和北方遊牧民族的原始崇拜一樣，党項人崇拜天地鬼神。党項的喪葬方式為火葬，這和東北的女真人較為接近。党項人尚武，據《隋書》記載：党項人「每姓別為部落，大者五千餘騎，小者千餘騎」。按照党項舊俗，如果同氏族的成員受到其他氏族傷害，同氏族必須團結一致復仇，在未復仇前，同氏族成員不洗臉、不打理頭髮、赤足、不吃肉，直到完成復仇為止。党項人崇尚白色，因此後來建立的國家也自稱「大白上國」（党項語「邦泥定國」）、「白高大夏國」。

唐朝時，党項人依附鮮卑吐谷渾部，經常與吐谷渾聯合對抗青藏高原上的吐蕃。吐谷渾政權滅亡後，党項人內附唐朝，被唐朝安置在松州（今四川省松潘縣），後來幾經遷徙，居住於今天青海、甘肅、寧夏部分地區。党項人早期處於部落聯盟狀態，盟主部落的首領姓拓跋，因此，後來党項人建國後，開國皇帝李元昊就堅稱党項是鮮卑後裔。安史之亂爆發後，吐蕃占據了河西隴右之地，党項人被唐朝安置在了夏州以東、銀州以北地區，唐代宗於七六五年冊封党項首領拓跋朝光為靜邊州大首領、左羽林大將軍，並許其在銀州（今陝西省米脂縣）建立牙帳。

唐朝末年，唐僖宗冊封党項首領為夏州節度使，後因党項人助唐軍平定黃巢起義之功，党項首領拓跋思恭被唐朝賜國姓「李」，冊封「夏國公」，拓跋思恭的部隊也被唐朝稱為「定難軍」。至此，拓跋思恭以夏國公、定難軍節度使身分，占據銀州（今陝西省米脂縣）、夏州（今陝西省橫山區）、綏州（今陝西省綏德縣）、宥州（今陝西省靖邊縣）、靜州（今陝西省米脂縣西）共約五萬兩千平方公里的五州之地。

宋太宗趙光義即位之初，宋朝忙於對契丹帝國的戰事，党項首領李繼遷率眾在夏州東北三百里的地斤澤（今內蒙古自治區巴彥淖爾市一帶）割據，並經常襲擾宋朝西北邊境。九八五年，李繼遷與族弟李繼沖一起誘殺宋朝駐防西北的將領曹光實，攻占銀州、會州（今甘肅靖遠縣），徹底與宋朝決裂。為了尋求外援，李繼遷向契丹帝國稱臣，契丹帝國冊封李繼遷為「夏國王」。九九六年，李繼遷截擊宋軍糧草車隊，共截獲軍糧四十萬擔，宋太宗趙光義大怒，派兵攻打李繼遷，被李繼遷擊敗。第二年，即九九七年，宋太宗駕崩，其子趙恒即位，史稱「宋真宗」。宋朝在皇位更迭之際，無暇西顧，李繼遷趁機發展壯大。一〇〇四年，李繼遷遭吐蕃首領潘羅支暗算，中箭身亡，其子李德明即位，並遣使上報契丹帝國。同年，遼聖宗耶律文殊奴封李德明為「西平王」。李德明即位後，不僅繼續向契丹帝國稱臣，而且主動緩和與宋朝的關係。一〇〇六年，李德明向宋朝奉上請求歸附的誓表，宋真宗趙恒加封李德明為特進（官職名稱，地位大致相當於三公）、檢校太師兼侍中、持節都督夏州諸軍事、行夏州刺史、上柱國、定難軍節度使等職。一〇二八年，李德明派遣其子李元昊領兵滅亡了甘州回鶻，党項人占據了整個河西走廊，勢力範圍擴展到了玉門關。一〇三二年，李德明病逝，其子李元昊即位。

李元昊繼承父祖遺志，積極開疆拓土。在李元昊即位的同年，即一〇三二年，他就挑起了對河湟吐蕃的戰爭，攻占了貓牛城（今青海省大通縣）。一〇三六年，李元昊擊敗河西回鶻，並占領肅州（今甘肅省酒泉市）。一〇三八年，李元昊正式稱帝建國，國號「大夏國」，史稱「西夏」。

西夏正式建國的第二年，即一〇三九年，李元昊遣使到宋朝，要求當時在位的宋仁宗趙禎正式承認他的皇帝稱號。宋仁宗斷然拒絕，並下詔「削奪賜姓官爵」，停止党項人與宋朝之間的互市貿易，並在邊境張貼榜文，懸賞捉拿李元昊，集結重兵準備圍剿新生的西夏政權，西夏與宋朝之間正式拉開戰爭序幕。

一〇四〇年，李元昊御駕親征，統率約十萬大軍圍攻宋朝的西北重鎮延州。宋朝將領劉平、石元孫、黃德和、萬俟政、郭遵等各率領本部人馬馳援延州，但步騎兵總數僅有一萬多人。李元昊派人冒充延州知州范雍的信使，到劉平軍中，詐稱知州範雍在延州東門等候接應援軍入城，希望宋軍分成小隊行進，以免阻塞入城道路。劉平不知是計，將前鋒兩千五百名兵士分成五十隊前進。行至半途，劉平發現那名所謂的「信使」不見蹤影，才恍然大悟，立即派人飛馬去召回前鋒部隊，不幸的是，此時宋軍前鋒兩千五百名兵士已經相繼落入党項軍隊虎口。劉平急忙下令宋軍全軍火速前進，行進至距延州五里處的三川口，遭遇党項伏兵。党項人倚仗人多勢眾，首先發動攻擊。酣戰之際，党項騎兵衝亂宋軍隊形，宋軍稍退。劉平等將領正打算重整佇列、發起進攻之際，宋軍後軍將領黃德和貪生怕死，率先逃遁，以致宋軍全軍大亂。李元昊趁勢發動總攻，宋朝援軍全軍覆沒，郭遵等將領陣亡，劉平等將領被俘後不屈殉國。這場戰役史稱「三川口之戰」。圍殲宋朝援軍之後，李元昊收攏部隊，準備進攻延州城，但恰巧遇到天降大雪，党項軍缺少禦寒衣物，宋軍援軍又至，李元昊只好撤軍。

三川口之戰結束後，宋朝在西北邊境修築堡寨，憑堡據守，使得党項騎兵發揮不出野戰優勢。特別是宋軍中兩位主將韓琦和范仲淹，苦心經營邊境防務，屢屢挫敗党項小股部隊的襲擾。由此，宋夏邊境上流行一首《邊地謠》：「軍中有一韓，西賊聞之心骨寒；軍中有一范，西賊聞之驚破膽。」

一〇四一年，即三川口之戰結束後的第二年，李元昊率軍十萬進攻宋朝涇原路。針對雙方軍隊的優劣勢，李元昊將主力騎兵埋伏在好水川，派遣一支偏師佯攻懷遠城，以引誘宋軍出擊，進入埋伏圈，然後發揮騎兵優勢，圍殲宋軍。得知西夏來襲，涇原路宋軍主將韓琦果然中計，命令數萬宋軍主動出擊迎敵，任福、桑懌率輕騎兵數千作為前鋒，朱觀、武英等率主力部隊緊隨其後。任福所部與党項軍在懷遠城附近的張義堡展開戰鬥，斬殺數百党項兵，党項軍佯裝敗走，引誘宋軍追擊。任福率輕騎兵追至好水川口時，天色已晚，宋軍人困馬乏。於是，任福命令部隊就地紮營，並派信使邀桑懌等各路宋軍次日會師好水川口，合擊党項軍。次日清晨，任福、桑懌等率軍深入好水川向西進發。行至半途，宋軍士卒發現路旁有數個銀泥盒，將盒子打開後，百餘隻哨鴿從盒中飛出，這正是党項軍出擊的信號。党項軍從四面八方殺出，李元昊在山頂豎起兩面大旗，居高臨下地指揮戰鬥。宋軍向左突圍，則旗幟向左擺動，宋軍向右突圍，則旗幟向右擺動，宋軍左衝右突仍不得突圍。兩軍自辰時戰至午時，宋軍陣亡萬餘人，任福身負重傷，自盡殉國，任福之子任懷亮、桑懌、劉肅、武英、王珪、趙津、耿傅等將領均陣亡，僅朱觀率千餘人狼狽逃出生天。這場戰役史稱「好水川之戰」。

殲滅宋軍主力後，李元昊並沒有乘勝攻打宋朝堅固的邊境城池，而是班師休整，積蓄力量準備下一場大戰。好水川之戰的同一年，李元昊率領養精蓄銳的党項軍隊捲土重來，兵鋒直指宋朝西北麟州、府州、豐州三座重鎮。經過反覆爭奪，党項軍占領豐州，並攻陷麟州和府州之間的所有堡寨，隔絕了兩州之間的道路。麟州、府州宋軍憑城死守，多次打退党項軍的進攻。到這一年冬天，宋夏之間在兩州附近的琉璃堡、建寧寨爆發兩場戰役，党項軍沒有占據上風，只好撤軍。這場圍繞麟州、府州、豐州的爭奪展開的戰役史稱「麟府豐之戰」，除豐州被党項軍占領之外，雙方基本打成平局。

一〇四二年，李元昊率軍十萬，分兩路進擊宋朝西北重鎮鎮戎軍（今寧夏回族自治區固原市）。宋朝涇原路經略安撫招討使王沿，命令副使葛懷敏率軍在渭州（今甘肅省平涼市），至瓦亭寨（今寧夏回族自治區隆德縣東北）一線阻擊党項軍。葛懷敏兵分四路推進，李元昊避開宋軍鋒芒，迂迴到宋軍背後，切斷宋軍糧道和歸路。葛懷敏倉促收攏各軍，退守定川寨。党項軍乘勢掩殺，宋軍潰兵爭相入寨逃命，就連葛懷敏本人都被潰兵擠得摔下戰馬，差點被踐踏致死，幸虧部將拼死保護才死裡逃生。宋軍退入定川寨後，緊閉寨門，堅守待援。李元昊將定川寨團團圍住，卻並不急於攻打，而是首先派兵截斷定川寨水源。宋軍缺水缺糧，就快要無法支撐下去，葛懷敏匆忙改變堅守待援的原計畫，下令全軍突圍，奔赴鎮戎軍。李元昊早已在定川寨通往鎮戎軍的道路上設下伏兵，因此稍稍撤圍，故意讓宋軍逃出定川寨。宋軍出寨不久便遇到党項軍阻擊，李元昊率領騎兵四面殺出，宋軍頓時全線崩潰，葛懷敏與部將曹英、趙珣等十六名將領戰死，宋軍士卒戰死近萬人。這場戰役史稱「定川寨之戰」。宋軍全軍覆沒後，党項軍縱橫宋朝邊關六百里大肆劫掠，如入無人之境。李元昊本想乘勝攻下鎮戎軍，但得知宋朝派范仲淹等將領統率二十多萬軍隊趕來救援，只好先行撤兵。

一〇四〇年到一〇四二年，三年間宋夏雙方相繼爆發了三川口之戰、好水川之戰、麟府豐之戰、定川寨之戰四場大戰，宋朝四戰皆敗，西北邊境主力部隊損失殆盡，使得宋軍在西北只能處於守勢。西夏方面，四場大戰的勝利使得党項人和新建立的西夏在西北地方得以穩固立足，然而，党項人在四場大戰中均是以多勝少，李元昊每次出兵動輒十多萬，令原本人口較少的党項承受了巨大的戰爭負擔。四場大戰中，李元昊均採取引誘宋軍出擊、發揮騎兵優勢圍殲的戰術方針，也暴露出党項騎兵擅於野戰、不擅攻城的特點。四場大戰之後，宋仁宗嚴令邊關嚴防死守，任何人不得主動出戰，同時對西夏實行經濟封鎖，關閉榷場，禁絕貿易，尤其嚴禁青白鹽出境。宋朝的一系列對策使得党項人不僅

定川寨戰役遺址

很難再在戰場上有所收穫，而且給西夏經濟造成致命打擊。鑒於雙方戰略態勢，李元昊主動遣使向宋朝請和。一〇四四年，党項與宋朝達成和議，和議內容如下：

一、西夏向宋朝稱臣，李元昊取消帝號，宋朝冊封李元昊為「夏國主」，賜以「夏國主印」，允許其自置百官。

二、宋夏戰爭中西夏占領的宋朝各州縣，均從中間劃界，雙方各占一半；和議簽訂之前宋夏雙方所掠兵士、百姓不再歸還對方，和議簽訂後，雙方如有人員逃亡到對方土地，須歸還逃人。

三、宋朝每年向西夏賜予「歲幣」，包括銀七萬兩、絹十五萬匹、茶三萬斤；除此之外，每年各種節日另賜給西夏銀合計兩萬兩千兩、絹合計兩萬三千匹、茶合計一萬斤。

四、雙方邊境設立榷場，開放互市貿易。

宋夏之間的這一和議簽訂於宋仁宗慶曆四年，因此史稱「慶曆和議」。范仲淹《岳陽樓記》開篇寫道：「慶曆四年春，滕子京謫守巴陵郡。」其中的滕子京就是在宋夏戰爭中，擔任守備宋朝西北重鎮涇州的知州。從三川口之戰到定川寨之戰，宋軍傷亡慘重，宋夏簽訂和平協議後，宋朝清算邊關將領功過，據朝中官員彈劾，滕子京借撫恤陣亡將士之名，貪污公款，經好友歐陽修、范仲淹力保，才免於處刑，因而被宋仁宗從邊關重鎮涇州貶到內地的巴陵郡，這才有了滕子京重修岳陽樓、范仲淹作千古名篇《岳陽樓記》的典故。

宋夏簽訂「慶曆和議」之後，並沒有像契丹帝國與宋朝簽訂「澶淵之盟」之後那樣，維持了長達百餘年的和平局面，隨著西夏和宋朝各自國內政局的變動，宋夏之間經常爆發戰爭。特別是宋神宗趙頊在位期間，由於王安石變法使得宋朝財力增強，宋神宗於一〇八一年出兵約三十五萬，分五路進攻党項，史稱「五路伐夏」，但遭受慘敗，全軍覆沒。後經契丹帝國從中斡旋，宋夏雙方才罷兵休戰。

宋朝與西夏之間曠日持久的戰爭使得宋夏雙方均損失慘重，也使得契丹帝國從中獲益。早在李元昊的父親李德明擔任党項首領時，李德明就為兒子李元昊向契丹帝國求婚，促成李元昊迎娶遼聖宗耶律文殊奴的養女興平公主為妻，並使得党項獲得了契丹帝國的支持。

一〇四二年，遼興宗耶律只骨趁宋夏定川寨之戰宋軍慘敗之機，遣使到宋朝索要「關南十縣」。關南十縣成為契丹帝國與北宋邊境衝突的一個焦點問題。早在一〇〇四年，承天太后蕭綽與聖宗耶律文殊奴母子御駕親征，進攻宋朝，首先出兵攻占的就是關南十縣。「澶淵之盟」時，契丹帝國與宋朝之間反覆爭論的焦點，也是宋朝是否承認關南十縣歸屬契丹帝國，宋朝一方雖然在關南十縣的問題上寸步不讓，但在歲幣等問題上對契丹帝國做出讓步，這才使得關南十縣留在了宋朝境內。一〇四二年，遼興宗耶律只骨趁宋朝在宋夏戰爭中失利之機，派遣南院宣徽使蕭英、翰林學士劉六符出使宋朝，就以下四個問題向宋朝發出責問：

一、宋太祖趙匡胤不應該輔佐後周世宗柴榮奪取瓦橋關以南十縣之地，破壞雙方的友好關係。

二、宋太宗趙光義單方面挑起戰爭，多次發兵進攻契丹帝國，妄圖奪取燕雲十六州，實屬師出不義。

三、西夏國主李元昊與契丹帝國有甥舅之親，並且西夏早已向契丹帝國稱臣，是契丹帝國的附屬國，宋朝出兵西夏，事先並未告知契丹帝國，屬於背棄兩國盟約的行為。

四、宋朝不應在遼宋邊界上增築工事，添置邊軍。

契丹帝國重提關南十縣問題，要求宋朝交出關南十縣。宋朝一方既不捨得讓出關南十縣，又不願與契丹帝國發生正面衝突。雙方幾經討價還價，最後宋朝雖然拒絕交出關南十縣的土地，但允諾將關南十縣的稅賦交給契丹帝國。同時，宋朝許諾將每年給契丹帝國的「歲幣」從三十萬（銀十萬兩、絹二十萬匹）增至五十萬（銀、絹各增加十萬），並且改「贈歲幣」為「納歲幣」，無形中降低了宋朝的地位。這一事件發生在遼興宗重熙年間，史稱「重熙增幣」。

「重熙增幣」之後，契丹帝國於一〇七五年再次重提遼宋邊界問題。當時在位的遼道宗耶律查剌派遣蕭禧出使宋朝，要求以黃嵬山為界，重新劃定契丹帝國與宋朝之間的邊界。宋神宗趙頊派遣河北西路察訪使、《夢溪筆談》的作者沈括與契丹帝國交涉。沈括查閱各種檔案檔、山川地圖，對契丹帝國使者蕭禧等人提出的邊界質疑一一作答。多虧沈括據理力爭，才使得契丹帝國一方作罷，放棄了重新劃定遼宋邊界的計畫。

契丹帝國雖然趁宋夏戰爭之機，從宋朝索取了一定的利益，但宋夏雙方達成和平協定之後，西夏就將矛頭轉向了契丹帝國。契丹帝國之前利用西夏牽制宋朝、扶植西夏共同對抗宋朝的計畫中斷。面對來自西南邊陲西夏的威脅，契丹帝國不得不獨自迎戰，對西夏訴諸武力。

## 河曲之戰：西夏與契丹帝國的劇烈衝突

一〇四四年，西夏與宋朝簽訂「慶曆和議」，西夏向宋朝稱臣，歸附宋朝，引起了契丹帝國的極大不滿。宋夏之間的大規模戰爭暫告一段落，契丹帝國與西夏之間的矛盾就隨之凸顯出來。遼興宗耶律只骨在位期間，兩次御駕親征，討伐西夏，終於使得西夏向契丹帝國稱臣，契丹帝國的西南邊境得以鞏固。

從李繼遷到李元昊，党項三代首領均與契丹帝國交好，同時也獲得了契丹帝國的大力扶持。西夏與宋朝簽訂「慶曆和議」之後，宋夏邊界大體穩固，西夏的擴張方向就從向東面的宋朝方向，轉為向東北面契丹帝國方向擴展，這必然會侵犯契丹帝國的利益。李元昊先在契丹帝國與西夏的邊境上做出試探性的舉動，以窺測契丹帝國的反應。李元昊又招攬契丹帝國境內的党項部落叛逃到西夏，契丹帝國遣使索要叛逃的党項人，李元昊拒不歸還。除了招攬契丹帝國境內的党項人之外，李元昊還偶爾派遣小股部隊襲擾契丹帝國邊境。李元昊的挑釁舉動，本就引起了遼興宗耶律只骨的極大不滿，契丹帝國和親的興平公主去世，更成為契丹帝國與西夏之間爆發戰爭的導火線。

早在一〇三一年，党項就向契丹帝國請求和親，遼聖宗耶律文殊奴將養女興平公主許配給李元昊，並冊封李元昊為駙馬都尉，令他襲爵「夏國公」。遼興宗耶律只骨即位之初，晉封李元昊為「夏國王」。野心勃勃的李元昊並不甘心做契丹帝國的一介駙馬，更不甘心自己統治的西夏只做契丹帝國的附庸，因而與興平公主夫妻關係不睦。在嫁給李元昊七年之後，即一〇三八年，興平公主鬱鬱而終。關於興平公主的死因，在當時就流傳著另一種說法：約一〇三四年，李元昊的舅舅衛慕山喜密謀殺害李元昊，並取而代之。陰謀敗露後，李元昊將衛慕山喜誅殺，並將疑似參與密謀的眾多衛慕家族成員，綁在巨石上沉入河底溺死。隨後，李元昊手捧毒酒闖進母親衛慕氏的寢宮，逼迫親生母親服毒自盡。事後，李元昊假稱母親衛慕氏不幸病逝。後來，李元昊察覺興平公主知曉衛慕氏暴亡的內情，為了滅口，遂將興平公主軟禁至死。

得知興平公主去世，遼興宗耶律只骨派遣北院承旨耶律庶成到西夏質問死因。耶律庶成回到契丹帝國上京後，向興宗耶律只骨彙報了李元昊在喪期非但沒有一絲悲戚之色，甚至繼續召幸其他妃嬪。興宗耶律只骨原本就因邊境摩擦對李元昊積怨已久，聽到關於興平公主的死因以及李元昊所作所為的彙報後，非常氣憤。於是，興宗耶律只骨決定御駕親征，率領十萬大軍攻打党項。

一〇四四年農曆十月，興宗耶律只骨親自率領十萬大軍，分北、中、南三路進攻西夏。南院樞密使蕭脫古思（漢語名蕭惠）率領六萬主力軍作為北路軍，向賀蘭山北麓挺進；皇太弟耶律孛吉只率領七千精銳騎兵作為南路軍，在南線策應全軍；東京留守蕭撻不衍（漢語名蕭孝友）率領三萬多人馬作為中路軍，護衛興宗耶律只骨的宮帳。三路大軍渡過黃河，氣勢洶洶地攻入西夏境內，深入西夏境內四百多里未遇到頑強抵抗。李元昊原本計畫將党項主力左廂軍祕密部署在賀蘭山北麓，以逸待勞，等契丹軍主力到達後圍而殲之，同時部署另一路偏師在河套地區牽制敵軍。蕭脫古思的北路軍主力到達賀蘭山北麓一帶時，李元昊率領左廂軍突然殺出，迎戰契丹大軍。李元昊伏兵剛發起突襲時，略占優勢，但契丹軍很快反應過來，迅速穩住陣腳，並展開反攻。党項軍被契丹軍打得大敗，只好退守賀蘭山中麓。李元昊敗走之後，連忙遣使向遼興宗耶律只骨謝罪請降，遼興宗原本傾向於接受李元昊的請和，正在猶豫之時，主將蕭脫古思等人力主拒和再戰。蕭脫古思慫恿興宗耶律只骨道：「元昊剛剛自立，國力孱弱，我們應一鼓作氣，掃平元昊，一勞永逸，免得日後再生禍患！」興宗最終採納了蕭脫古思等人的諫言，拒絕了李元昊的和談請求，再次揮師進攻李元昊。

面對來勢洶洶的契丹大軍，李元昊自知實力不足，為躲避兵鋒，党項軍連續向後方撤退三次，共計百餘里。每次撤退時，李元昊均採取「堅壁清野」的戰術，令追趕的契丹大軍無法就地解決軍需補給問題。李元昊專門命人燒掉撤退沿途上的草地，導致契丹軍的戰馬沒有草料，半數以上因饑餓而倒斃。李元昊不失時機地再次遣使向遼興宗耶律只骨謝罪請降，興宗耶律只骨召集各軍將領前來商議。正當契丹帝國君臣聚集在興宗行營商議之時，李元昊突然傾舉國之兵約五十萬人對契丹中軍發起突襲。有了上次賀蘭山北麓一戰的經驗，契丹主將蕭脫古思等人沉穩應戰，迅速聯絡各軍從党項軍兩翼包抄，李元昊率領的党項軍力不能敵，潰敗而走，契丹軍緊隨其後追擊。不料，正當契丹軍占據優勢之時，忽然狂風大作，刮起了沙塵暴。契丹軍處於下風向，人馬均被刮得睜不開眼睛，霎時間亂作一團。党項人早已習慣了沙塵暴天氣，李元昊抓住這一千載難逢的時機，顧不得整頓隊形，趕忙命令党項軍反攻。契丹軍大敗，數十名將領被俘，遼興宗耶律只骨只帶領數十名騎兵逃離戰場。此次戰役發生在河曲（今內蒙古自治區鄂爾多斯市一帶），史稱「河曲之戰」。

河曲之戰後，狼狽逃離戰場的興宗耶律只骨晝夜兼程，終於甩掉了党項追兵。興宗耶律只骨一行人剛剛下馬休息，興宗身邊的一位名叫羅衣輕的伶官匆匆忙忙跑到興宗面前，問興宗道：「主上，您快摸摸，您的鼻子還在嗎？」依照党項風俗，党項人在戰場上俘獲敵人，經常將俘虜的鼻子割掉，以示侮辱和懲罰。羅衣輕此言，是諷刺興宗兵敗，差點成為党項人的俘虜。

因此，興宗耶律只骨聽到羅衣輕的話，暴跳如雷，當即命人將羅衣輕綁起來，並氣憤地要殺掉他。皇長子耶律查剌連忙上前勸解：「插科打諢的又不是黃旛綽，父皇何必與他計較呢！」黃旛綽是唐朝著名宮廷樂師，《霓裳羽衣曲》石刻的篆刻者。皇長子耶律查剌此言，是說羅衣輕不過一介插科打諢的丑角，不是什麼名角，藉以勸諫興宗沒必要與他計較。還沒等興宗耶律只骨回話，羅衣輕搶先一步接過話茬：「插科打諢的不是黃旛綽，那領兵打仗的也不是唐太宗啊！」羅衣輕此言，意在諷刺興宗耶律只骨的軍事才能遠遠比不上唐太宗，才會在河曲之戰中遭遇慘敗。興宗耶律只骨聽罷，簡直哭笑不得。因平日裡羅衣輕常常用詼諧諷刺的語言對興宗的過失加以勸諫，這次興宗仍舊放過了羅衣輕，沒有與他計較。

契丹金令牌

河曲之戰使得契丹帝國吞併西夏的計畫破滅，李元昊和新生的西夏政權得以在契丹帝國西南面立足。契丹帝國遭受了來自西南邊陲新興政權西夏的重創，不得不對西南邊疆的安全問題倍加重視，認真籌劃應對之策。

## 遼夏和親：西南的平定與帝國的鞏固

一〇四四年，契丹帝國在河曲之戰中敗給了新興的西夏政權，西南邊境的安全受到了極大的威脅，契丹帝國的權威也遭受了挑戰。為穩固西南邊疆，契丹帝國做出了一系列努力。

興宗耶律只骨兵敗逃回雲州之後，就在河曲之戰的同一年，即一〇四四年，將雲州確立為契丹帝國的西京，命耶律仁先率軍鎮守。至此，契丹帝國的「五京」體制完備。其中西京大同府的設立，主要是為應對西夏、鞏固西南邊境所需。

一〇四八年，西夏內部因皇位繼承問題爆發了宮廷政變。因宋朝施反間計，李元昊冤殺了皇后野利氏的兄長野利遇乞。野利遇乞死後，李元昊垂涎於野利遇乞遺孀沒藏氏，便將她納入後宮，並與她生下一子。這個孩子是李元昊與沒藏氏外出打獵途中，行至一條河流的兩岔口時出生，因此取名「李兩岔」。隨後，李元昊廢黜了皇后野利氏，改立沒藏氏為皇后。野利氏之子李寧令哥原本被李元昊立為太子，他在母親野利氏被廢黜後，一方面出於對母親遭遇的憤憤不平，一方面出於對自身太子之位的擔憂，於是在一〇四八年闖入宮中，弒殺了父親李元昊。李元昊遇弒當天，皇后沒藏氏就在兄長沒藏訛龐的幫助下殺掉太子李寧令哥，擁立自己的兒子李兩岔即位為帝，史稱「西夏毅宗」。李兩岔即位為帝之後，其母沒藏氏等人認為「兩岔」這個名字過於直白，因而取「兩岔」的諧音「諒祚」，李兩岔正式改名為「李諒祚」。

遼興宗耶律只骨得知西夏宮廷鬥爭之後，再度御駕親征，於一〇四九年第二次出兵進攻西夏。契丹前鋒主將蕭脫古思先敗後勝，重挫西夏軍。一〇五〇年農曆五月，西夏派遣使臣，向契丹帝國稱臣請降。至此，契丹帝國與西夏之間的大規模戰爭結束。

為籠絡西夏，契丹帝國皇室多次與西夏皇室結成姻親。西夏崇宗李乾順在位時，李乾順的母親梁太后專政。在契丹帝國的支持下，梁太后與西夏崇宗李乾順屢次進攻宋朝，頗有斬獲。一〇九八年農曆十月，梁太后與西夏崇宗李乾順率領四十萬大軍進攻宋朝西北重鎮平夏城，結果大敗而歸。同年農曆十一月，梁太后向契丹帝國求援，希望契丹帝國出兵協助西夏再攻平夏城，被契丹帝國當時在位的道宗耶律查剌拒絕。梁太后因此懷恨在心，時常有反契丹的言論，拒絕向契丹帝國進貢。於是，遼道宗耶律查剌於一〇九九年遣使到西夏，暗中聯合反對梁太后專政的党項大臣，毒死了梁太后，扶植西夏崇宗李乾順親政。遼天祚帝耶律阿果即位後，將宗室女成安公主耶律南仙嫁給西夏崇宗李乾順為皇后。一一〇八年，耶律南仙為西夏崇宗李乾順生下長子李仁愛，不久之後，李仁愛被西夏崇宗李乾順立為太子。不幸的是，一一二五年，因契丹帝國被女真金國所滅、西夏被迫向女真金國稱臣，太子李仁愛憂憤而終。同年，皇后耶律南仙因喪子之痛、亡國之恨而絕食自盡。

總體而言，雖然宋夏、遼夏之間時常爆發戰事，但西夏一直謹慎周旋於契丹帝國與宋朝之間，獲得了相對獨立自主的地位。遼、宋、夏三足鼎立的局面維持了百餘年，直到契丹帝國東北邊陲的女真人崛起，遼、宋、夏並立的局面才被打破。自一〇五〇年西夏向契丹帝國稱臣後，契丹帝國西南邊境得以鞏固。

經過了聖宗耶律文殊奴、興宗耶律只骨兩代皇帝的東征西討，契丹帝國鞏固了東、西兩側的邊境，為契丹帝國的繁榮鼎盛提供了相對安定的外部條件。東征高麗、西征西夏為契丹帝國贏得了和平的發展環境，推動著契丹帝國達到鼎盛。

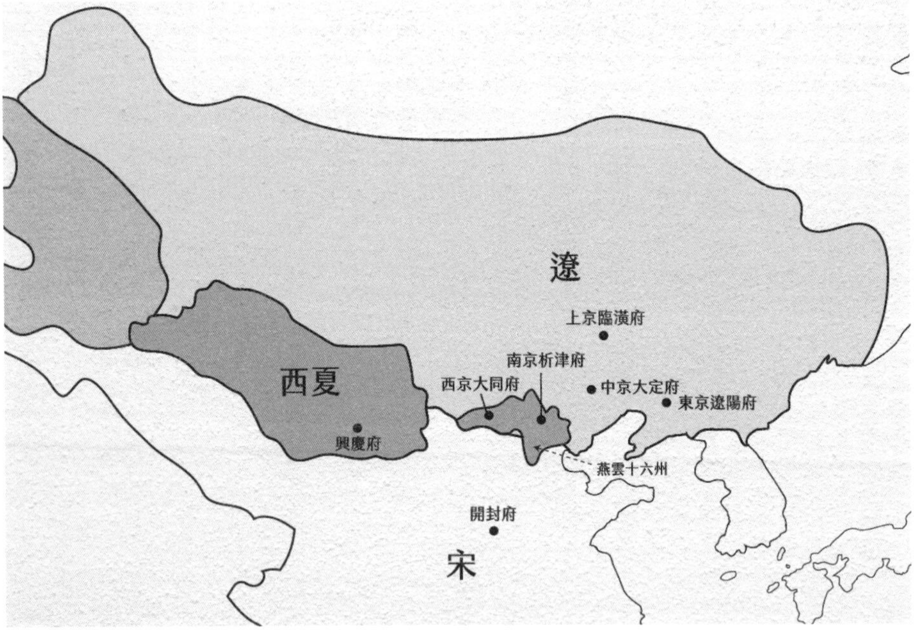


契丹帝國五京及皇陵

內 지

## 第六章　帝國危機

# 女眞興起與帝國東部失守

契丹帝國取得了對南面宋朝、東面高麗、西南面西夏的軍事勝利之後，邊疆得以鞏固，疆域東到今日本海，西至阿爾泰山，北至額爾古納河、外興安嶺一帶，南到今河北省中部的白溝河，在中亞、西亞、東歐等地，「契丹」成為中國的代名詞。然而，連年戰爭和統治集團內部鬥爭，使得契丹帝國無暇顧及治下其他的部族，這就為契丹帝國東北部的女真民族崛起提供了必要條件。女真人崛起並建立了大金國，最終吞併了契丹帝國東部廣大地區，滅亡了傳統意義上的「遼朝」，使得契丹帝國遭遇了前所未有的危機。

## 太叔之亂：道宗即位與帝國由盛轉衰

一〇五五年，不到四十歲的興宗耶律只骨駕崩，皇長子耶律查剌（漢語名耶律洪基）即位，史稱「遼道宗」，群臣上尊號「天福皇帝」。道宗耶律查剌對中原文化極為崇尚，曾說：「吾修文物，彬彬不異於中華。」道宗耶律查剌在位四十六年，終年七十歲，在他統治期間，契丹帝國內部經歷了太叔之亂、乙辛擅權等動盪，導致契丹帝國由盛轉衰。

道宗耶律查剌是興宗耶律只骨與他的第二任皇后蕭撻里所生。早在一〇二八年，耶律只骨的父親聖宗耶律文殊奴為時任太子的耶律只骨，選定皇后蕭菩薩哥的堂兄弟蕭匹里之女蕭三蒨為太子妃。一〇三一年，耶律只骨即位時，冊立蕭三蒨為皇后。一〇三二年，耶律只骨的生母法天太后蕭耨斤剷除了耶律只骨的養母，齊天太后蕭菩薩哥及其家族勢力，同時將蕭三蒨降為貴妃。同年，法天太后蕭耨斤將自己的親弟弟蕭胡獨堇之女蕭撻里冊立為興宗耶律只骨的皇后。蕭撻里溫順寬厚，完全不像自己的姑母蕭耨斤那樣心狠手辣，因而受到興宗耶律只骨的寵愛。興宗耶律只骨生有四子二女，除了次子耶律寶信奴生母不詳，其餘三子二女均為皇后蕭撻里所生，分別是長子耶律查剌、第三子耶律和魯斡（漢語名不詳）、第四子耶律訛里本（漢語名不詳）以及長女耶律跋芹、次女耶律斡里太——契丹帝國皇子一般會同時有契丹語名字和漢語名字，皇女一般只有契丹語名字，沒有漢語名字，宗室子女一般只有契丹語名字，很少有漢語名字。一〇五五年，興宗耶律只骨駕崩，皇長子耶律查剌以嫡長子身分即位，這次看似沒有任何疑問的帝位傳承，其實埋下了巨大隱患。

興宗耶律只骨剷除法天太后蕭耨斤勢力時，法天太后蕭耨斤的小兒子、興宗耶律只骨的弟弟耶律孛吉只，因揭發母親蕭耨斤廢長立幼的陰謀有功，被興宗耶律只骨冊立為「皇太弟」，興宗還許諾他作為自己皇位的繼承人，時常給予豐厚賞賜。然而，興宗耶律只骨卻並沒有將弟弟耶律孛吉只視為自己的接班人一般培養，河曲之戰中諷刺興宗耶律只骨的伶官羅衣輕，就曾機智地諷諫興宗，不要給予皇太弟耶律孛吉只太多土地、部眾。一次，興宗耶律只骨與皇太弟耶律孛吉只一邊喝酒，一邊玩一種名為「雙陸」的賭博遊戲。兄弟二人以城邑為賭注，耶律孛吉只技高一籌，屢屢獲勝，興宗由於醉酒，興致勃勃地一直不願結束「雙陸」遊戲。眼見興宗輸給耶律孛吉只不少城邑，周圍大臣、近侍雖然心急如焚，但既不敢掃了皇帝的興致，又不敢得罪皇太弟耶律孛吉只。恰在此時，伶官羅衣輕跳了出來，故意扮作滑稽的丑角狀，大聲唱道：「雙陸啊，雙陸啊，你不要再癡迷了，不然連你自己都輸掉了！」興宗耶律只骨聽罷，頓時酒醒，以要回寢殿休息為由，宣布結束「雙陸」遊戲。此後，興宗耶律只骨對皇太弟耶律孛吉只的權力有所限制。

與之相反，耶律只骨在自己的長子耶律查剌幼年時就盡全力培養他。耶律查剌六歲時就被冊封為梁王；十一歲時被冊封為燕國王，總領中丞司事；十二歲時晉封燕趙國王，總知北、南樞密院事，加尚書令；十九歲時領北、南樞密院事；二十一歲時被冊封為「天下兵馬大元帥」，在契丹帝國的政治傳統中，這一頭銜相當於確立了他的皇位繼承人身分，同年，耶律查剌擔任「惕隱」一職，參決朝政。一〇五五年興宗耶律只骨駕崩後，耶律查剌受宗室貴族、文武百官擁立，順利繼承了帝位，史稱「遼道宗」，其母蕭撻里被尊為「宗天太后」。在這一過程中，皇太弟耶律孛吉只不僅沒有提出任何異議，而且以宗室長輩、近支皇叔身分帶頭擁立侄子耶律查剌即位。

道宗耶律查剌即位後，冊封叔叔耶律孛吉只為「皇太叔」，許諾他作為自己皇位的繼承人，並加封為「天下兵馬大元帥」，見皇帝時免跪拜禮，賜予金券、四頂帽及二色袍，為宗室最高禮遇。耶律孛吉只之子耶律涅魯古擔任「惕隱」一職，加封為楚王、武定軍節度使，知南院樞密使事。興宗耶律只骨在位時，第一次見到侄子耶律涅魯古之後，就告誡皇后蕭撻里：「此子目有反相，你們母子一定要多加小心。」道宗耶律查剌給予耶律孛吉只、耶律涅魯古父子的封賞越豐厚，耶律涅魯古的權力欲就越膨脹。在兒子耶律涅魯古的慫恿下，皇太叔耶律孛吉只漸漸悔恨自己兩次與皇位失之交臂，因而有了篡位之心。

一〇六一年，耶律涅魯古慫恿父親耶律孛吉只假裝稱病，計畫待道宗耶律查剌到府上探病時弒君奪位，但沒有實現。一〇六三年，道宗耶律查剌出行途中駐蹕灤河行宮，耶律涅魯古再次慫恿父親耶律孛吉只發動叛亂、奪取皇位。宗天太后蕭撻里的親信、敦睦宮使耶律良得知耶律孛吉只陰謀叛亂的企圖，連忙密報給宗天太后蕭撻里、道宗耶律查剌。起初，道宗耶律查剌並不相信耶律良的密報，甚至指責耶律良道：「你是要離間我們叔侄至親嗎？」宗天太后蕭撻里連忙勸說道：「耶律良是兩朝老臣了，又是你父皇和我一直信任的臣子，他不會說謊。先帝在世時就曾叮囑過我，說涅魯古目有反相，這件事關乎社稷安危，一定得及早做準備！」耶律良也苦諫道：「臣如果是誣告，甘領死罪，陛下如若不早加以防備，恐將陷入賊人奸計！陛下可以派人去召涅魯古前來，如果涅魯古不來，則證明他要造反。」道宗耶律查剌聽從耶律良的計策，派遣使者去召耶律涅魯古前來。使者到達耶律涅魯古帳中宣旨，耶律涅魯古非但不奉詔去見道宗耶律查剌，反而將使者捆綁起來，扣押在帳中。使者趁守衛不備，用腰間佩刀割開繩索，並割破帳幕一角，逃出耶律涅魯古的營地，急忙奔回道宗耶律查剌的行宮報信。

聽到使者報信後，道宗耶律查剌急急忙忙要去掌握重兵的北、南院躲避。南院樞密使、許王耶律仁先連忙攔住道宗，進言道：「陛下如果撇下宮帳眾人單獨奔去北、南院，賊人必會緊隨其後，那時沒有了眾人護衛，陛下安危難料，況且我們還不知道北、南院大王的心思，萬一他們中有人被皇太叔父子拉攏，陛下貿然前去，必定是自投羅網。」就在此時，侍從衛進帳中稟報，耶律涅魯古、耶律孛吉只已率領一眾叛軍攻來。宗天太后蕭撻里急命耶律仁先組織抵抗。耶律仁先指揮眾人將馬車排列成營壘形狀，拆開「行馬」（木架形路障）作為兵器發給侍從僕役們，令他們在營壘內結陣。耶律仁先親自率領三十多名騎兵在營壘周邊結陣，作為宮帳的第一道防線。耶律孛吉只、耶律涅魯古父子率領叛軍殺到宮帳前，耶律仁先帶頭衝入敵陣，宗天太后蕭撻里、道宗耶律查剌也親自到帳外督戰。混戰中，道宗耶律查剌的手臂受傷，耶律涅魯古被禁衛軍射殺，皇太叔耶律孛吉只負傷逃走，叛軍的第一番攻勢被擊退。

待叛軍退去後，耶律仁先急忙派人去請離宮帳最近的五院部蕭塔剌前來增援，並分遣使者，到各處調兵平叛。第二天黎明時分，皇太叔耶律孛吉只率領叛軍捲土重來，這次耶律孛吉只雇了兩千多名奚族獵戶，他們都是擅於射箭的神箭手，對道宗耶律查剌一方守軍的殺傷力最大。宗天太后蕭撻里連忙召來奚族部落的酋長，命他勸退奚族獵戶。奚族酋長冒著箭雨到前線喊話，告訴奚族獵戶們：「你們的行為屬於叛亂，如果被抓住，必會滿門抄斬！不如放下武器，各自回家，皇帝和太后已經許諾，放下武器者既往不咎！」奚族獵戶們原本就是受雇而來，聽到自己本民族酋長的話，紛紛扔下弓箭，一哄而散。奚族獵戶散去後，耶律孛吉只等一眾叛軍漸漸支撐不住，敗退下去。耶律仁先親率騎兵追殺二十多里，皇太叔耶律孛吉只最後身邊僅剩數名騎兵，一時走投無路，只好自盡。臨死前，耶律孛吉只無不悔恨地說道：「都是涅魯古害我如此！」

隨著耶律孛吉只、耶律涅魯古父子被誅，叛亂得以平定。叛亂平定後，宗天太后蕭撻里、道宗耶律查剌加封平叛功臣耶律仁先為尚父，晉封宋王、北院樞密使，道宗耶律查剌為他親筆制文以示褒獎，又詔令宮廷畫師繪製《灤河戰圖》，以表彰耶律仁先的功勞。耶律良因揭發有功，被任命為「惕隱」，出知中京留守事。

契丹金令牌

這場叛亂因皇太叔耶律孛吉只而起，史稱「太叔之亂」。「太叔之亂」是契丹帝國始終沒有完善的皇位繼承制度，所導致的必然結果，它是契丹帝國由盛轉衰的開端，對契丹帝國的政局產生了深刻影響，其中最為致命的影響，就是在《遼史》中被稱為「第一奸臣」的耶律乙辛掌權。

## 十香詞案：奸臣亂政與帝國政局的崩壞

一〇六三年「太叔之亂」雖然被平定，但它給契丹帝國帶來了巨大影響。契丹帝國始終沒有完善皇位繼承制度，宗室貴族叛亂特別是近支皇族叛亂，始終是契丹帝國內部的重要問題。「太叔之亂」為道宗耶律查剌敲響了警鐘，「太叔之亂」後，道宗耶律查剌有意疏遠近支皇族、提拔遠支宗室，甚至與皇族無血緣關係的大臣，這給名列《遼史》「第一奸臣」的耶律乙辛掌權提供了機會。耶律乙辛掌握朝政長達十四年，其間他剪除異己、陷害忠良，製造了「十香詞案」等一系列冤案，導致契丹帝國政局的崩壞。

耶律乙辛雖有契丹帝國皇族的「耶律」姓氏，卻出生迭剌部中的一戶貧苦牧民家庭。他出生時，正趕上耶律迭剌一家在遊牧途中。耶律乙辛的母親在氈車中生下他，但因沒有水為他沐浴，耶律迭剌只好準備掉轉氈車，沿著原路尋找水源。氈車剛一掉頭，就碾破了之前在草原上留下的車轍，恰好在土殼破裂處有泉水湧出，耶律迭剌甚為驚奇，連忙用泉水為新生兒沐浴。耶律乙辛童年時，有一天去幫父母牧羊，到太陽快要落山時仍未回家，他的父親耶律迭剌便去尋找。耶律迭剌在距離部落較遠的地方找到了兒子耶律乙辛，當時耶律乙辛正躺在草地上熟睡，身邊一隻羊也沒有。耶律迭剌因兒子丟失了羊群而暴跳如雷，一腳踢醒了耶律乙辛，誰知耶律乙辛醒來後，沒等父親耶律迭剌開口指責，就先憤怒地指責父親道：「為什麼要踢醒我？我方才夢見有人手持日月來到我面前，讓我進食，我剛吃掉月亮，正準備吃掉太陽，就被你踢醒了，真是太可惜了！」耶律迭剌聽後，深感驚奇，從此以後再也不讓耶律乙辛牧羊，並且家裡所有辛苦的工作，一律不讓耶律乙辛插手。

耶律乙辛成年後，入仕宮中，最初擔任文吏，因聰明機敏引起興宗耶律只骨和皇后蕭撻里的注意，興宗夫婦見耶律乙辛舉止文雅，有古代大臣的風儀，因此讓他擔任筆硯吏，後升遷至護衛太保。道宗耶律查剌即位之初，皇太叔耶律孛吉只為了謀權篡位，有意排擠掌握兵權的南院樞密使耶律仁先，打算將他調離上京。於是，耶律孛吉只指使同黨、駙馬都尉蕭胡睛向道宗上奏，推薦耶律仁先擔任西北路招付使，企圖以此為由將耶律仁先調離上京。接到奏摺後，道宗耶律查剌正準備批准時，隨口詢問了侍立一旁的耶律乙辛的意見。耶律乙辛隨口回答道宗：「臣不瞭解朝中之事，不熟悉治國大政，但竊以為仁先畢竟是先帝的老臣，突然離開朝廷恐有不妥。」道宗覺得耶律乙辛所言有理，便駁回了蕭胡睛的奏議，耶律仁先也因此沒有被排擠出朝廷。待「太叔之亂」平定後，耶律仁先作為平叛首功之臣，獲有重賞，耶律乙辛也因當初保住耶律仁先地位有功，被任命為南院樞密使，並加封為趙王。

耶律乙辛擔任重要職位之後，夥同北府宰相張孝傑等人，收受賄賂，賣官鬻爵，任人唯親，打壓異己，將朝廷搞得烏煙瘴氣。一〇七五年，道宗耶律查剌詔令皇太子耶律耶魯斡（漢語名耶律浚，一些史籍中寫作「耶律濬」）兼管北、南樞密院事，太子耶律耶魯斡為人正直、法度修明，對耶律乙辛一黨極為反感，而耶律乙辛為清除異己、總攬朝政，不惜製造冤案陷害太子耶律耶魯斡及其母親、皇后蕭觀音。

蕭觀音的父親是興宗耶律只骨時期的重臣蕭脫古思，興宗兩次親征西夏時，蕭脫古思均擔任主力軍統帥。道宗耶律查剌還是皇子的時候，父親興宗耶律只骨就為他選定了蕭觀音為妻。蕭觀音不僅相貌出眾，知書達理，溫柔賢淑，而且極有才華，精通詩詞、音律，擅長琵琶。一〇五五年，興宗耶律只骨病逝，皇長子耶律查剌即位，蕭觀音被冊立為皇后。

最初，道宗耶律查剌與皇后蕭觀音感情很好。一次，道宗耶律查剌率領宗室親貴、文武百官到伏虎林圍獵，圍獵途中，道宗耶律查剌見旌旗蔽日、軍容整肅，便請皇后蕭觀音以此盛況為題即興賦詩。皇后蕭觀音口占一絕，即興作《伏虎林應制》一詩，詩曰：「威風萬里壓南邦，東去能翻鴨綠江。靈怪大千俱破膽，哪教猛虎不投降。」眾人聽罷無不稱讚。第二天圍獵時，道宗耶律查剌馬前突然竄出一隻猛虎，危急時刻，道宗想到昨日皇后蕭觀音的詩作，毫無懼色地彎弓搭箭，一箭射死猛虎。隨後，道宗耶律查剌自豪地對百官說道：「朕射得此虎，可謂無愧於皇后的詩！」皇后賦詩、道宗射虎的故事，一時傳為佳話。除了《伏虎林應制》一詩之外，皇后蕭觀音還曾即興作有《君臣同志華夷同風應制》一詩，詩曰：「虞廷開盛軌，王會合奇琛。到處承天意，皆同捧日心。文章通穀蠡，聲教薄雞林。大宇看交泰，應知無古今。」以此歌頌皇帝天威、歌頌契丹帝國的盛世景象。

史籍中明確記載，道宗共一子三女，均為皇后蕭觀音所生，他們分別是皇太子耶律耶魯斡、長女耶律撒葛只、次女耶律糺里、三女耶律特里。耶律耶魯斡生於一〇五八年，出生後深得道宗耶律查剌喜愛。一〇六二年，時年四歲的耶律耶魯斡就被冊封為梁王；一〇六四年，時年六歲的耶律耶魯斡被冊立為皇太子；一〇七五年，道宗耶律查剌詔令時年十七歲的皇太子耶律耶魯斡兼管北、南樞密院事，輔佐自己處理政務。

皇太子耶律耶魯斡兼管北、南樞密院事，大大觸及了耶律乙辛一黨的權位和既得利益，於是，耶律乙辛決定先扳倒耶律耶魯斡的生母皇后蕭觀音，再剷除皇太子耶律耶魯斡。道宗耶律查剌癡迷於圍獵，常常因圍獵而耽誤朝政，皇后蕭觀音見狀，時常對丈夫加以勸諫，使得道宗耶律查剌漸漸心生不快。耶律乙辛在宮中安插耳目，得知此事後，便在道宗耶律查剌面前挑唆，以尚武傳統是契丹的立國之本為藉口，詆毀皇后「忘本」、「捨本」。聽信了耶律乙辛的讒言，道宗耶律查剌漸漸疏遠皇后蕭觀音。皇后蕭觀音因而十分傷心，於是寫下《回心院》十首，表達自己失寵後的心境，希望丈夫耶律查剌能幡然醒悟、夫妻重歸於好。《回心院》寫成後，皇后蕭觀音召來宮廷樂師幫助自己譜曲。耶律乙辛得知後，便借機大做文章，掀起冤獄。

皇后蕭觀音宮中有一名婢女，名叫單登，她原本是皇太叔耶律孛吉只府上婢女，「太叔之亂」後，被收入宮中。單登會彈箏，道宗耶律查剌曾召單登彈箏，很可能有寵幸她的想法，皇后蕭觀音得知後，向道宗耶律查剌進言：「單登原本是叛臣家的婢女，難保她不會像春秋時的豫讓那樣為主報仇，陛下不可過於親近她。」豫讓是春秋時代晉國正卿智伯瑤的家臣，智伯瑤被仇家所殺之後，豫讓用黑漆塗滿全身，吞下炭使自己變啞，隱藏身分為主報仇，留下了「士為知己者死」的名言。皇后蕭觀音借用這一典故勸諫道宗耶律查剌，耶律查剌覺得皇后所言有理，從此再也沒有召單登彈箏，單登也因此對皇后懷恨在心。單登的妹妹清子與耶律乙辛有染，因此單登與耶律乙辛勾結，合謀陷害皇后蕭觀音。

耶律乙辛命人創作出十首淫詞豔曲，名為《十香詞》。單登拿著《十香詞》給皇后蕭觀音看，誆騙蕭觀音說是宋朝皇后所作，請蕭觀音手書抄寫。單登慫恿皇后蕭觀音道：「宋朝皇后的詞，配上契丹皇后的字，堪稱詞書雙絕！」皇后蕭觀音不知是計，於是親筆將《十香詞》抄寫在彩絹上，隨後又即興寫下自己創作的《懷古》一詩，詩曰：「宮中只數趙家妝，敗雨殘雲誤漢王。惟有知情一片月，會窺飛燕入昭陽。」這首詩本意是表達對漢代趙飛燕失寵的同情，藉以抒發自己失寵的憂鬱心情。不料，皇后蕭觀音的這首詩被耶律乙辛一黨利用。皇后的宮廷樂師中恰好有一位名叫趙惟一的樂師，耶律乙辛指使單登將皇后蕭觀音手抄的《十香詞》，與所作的《懷古》一詩呈給道宗耶律查剌，以《懷古》詩中藏有「趙」、「惟」、「一」為藉口，誣告皇后蕭觀音與樂師趙惟一有染。道宗耶律查剌大怒，召皇后蕭觀音前來質問，還沒等蕭觀音答話，盛怒之下的道宗耶律查剌隨手抓起鐵骨朵擊打蕭觀音，導致蕭觀音差點當場殞命。道宗耶律查剌命耶律乙辛、張孝傑二人徹查此案，耶律乙辛、張孝傑二人將趙惟一、高長命等幾位宮廷樂師逮捕，嚴刑拷打，致使趙惟一等人屈打成招。一〇七五年農曆十一月初三，耶律乙辛將定案結果呈報給道宗耶律查剌，道宗即刻下詔，令皇后蕭觀音自縊，趙惟一被凌遲處死，高長命等其餘涉案人員也大多被處以死刑。皇后蕭觀音臨終前，要求見道宗耶律查剌最後一面，道宗不允，年僅三十六歲的皇后蕭觀音含恨自縊而死。這一事件史稱「十香詞案」，是契丹帝國歷史上的著名冤案。

皇后蕭觀音含冤而死，令當時人們以及後世均對她的悲慘命運給予莫大同情。時任樞密副使的蕭惟信就當面怒斥耶律乙辛、張孝傑二人誣陷皇后的行為，道宗不聽。「清詞三大家」中的朱彝尊和納蘭性德二人，均有相關詞作：朱彝尊作《詠蕭觀音》、納蘭性德作《齊天樂・洗妝台懷舊》，以表達對皇后蕭觀音的同情和憐憫。

皇后蕭觀音死後的第二年，即一〇七六年，在耶律乙辛的支持下，蕭觀音長女耶律撒葛只的駙馬、耶律乙辛的同黨蕭霞抹，將自己的妹妹蕭坦思送入宮中，她成為道宗耶律查剌的第二任皇后。耶律撒葛只因自己的丈夫蕭霞抹與耶律乙辛狼狽為奸、陷害自己的母親而悲憤欲絕，不久後鬱鬱而終。駙馬蕭霞抹追悔莫及，在痛失愛妻數月之後也抑鬱而亡。蕭坦思被冊立為皇后的第二年，即一〇七七年，護衛蕭忽古為蕭觀音鳴冤，謀劃刺殺耶律乙辛，結果事情敗露，被捕入獄。耶律乙辛借題發揮，指使同黨蕭訛都斡等人誣告蕭忽古與都宮使耶律撒剌、知院蕭速撒等人串通，計畫弒殺道宗、擁立皇太子耶律耶魯斡登基。道宗耶律查剌命宗室耶律燕哥審訊太子耶律耶魯斡，耶律耶魯斡辯駁道：「我身為皇太子，是未來帝位的繼承者，怎麼可能再謀求弒君篡位的事情呢？你應當代我稟明父皇！」耶律燕哥受到耶律乙辛指使，並沒有將太子的話轉告給道宗，反而向道宗稱皇太子已招認篡位的計畫。道宗耶律查剌大怒，將太子耶律耶魯斡廢為庶人，幽禁於上京。皇后蕭觀音的次女耶律糾里的駙馬蕭撻不也素來與太子耶律耶魯斡親近，因而在此案中被冤殺。同年農曆十一月，耶律乙辛派遣蕭達魯古、蕭撒八二人將年僅二十歲的耶律耶魯斡祕密殺害，並指使自己的同黨、上京留守蕭撻得向道宗謊報，稱太子因病去世。道宗耶律查剌失去獨子，不禁悲從中來，下詔將太子耶律耶魯斡葬於龍門山，並傳旨召見太子妃蕭氏前來打算詢問太子死因。耶律乙辛怕暗殺太子一事敗露，於是派人先行暗殺了太子妃蕭氏。

太子耶律耶魯斡夫婦遇害時，僅留下兩歲的獨子耶律阿果（漢語名耶律延禧），是道宗耶律查剌僅有的皇孫。耶律乙辛害死皇后蕭觀音、太子耶律耶魯斡夫婦之後，便謀劃害死皇孫耶律阿果。一〇七九年正月，道宗耶律查剌將要外出圍獵，耶律乙辛上奏，以皇孫年幼為由，請道宗將皇孫留在京城。道宗剛想批准耶律乙辛所奏，同知點檢蕭兀納連忙進言道：「皇孫年幼，獨自留在京城恐怕遭遇意外。如果陛下聽從乙辛的意見，一定要將皇孫留下，那請准許臣一同留下，陪侍皇孫左右，以防意外。」道宗聽罷，不由得對耶律乙辛有所懷疑，因而駁回耶律乙辛的奏請，帶上皇孫耶律阿果一同前往獵場。

自此之後，道宗耶律查剌漸漸醒悟，暗中觀察耶律乙辛的舉動。一次，道宗巡視北方，大隊人馬將要抵達黑山附近時，忽然察覺到隨從官吏大多殷勤地跟在耶律乙辛身後，於是開始想方設法削弱耶律乙辛手中的實權。道宗先將耶律乙辛外派到地方上去任職，趁他不在朝中之機，貶謫、罷免他在朝中的部分黨羽。一〇八一年，道宗耶律查剌查出耶律乙辛為了牟取暴利，販賣禁物給宋朝，於是以此為由，將耶律乙辛逮捕，施以杖責之刑，並拘禁於來州。一〇八三年，道宗又查出耶律乙辛暗中聯絡同黨，企圖逃亡宋朝，於是下詔，將耶律乙辛縊死，並為耶律乙辛一手釀

契丹水晶包金舍利棺

成的冤假錯案平反。

一一〇一年農曆正月十三日，七十歲高齡的道宗耶律查剌駕崩，皇孫耶律阿果即位，群臣上尊號「天祚皇帝」，史稱「遼天祚帝」。天祚帝耶律阿果繼位後，追諡祖母蕭觀音為宣懿皇后，追尊父親耶律耶魯斡為大孝順聖皇帝、廟號順宗，追諡母親蕭氏為貞順皇后，並將耶律乙辛、張孝傑等人開棺戮屍。契丹帝國「第一奸臣」耶律乙辛雖然受到了應有的懲罰，但他總攬朝政期間倒行逆施，釀成「十香詞案」等冤假錯案，導致了契丹帝國政局崩壞，為日後帝國的覆滅埋下了禍根。

## 頭魚之宴：女真的崛起與建國

道宗耶律查剌在位四十六年，經歷了太叔之亂、耶律乙辛亂政等動盪，致使政局崩壞，契丹帝國由盛轉衰。一一〇一年，道宗耶律查剌駕崩，其孫耶律阿果即位，史稱「遼天祚帝」。與祖父耶律查剌一樣，天祚帝耶律阿果酷愛圍獵，不理朝政，致使本就衰落的契丹帝國走向覆亡。十二世紀初，契丹帝國東北邊陲的女真人崛起，最終滅亡了曾經盛極一時的契丹帝國。

女真即今天的滿族。關於女真族源，《金史》中記載：「金之先，出靺鞨氏。靺鞨本號勿吉。勿吉，古肅慎地也」。「女真」是契丹人對這一族群的稱謂。遼興宗耶律只骨即位後，因耶律只骨的漢語名為「耶律宗真」，為避皇帝名諱，「女真」在漢文典籍中就被寫作「女直」。契丹帝國時期，女真人在今天中國東北地區分布廣泛。從鴨綠江、長白山一帶一直到黑龍江流域，分布著女真各部。契丹人將女真人分為「熟女真」和「生女真」，將南部被契丹帝國登記在冊、入籍於契丹的女真部落統稱為「熟女真」；將北部未入籍的女真部落統稱為「生女真」。女真人生活的地區盛產人參、貂皮、名馬、北珠、俊鷹、蜜蠟、麻布等，需定期、定量進貢給契丹皇室。契丹官吏和商人常以索貢為名，到榷場中用很低的價格強購上述特產，然後轉運到內地和宋朝邊境高價出售，從中賺取高額差價。契丹官吏和奸商甚至將這種利用特權賤買貴賣的行為戲稱為「打女真」。

天祚帝耶律阿果酷愛打獵，女真人生活的地區盛產一種用於打獵的大型猛禽，名為「海東青」，被女真人稱為「萬鷹之神」。甚至在明朝時，《本草綱目》對海東青也有記載：「雕出遼東，最俊者謂之海東青。」天祚帝耶律阿果經常派遣使者去女真部落中索取海東青作為貢品，這些使者佩戴皇帝頒發的銀牌，因此被稱為「銀牌天使」。契丹帝國的「銀牌天使」們借索取海東青為名，在女真部落中勒索財物、搶男霸女，甚至要求女真人提供妙齡女子侍寢，引起女真人的普遍仇視。

一一一二年春，天祚帝耶律阿果到春州視察「生女真」各部落。適逢東北地區春捕時節，即女真人每年開春第一次鑿冰捕魚的季節，天祚帝應邀參加當地的「頭魚宴」，即為慶賀開春第一次捕魚舉行的宴會。頭魚宴上酒酣之際，天祚帝耶律阿果一時興起，令女真各部落酋長跳舞助興。北方民族原本能歌善舞，又逢盛宴，女真各部落酋長領命紛紛起舞，不料只有完顏部酋長完顏阿骨打端坐不動，推辭說不會跳舞。天祚帝再三命令他跳舞，完顏阿骨打始終以不會跳舞來推辭，天祚帝只好作罷。過了幾天，天祚帝想起這件事情，就對國舅、樞密使蕭奉先說：「前幾天宴會上，我見阿骨打意氣雄豪、端坐正視，這個人實在非同尋常，可以藉口編事誅殺他，以免留有後患！」蕭奉先答道：「阿骨打是個粗人，不知禮儀，不必理會！況且他又沒有什麼大錯，如果殺了他，恐怕會損害各部落對朝廷的仰慕、歸化之心！即使他真有異心，一個處於彈丸之地的小部落，又能有什麼作為呢！」天祚帝耶律阿果聽信了蕭奉先的話，於是作罷。

頭魚宴之後，女真人上書契丹朝廷，請求冊封完顏阿骨打承襲「生女真諸部節度使」（為避遼興宗漢語名耶律宗真之諱，契丹官方的漢文檔寫作「生女直諸部節度使」）一職，天祚帝耶律阿果由於癡迷圍獵、怠於朝政，因而沒有及時予以答覆。完顏阿骨打遲遲沒有收到回信，誤以為是因頭魚宴上拒絕跳舞而得罪了天祚帝耶律阿果，進而誤判天祚帝一定會處置自己，因此決定先下手為強，毅然起兵反叛契丹帝國。

一一一四年，完顏阿骨打召集女真各部落共兩千五百人，會師於淶流河（今松花江支流拉林河）。這一年農曆九月，完顏阿骨打率軍攻克契丹帝國控制女真各部的前哨重鎮寧江州，正式拉開了女真人反抗契丹帝國戰爭的序幕。

寧江州失守的消息傳到契丹朝廷，天祚帝耶律阿果命令都統蕭糺里、副都統蕭撻不野率領步騎兵十萬人圍剿女真人。女真人占領寧江州的一個月後，即一一一四年農曆十月，完顏阿骨打率軍三千七百人到達鴨子河畔出河店一帶紮營，與契丹軍前鋒蕭嗣先所部七千人隔河對峙。當晚，完顏阿骨打就寢不久便突然起身，急忙集合全軍將士。他對全軍將士說道：「我剛剛在夢中聽到有人敲我額頭，很急促地一連敲了三次，將我敲醒，想必是神靈示警，敦促我軍速戰。」於是，完顏阿骨打率領全軍連夜搶渡鴨子河，向河對岸的契丹帝國前鋒部隊發起總攻，契丹軍大敗，女真人乘勝追擊，奪取了契丹帝國的賓州、祥州、鹹州三州，繳獲金銀、車馬、兵器、甲帳無數。這場戰役史稱「出河店之戰」。

一一一五年正月，完顏阿骨打正式稱帝。完顏阿骨打對群臣說：「契丹（遼）以鑌鐵為號，取其堅也。鑌鐵雖堅，終亦變壞，唯金不變不壞。」因此定國號為「大金」，女真語「諳班按春」。完顏阿骨打就是金太祖。金太祖完顏阿骨打建國後，大量吸收契丹帝國和宋朝的制度文明，並結合女真人自身的傳統，建立了一系列國家制度。

完顏阿骨打首先在中央確立「勃極烈制」。「勃極烈」又寫作「孛堇」，是「首領、大人」之意，中原史籍中有時寫作「郎君」或「郎主」，十七世紀初大清帝國建立後，將其寫作「貝勒」。勃極烈制是一種以少數高級核心官員共同議政的形式，決定國家大政方針的制度，皇帝的權力受到各位高級核心官員的牽制，一定程度上類似集體領導制。勃極烈制既在一定程度上延續了北方遊牧漁獵民族的軍事民主制傳統，又結合了當時女真金國的現實狀況，充分考慮皇室血親家族各支的利益分配。完顏阿骨打確定了第一批五大勃極烈的人選：完顏阿骨打本人為都勃極烈，即皇帝、可汗；完顏阿骨打的同母四弟完顏吳乞買為諳班勃極烈（女真語「諳班」意為「大的」），相當於儲君、皇位繼承人；完顏阿骨打的堂兄完顏撒改為國論勃極烈（女真語「國論」意為「國家」），相當於國相；完顏阿骨打的堂叔完顏辭不失為國論阿買勃極烈（女真語「阿買」意為「一」），即國相的第一助手，主管軍隊；完顏阿骨打的同母五弟完顏斜也為國論昃勃極烈（女真語「昃」意為「二」），即國相的第二助手，主管行政。數月後，完顏阿骨打取消自己的「都勃極烈」頭銜，加入叔父完顏阿離合懣為國論移賚勃極烈（女真語「移賚」意為「三」），即國相的第三助手，主管外交。

在軍事和社會組織形式上，完顏阿骨打發展完善了猛安謀克制。「猛安」相當於千戶長，「謀克」相當於百戶長，三百戶為一「謀克」，十「謀克」為一「猛安」。女真人入主中原之後，將「猛安」一職的級別等同於知州，將「謀克」一職的級別等同於知縣。猛安謀克制在一定程度上打亂了女真社會原有的血緣氏族組織形式，按戶的數量來組織社會關係，促進女真社會由原始氏族社會向國家過渡；同時，猛安謀克制在一定程度上也保存了女真社會原有的血緣氏族組織形式，劃分「猛安」、「謀克」所轄人口時，儘量考慮將同一血緣氏族的人口編進同一「猛安」、「謀克」，維護了女真傳統社會組織中，貴族階層的利益，使得女真社會在戰爭時代不至於產生較大的震動。完顏阿骨打對猛安謀克制的發展完善，其總原則是適應女真金國擴張戰爭的現實需要。猛安謀克制的實行和完善，使得女真人「出則為兵、入則為民」，大大增強了女真人的戰鬥力和生產力。隨著女真金國疆域的不斷擴大，歸附的渤海人、漢人、奚人、契丹人等人口不斷增加，女真金國承襲了契丹帝國的一國多制、因俗而治的政策，將歸附的奚人、契丹人等遊牧漁獵民族編入猛安謀克制下的社會組織進行管理，對歸附的渤海人、漢人等農耕民族，仍採用原來的州縣制度管理。

完顏阿骨打仿效契丹帝國開國君主，耶律阿保機取漢名的做法，給自己和兄弟子侄都取了漢語名字。完顏阿骨打給自己取漢語名字為完顏旻，給弟弟、繼承人諳班勃極烈完顏吳乞買取漢語名字為完顏晟，給自己的庶長子完顏斡本取漢語名字為完顏宗幹，給自己的次子、嫡長子完顏繩果取漢語名字為完顏宗峻，給弟弟完顏吳乞買的長子，完顏蒲魯虎取漢語名字為完顏宗磐。自此，女真金國歷代君主、宗室諸王都有女真語名字和漢語名字。

一一一九年，完顏阿骨打命宗室完顏希尹創制女真文字。完顏希尹先使用根據漢字製成的契丹文字來拼寫女真語，後逐漸發明女真文字。完顏希尹等女真族學者們借鑒契丹大字和契丹小字的創立方法，先創制了女真大字，於

女真人的銅鏡（背面）

一一一九年頒布施行。因創制女真文字，完顏希尹被譽為「女真倉頡」。後來在實際應用中，女真學者們逐漸創制了女真小字，於一一三八年金熙宗完顏合剌（漢語名完顏亶）在位時頒布施行。

在創立各項國家制度的同時，完顏阿骨打在軍事上對契丹帝國發起一系列進攻，最終完成了對契丹帝國東部腹心地帶的吞併，取代了契丹帝國在東亞的霸權地位。

## 遼金角逐：從護步達岡之戰到四京陷落

東北邊陲女真金國的建立，對契丹帝國構成了巨大的威脅。女真人戰鬥力極強，當時流傳著「女真不滿萬，滿萬不可敵」的說法，意為女真人如果兵力達到萬人以上，便可無敵於天下。一一一四年的出河店之戰，拉開了女真金國與契丹帝國激烈角逐的序幕。此後，從護步達岡之戰到四京陷落，契丹帝國在與女真金國的戰爭中失敗，對契丹民族乃至整個東亞世界產生了巨大影響。

女真金國建立後，完顏阿骨打所要進攻的第一座契丹帝國城池就是黃龍府（今吉林省農安縣）。黃龍府最早建於西元四世紀，是當時扶餘（古代北方民族）的王城，契丹帝國時是東北地區重要的經濟、政治、軍事中心，帝國府庫之一也在黃龍府。聖宗耶律文殊奴在位時，契丹帝國在黃龍府修建了農安塔，是當時東北地區著名的佛塔。黃龍府城高池深、城防設施完善，倘若強攻，很難取勝。於是，完顏阿骨打採納女真金國著名的常勝將軍完顏斡里衍（漢語名完顏婁室）的計策：圍點打援。完顏阿骨打率軍對黃龍府圍而不攻，長達數月之久。這期間，女真軍掃清周邊，切斷黃龍府的糧道和水源，並以逸待勞，擊潰契丹援軍。最後，完顏阿骨打準確把握戰機，趁黃龍府糧盡援絕之際，於一一一五年一舉攻陷黃龍府，契丹守將耶律寧僅率數騎逃脫。

女真金國攻占黃龍府的消息傳到契丹朝廷，天祚帝耶律阿果十分震怒。就在黃龍府失陷的同一年，天祚帝耶律阿果率軍十萬御駕親征，對外號稱七十萬，當時女真金國只有不足兩萬兵力。為鼓舞士氣，完顏阿骨打割破面頰，流著淚對眾將士說：「我帶領大家起兵造反，是為了我們女真人能夠不再受契丹的欺壓！契丹皇帝不肯容我，親自率軍來攻打我們，你們現在有兩條路——一是跟隨我拼死一戰，二是把我抓起來獻給契丹皇帝，殺我一家，投降契丹，或許能躲過這場災難。」眾將士聽後，紛紛流著淚向完顏阿骨打跪拜，異口同聲地稱願跟隨完顏阿骨打一同與契丹決一死戰。完顏阿骨打於是集合全軍奔赴前線，搶先占據有利地形，修築防禦工事待戰。

一一一五年農曆十二月初，天祚帝耶律阿果抵達前線，投入全部兵力對女真軍發起猛烈進攻，決心一戰消滅新生的女真金國。契丹軍依仗人多勢眾，夜以繼日攻打，不給女真人以任何喘息時間。不料天不遂人願，兩軍激戰正酣之際，契丹軍禦營副都統耶律章奴突然率領麾下精銳騎兵脫離戰場，向上京疾馳而去，致使契丹軍心不穩。天祚帝耶律阿果忙派人探查，才得知耶律章奴與留守上京的皇叔魏王耶律涅里（漢語名耶律淳）的妻兄蕭敵里、外甥蕭延留密謀要擁立耶律涅里稱帝，於是在繼續進軍圍剿女真和回師平定叛亂之間搖擺不定，致使契丹軍進攻暫緩，給了女真人喘息之機。耶律章奴回到上京後，皇叔耶律涅里拒絕謀反，並將蕭敵里、蕭延留斬首，派人將二人首級火速送往前線天祚帝耶律阿果處。耶律章奴見狀，率軍在上京大肆搶掠一番，盡奪府庫財物逃到祖州、慶州一帶，糾集數萬人舉旗叛亂，並向上京發起進攻。天祚帝耶律阿果無奈之下只得回師救援上京，完顏阿骨打率領全軍緊追不捨，兩軍在護步達岡決戰，契丹軍全軍覆沒，天祚帝耶律阿果在護軍的保護下，一晝夜疾行五百多里，才得以逃出生天。這場戰役史稱「護步達岡之戰」，是決定契丹帝國和女真金國命運的決戰。護步達岡之戰後，契丹帝國再也組織不起對女真人的大規模圍剿，女真金國在軍事上占據主動，轉守為攻。

一一一六年，即護步達岡之戰後的第二年，女真軍攻陷契丹帝國東京遼陽府。到一一一九年，天祚帝耶律阿果只好嘗試議和，遣使冊封完顏阿骨打為「東懷國皇帝」，正式承認金朝，希望與金朝劃地而治。完顏阿骨打深知契丹帝國雖然軍事上屢戰屢敗，但畢竟立國兩百多年，國土廣袤、人口眾多，而女真金國雖然屢戰屢勝，但畢竟只是占有東北一隅之地，如果雙方罷兵，契丹帝國就有了恢復生機的時間。於是，完顏阿骨打斷然拒絕契丹帝國的議和，對部將說：「契丹屢屢戰敗，現在遣使求和，只是緩兵之計，我們應當速速進討。」一一二〇年春，完顏阿骨打率軍攻打契丹帝國上京臨潢府。女真軍拂曉發起總攻，不到正午就攻陷了上京，契丹帝國上京留守撻不野投降，天祚帝耶律阿果逃往中京。

就在女真軍步步緊逼之時，契丹帝國內部又圍繞帝位繼承問題爆發了宮廷鬥爭。

在天祚帝耶律阿果後宮中，文妃蕭瑟瑟最受天祚帝寵愛。蕭瑟瑟家中有姐妹三人，姐姐嫁給宗室耶律撻葛，妹妹嫁給副都統耶律余睹。早在一一〇一年，即天祚帝剛即位的那一年，天祚帝有一天打獵回來，途經耶律撻葛府邸，一時興起，進府做客，恰好遇見了來看望姐姐的蕭瑟瑟。天祚帝被蕭瑟瑟的容貌和氣質所吸引，將她帶回宮中。蕭瑟瑟入宮數月仍未有正式封號，天祚帝的叔爺、道宗耶律查剌的同母弟耶律和魯斡得知後，向天祚帝進言，勸天祚帝依禮制選聘，天祚帝這才正式冊封蕭瑟瑟為文妃。文妃蕭瑟瑟為天祚帝生有一子一女，分別是兒子耶律敖盧斡和女兒耶律余里衍。由於母親蕭瑟瑟得寵，耶律敖盧斡在大約三歲時就被冊封為晉王。晉王耶律敖盧斡為人寬厚善良，一次，耶律敖盧斡在宮中看到內侍茶剌正在偏殿偷偷看書，當時宮中規定不准內侍讀書，耶律敖盧斡見遠處有人走來，於是搶過茶剌的書假裝自己正在讀。待來人走後，耶律敖盧斡偷偷將書還給茶剌，還囑咐他以後讀書時小心不要被人發現。漸漸地，耶律敖盧斡在眾人心目中頗有人望。

耶律敖盧斡深得人心，無形中觸動了樞密使蕭奉先一家的利益。樞密使蕭奉先有兩個妹妹，均選入宮中，年齡稍長的蕭奪里懶被冊立為皇后，年齡稍小的蕭貴哥被冊封為元妃。元妃蕭貴哥為天祚帝耶律阿果生有三子三女，分別是天祚帝的次子耶律雅里（後封為梁王）、第五子耶律定（後封為秦王）、第六子耶律寧（後封為許王）以及天祚帝的第四女耶律斡里衍、第五女耶律大奧野、第六女耶律次奧野。皇后蕭奪里懶和元妃蕭貴哥二人均為人寬和、性格沉靜寡言，上京失陷後，姐妹二人隨天祚帝耶律阿果逃到西京，到達西京不久之後，姐妹二人均因病去世。她們的兄長、樞密使蕭奉先為人狡詐，完全不像兩個妹妹一樣寬和，蕭奉先看到兩個妹妹去世、文妃蕭瑟瑟母子受寵，怕將來文妃之子晉王耶律敖盧斡會威脅到自己外甥的帝位繼承權，於是千方百計地謀害文妃蕭瑟瑟、晉王耶律敖盧斡母子。文妃蕭瑟瑟看到契丹帝國江河日下，丈夫天祚帝因沉迷狩獵而怠於朝政，時而作歌諷諫天祚帝，其中有兩首歌流傳於世，其一曰：「勿嗟塞上兮暗紅塵，勿傷多難兮畏夷人。不如塞奸邪之路兮，選取賢臣。直須臥薪嚐膽兮，激壯士之捐身。可以朝清漠北兮，夕枕燕雲。」其二曰：「丞相來朝兮劍佩鳴，千官側目兮寂無聲。養成外患兮嗟何及，禍盡忠臣兮罰不明。親戚並居兮藩屏位，私門潛畜兮爪牙兵。可憐往代兮秦天子，猶向宮中兮望太平！」天祚帝耶律阿果讀罷，本就心生不快，蕭奉先抓住時機在一旁挑唆，致使天祚帝漸漸疏遠了文妃蕭瑟瑟。一一二一年農曆正月，蕭奉先抓住前線兵敗的時機，聯合同黨誣陷文妃蕭瑟瑟與姐夫耶律撻葛、妹夫耶律余睹串通謀反，伺機逼天祚帝退位，擁立晉王耶律敖盧斡為帝。天祚帝耶律阿果不經調查，就下旨將文妃蕭瑟瑟及其姐夫耶律撻葛一家、妹夫耶律余睹一家賜死。文妃蕭瑟瑟的悲慘命運，獲得了後世的廣泛同情。清代學者謝蘊山曾寫有兩首詩來追思文妃蕭瑟瑟，其一曰：「洗妝樓旁舊蓮池，金縷香殘補十眉。諫獵一書陳永巷，霜飛白練結相思。」其二曰：「瑟瑟傷時憫直臣，燕雲夕枕暗紅塵。白頭宮監談遺事，芳草萋萋廢苑春。」

文妃蕭瑟瑟的妹夫耶律余睹因在外征戰，得到消息後為免遭陷害，率部下投降了金太祖完顏阿骨打。耶律余睹投降，使得女真金國瞭解到了很多關於契丹帝國的軍事、政治情報，更使得契丹帝國雪上加霜。耶律余睹被金太祖完顏阿骨打任命為先鋒，攻打契丹帝國州縣，蕭奉先又向天祚帝耶律阿果進讒言道：「余睹也是契丹貴族，一定沒有滅亡我朝之心，他所圖的，無非是率軍擁立自己的外甥、晉王敖盧斡為帝。陛下如果能夠捨棄一子，賜死晉王，余睹的希望落空，也就不戰自退了。」昏聵的天祚帝耶律阿果竟真的聽信了蕭奉先的讒言，下詔賜死晉王耶律敖盧斡。有人將這一消息事先密告晉王耶律敖盧斡，耶律敖盧斡左右侍從勸他趕快逃走，耶律敖盧斡斷然拒絕道：「我怎能為了保全自己卑微的性命，而喪失掉作為臣子的大節？」於是，晉王耶律敖盧斡被縊死，年僅二十歲。

在契丹帝國與女真金國的角逐中，契丹帝國不僅在軍事上屢屢敗績，而且由於內部權力鬥爭，在政治上也落於下風。文妃蕭瑟瑟母子遇害、耶律余睹投降女真金

契丹文錢幣

國的第二年，即一一二二年，女真軍攻占了契丹帝國的中京大定府。同年，女真軍攻占了契丹帝國的西京大同府，天祚帝耶律阿果逃入夾山。天祚帝放棄西京、逃亡夾山之前，終於有所醒悟，於是在臨行前對樞密使蕭奉先說：「都是你誤朕，才使得朕走到今天這步田地，就算殺掉你又有什麼益處？你走吧，不要再跟隨朕了！你如果跟著朕，萬一將士們對你憤恨惱怒，半路鬧出什麼亂子，必然連累於我！」天祚帝走後，蕭奉先逃出西京，被女真軍俘虜。女真人殺死蕭奉先的長子蕭昂，並押送蕭奉先及其次子蕭昱去見完顏阿骨打。押送途中，蕭奉先、蕭昱父子被契丹兵救下，送到遼天祚帝耶律阿果面前，天祚帝剛從西京逃出不久，見到蕭奉先不由得心生憤恨，下旨將蕭奉先、蕭昱父子誅殺。蕭奉先一黨雖然最終被天祚帝耶律阿果剷除，但他們把持朝政期間屢次掀起冤獄、殘害忠良，給整個契丹帝國帶來了莫大的災難，導致契丹帝國在與女真金國的角逐中，無論軍事上還是政治上均落於下風，進而促使契丹帝國滑向崩潰和覆滅的深淵。

至女真軍攻占西京為止，契丹帝國五京中的四京已悉數被女真金國占領，女真騎兵勒馬陰山，只等盟友宋朝前來奪取契丹帝國的南京析津府。

## 海上之盟：宋金夾擊下的契丹帝國

從護步達岡之戰到契丹帝國東京、上京、中京、西京相繼陷落，契丹帝國的東部半壁江山幾乎均被女真金國占據。契丹帝國五京中僅剩南京還沒有被攻陷，一一二二年，女真軍占領契丹帝國西京之後，勒馬陰山，按約等待盟友宋朝前來攻占契丹帝國的南京。

女真金國在對契丹帝國作戰的同時，積極與契丹帝國南面的宋朝聯絡，相約夾攻契丹帝國。早在一一一一年，宋朝的徽宗皇帝趙佶派遣鄭允中、童貫出使契丹帝國，出生於燕雲十六州的契丹大臣馬植，趁機深夜拜訪宋朝的樞密使童貫，獻上聯合女真人消滅契丹帝國的計策，童貫出使回朝後，將馬植的計策報告給宋徽宗，宋徽宗大為讚賞。此後，宋徽宗多次遣使從山東半島渡海到遼東半島聯絡女真人，女真人亦數次遣使到宋朝商議滅亡契丹帝國之策。一一二〇年，宋徽宗趙佶再次遣使從山東半島渡海到遼東半島，與新生的女真金國簽訂「海上之盟」。雙方約定夾攻契丹帝國，待契丹帝國滅亡後，宋朝將每年給契丹的五十萬「歲幣」轉贈給女真金國，金國答應宋朝收回燕雲十六州。根據協定，契丹帝國的南京析津府（即幽州）由宋朝軍隊來攻取。

宋徽宗趙佶與金太祖完顏阿骨打簽訂「海上之盟」前後，宋朝朝廷中就不斷有反對聲音，高麗國王甚至遣使專程到達宋朝首都汴京，提醒宋徽宗道：「遼宋為兄弟之國，存之可以安邊；金為虎狼之國，不可交也！」宋朝使臣渡海跋涉、見到金太祖完顏阿骨時，女真軍正在攻打契丹帝國的上京，宋朝使臣目睹了契丹帝國上京僅約半天時間就淪陷的慘景，更是見識了女真軍隊的強大戰鬥力。當時就有出使女真金國的宋朝大臣向宋徽宗彙報，稱女真人「人如虎，馬如龍，上山如猿，下水如獺」，勸諫宋徽宗不要小覷女真人的戰鬥力。但宋徽宗聽不進任何反對聲音，打著「念舊民塗炭之苦，復中國往昔之疆，成祖宗未盡之業」的旗號，執意出兵北上，進攻契丹帝國的南京。

在契丹帝國一方，天祚帝耶律阿果逃入夾山后，不見蹤影，留守南京析津府的契丹文武百官為挽救危局，於一一二二年在南京析津府擁立天祚帝耶律阿果的皇叔耶律涅里為帝，上尊號天錫皇帝。耶律涅里是興宗耶律只骨之孫、興宗次子耶律和魯斡之子，自幼由祖母宗天太后蕭撻里撫養。道宗耶律查剌的獨生子耶律耶魯斡被奸臣耶律乙辛害死後，道宗曾經一度想立侄子耶律涅里為皇位繼承人，因有皇孫耶律阿果在世，沒有選定耶律涅里。一一一五年，護步達岡之戰時，契丹軍禦營副都統耶律章奴私自率領本部人馬脫離戰場，奔回上京，欲擁立耶律涅里為帝，取代天祚帝耶律阿果，但耶律涅里拒絕謀反，致使耶律章奴等人計畫破產。天祚帝為表彰耶律涅里的忠心，晉封他為秦晉國王。一一二二年，女真金國攻占了契丹帝國五京中的四京，天祚帝耶律阿果逃入夾山，不知去向，南面的宋朝揮師來攻契丹帝國南京，值此危急時刻，留守南京的契丹文武百官及南京軍民一致推舉耶律涅里即位，以統率諸軍、安定民心。為了與傳統意義上的契丹帝國（遼朝）相區別，這個在契丹帝國南京析津府臨時建立起來的政權在歷史上被稱為「北遼」，天錫皇帝耶律涅里史稱「遼宣宗」，亦稱「北遼宣宗」。

耶律涅里登基僅一個月後，宋徽宗根據「海上之盟」，任命宦官童貫為宣撫使，率軍二十萬（一些史籍中記載為十五萬）來攻契丹帝國南京。童貫是宋徽宗年間著名奸臣，作為宋徽宗最為信任的宦官，童貫領樞密院事，掌握北宋軍權二十多年，權傾朝野。童貫與蔡京、王黼、梁師成、朱勔、李彥並稱「六賊」，時人稱呼宋朝宰相蔡京為「公相」，稱呼童貫為「媼相」，以示嘲諷，同時也反映出童貫權勢極大，能夠與宰相比肩。一一二二年，宋徽宗詔令童貫率軍攻打契丹帝國南京，童貫根本沒有領兵才能，故而萬分憂心。經手下幕僚建議，童貫決定嘗試「不戰而屈人之兵」，派遣有著出使女真金國經驗的馬擴出使契丹帝國，妄圖勸降耶律涅里和南京守軍。

馬擴字子充，狄道（今甘肅省定西市臨洮縣）人，一一一八年考取武舉。一一二〇年農曆九月，馬擴奉命出使女真金國。金太祖完顏阿骨打有意試探宋朝使者，於是邀請馬擴一同圍獵。圍獵前，金太祖完顏阿骨打暗中吩咐諸將，待獵物出現時，金國兵將不許射殺，一定要等馬擴、等宋朝使者先射。圍獵剛一開始，一隻黃獐突然竄出，女真金國將士還沒反應過來，馬擴縱馬上前，彎弓搭箭，一箭射死黃獐。金太祖完顏阿骨打連連稱讚，不僅賜予馬擴貂裘、錦袍、犀帶等七件禮物，而且賜予馬擴「也力麻立」稱號，女真語意為「善射者」。

馬擴率使團到達契丹帝國南京，耶律涅里詔令「林牙」（契丹官職，相當於翰林）耶律大石（漢語名耶律重德）與馬擴談判。耶律大石見到馬擴一行，便質問道：「自澶淵之盟後，兩國已通好百餘年，如今你們為什麼要背棄盟約，聯合女真人來攻打我們？」馬擴回避爭奪燕雲十六州這一實質目的，辯解道：「我們出兵並非應金人之約，而是貴朝天祚皇帝尚在，你們卻另立新君，故而我朝代天祚皇帝向爾等興師問罪！況且，金人已經奪取陰山以北之地，馬上就要來進攻燕地（指幽州一帶），為避免生靈塗炭，故而我朝發兵來救燕地。」耶律大石又質問道：「河西家（指西夏）屢次上表本朝皇帝，與本朝約定夾攻你們。本朝從未見利忘義，每次都將表章封存好，遣使送交貴朝。然而，貴朝如今僅因女真人的一句許諾，就要出兵攻打我朝，是何道理？」馬擴辯解道：「夏國（指西夏）雖然屢有不遜之言，但數十年來未曾侵占我朝寸土，金人則不同，故而大宋興兵，不僅是為救燕地，而且是為鞏固邊疆。」隨後，馬擴又陳明此次出使的目的是招降幽州百官，耶律大石見已無和談可能，便對馬擴說：「兩國交兵，不斬來使。本朝不會為難您，您吃過飯就可以回去，請您轉告您家主帥——欲和則仍舊和，不欲和則請出兵見陣，大暑熱，毋令諸軍徒苦！」

馬擴回營覆命，童貫見沒有招降的可能，便只好號令全軍進攻。耶律涅里任命耶律大石為南京最高軍事統帥，率領約兩萬契丹殘餘力量抵抗宋軍。一一二二年農曆五月底，楊可世率領的宋軍先鋒部隊在白溝河一帶與契丹軍遭遇，楊可世敗下陣來。恰逢宋軍主將种師道率領主力部隊趕到，於是宋軍重整旗鼓，再度向契丹軍發起進攻。展開進攻前，楊可世手持令旗率先到達兩軍陣前，意欲招降耶律大石。耶律大石將楊可世手中令旗斬斷，揮師迎戰宋軍。兩軍在蘭甸溝、白溝河一帶展開激戰，宋軍慘敗，幾乎全軍覆沒。种師道狼狽撤軍，楊可世在亂軍中跌下馬來，幸虧部將捨命相救，才得以生還。兵敗後，童貫將責任完全推給种師道，种師道因此被免職。

同年農曆六月二十四日，耶律涅里病故，終年六十歲，其妻德妃蕭普賢女攝政，遙尊遼天祚帝第五子，同樣不知去向的耶律定為帝。宋朝趁此時機，發兵十多萬再次來攻幽州，仍由宦官童貫擔任統帥。同時，宋朝起用西軍將領劉延慶為主將，取代种師道，協助童貫指揮全軍。宋軍計畫在幽州城外以主力軍牽制耶律大石率領的契丹主力軍，由契丹降將郭藥師率領六千騎兵偷襲幽州，待攻取幽州之後，內外夾擊，消滅耶律大石所部。開戰之初，郭藥師趁契丹軍防守空虛之機，率領騎兵攻進幽州外城。宋軍進城後，大肆燒殺搶掠，忽視了守衛城門。蕭普賢女一面組織城內守備部隊與宋軍展開巷戰，一面派人飛馬稟報耶律大石。耶律大石得到宋軍攻進幽州的消息後，率領騎兵迅速回援，收復了幽州外城，郭藥師僅率數百名騎兵逃出生天。此時，契丹將領蕭斡率領輕騎兵迂回到宋軍背後，切斷宋軍糧道。宋軍攻打幽州的前鋒部隊敗潰下來，糧道又被切斷，導致全軍軍心大亂。耶律大石命令各路兵馬趁勢發起總攻，宋軍不敵契丹軍攻勢，丟棄營地、輜重，四散奔逃，自相踩踏而死者、落水溺死者無數，又一次幾乎全軍覆沒。

契丹銅腰牌

宋軍實在無力攻打幽州，只得請求女真金國幫助。一一二二年末，完顏阿骨打親自率軍進攻幽州城。蕭普賢女五次上表女真金國，稱北遼願當女真金國的附屬國，均未得到金太祖完顏阿骨打應允。女真軍先鋒即將抵達幽州西北門戶居庸關之時，居庸關一帶發生山崩，駐守居庸關的契丹軍，或遇難、或逃亡，女真軍順利攻占了居庸關。耶律大石見幽州城無法堅守，於是建議蕭普賢女放棄幽州城，到夾山去尋找天祚帝耶律阿果。蕭普賢女見大勢已去，只得應允耶律大石所奏，在幽州城被女真軍攻陷前夕出逃，向西尋找天祚帝耶律阿果。蕭普賢女、耶律大石一行出逃後，女真軍攻占了契丹帝國南京，至此，契丹帝國的五京全部被女真金國攻占。

攻占幽州後，女真金國向宋朝索要一百萬貫贖城費，才肯將幽州等地移交宋朝。一一二三年農曆四月，女真金國將燕雲十六州中的幽州及其所屬九州中的西部六州二十四縣移交給宋朝，但這一地區大部分居民已被女真金國擄走，官倉民宅也大多被女真軍洗劫一空，宋朝得到的不過是「城市丘墟、狐狸穴處」。而契丹帝國一方，雖然兩次擊敗宋軍，但仍難逃喪失南京析津府的厄運。

## 天祚失國：帝國心腹地帶的喪失

到一一二二年末，契丹帝國五京皆失陷，整個帝國東部最為富庶的腹心地帶被女真金國吞併，躲在夾山深處的天祚帝耶律阿果只能作困獸之鬥，曾經的契丹帝國再無力回天，最終走向覆亡。

契丹帝國南京析津府被女真金國攻占前夕，耶律大石等人護衛蕭普賢女向西逃亡，去尋找藏匿於夾山中的天祚帝耶律阿果。經過艱難跋涉，耶律大石一行人終於找到了天祚帝，天祚帝首先以謀反罪處斬了蕭普賢女，將已經病故的耶律涅里貶為庶人、從宗室譜籍中除名，繼而要追究耶律大石參與另立皇帝之罪。耶律大石慷慨陳詞，為自己辯護：「陛下您不去抗擊敵人，反而拋棄了國家，遠遠逃遁到這裡，致使百官找不到主人，百姓深受戰亂之苦！我們即使擁立十位涅里為帝，也都是太祖的子孫，豈不是遠比投降敵人、去乞求敵人來寬宥性命要好？」耶律大石所言令天祚帝耶律阿果無言以對，天祚帝連忙賜給耶律大石酒食，並免其罪。耶律大石從此也獲得了天祚帝重用。此時，契丹帝國北部、西北部一些部落的援兵趕到夾山一帶，各地被女真軍打敗的散兵游勇也聚集起來。耶律大石建議天祚帝耶律阿果向西北方向撤退，「養兵待時」，徐圖東山再起。天祚帝經過連年敗仗、五京皆失陷，十分悲憤，斷然拒絕了耶律大石的諫言，決定全軍出夾山，與女真軍主力從速決戰，收復失地。天祚帝耶律阿果的冒進，使得自己和契丹帝國僅存的戰鬥力暴露在女真人面前。此時女真金國士氣正盛，天祚帝耶律阿果連遭敗仗，連耶律大石本人也一度被女真軍俘虜。

耶律大石被俘後，受盡折磨。女真軍將他綁在馬後拖行，以此來折磨、羞辱耶律大石。女真軍強迫耶律大石充當嚮導，帶領女真軍尋找天祚帝耶律阿果在夾山中的藏身之處。耶律大石被迫為女真人指路，金太祖完顏阿骨打的次子完顏斡離不率領一萬多輕騎兵，偷襲天祚帝耶律阿果在夾山中的青塚大營。恰好此時天祚帝耶律阿果外出，不在青塚大營，女真軍一舉俘獲了天祚帝耶律阿果的眾多後妃、子女以及宗室貴族、文武重臣。天祚帝的第五子秦王耶律定、第六子許王耶律寧以及次女耶律骨欲、第三女耶律余里衍、第四女耶律斡里衍、第五女耶律大奧野、第六女耶律次奧野均被女真人俘虜，只有天祚帝的次子梁王耶律雅里、長女耶律牙不里在亂軍中逃出生天。天祚帝耶律阿果外出歸來，見到青塚大營一片慘狀，氣憤至極，率領五千名騎兵追擊女真軍，結果被女真軍擊敗，幾乎全軍覆沒，天祚帝第四子趙王耶律習泥烈也被女真軍俘獲，天祚帝僅帶領數名親隨逃回夾山老營。

完顏斡離不大勝而歸，耶律大石因指路有功，受到女真人的優待。耶律大石被安排在完顏粘罕（漢語名完顏宗翰）帳下效力，完顏粘罕還賜予耶律大石一名女真女子為妻。耶律大石時時不忘逃出女真軍營，於是成功地說服了自己的女真妻子，掩護自己趁女真兵卒看守鬆懈之機逃脫。耶律大石逃回夾山，找到天祚帝耶律阿果。天祚帝對耶律大石曾為女真軍指路一事一無所知，見耶律大石歸來，非常高興，給予他豐厚賞賜。

一一二四年冬，天祚帝耶律阿果不顧耶律大石等人勸阻，率領各地聚攏來的殘餘部隊殺出夾山，南下武州（今山西省神池縣），試圖從女真金國手中收復山西州縣，卻被女真軍擊敗，幾乎全軍覆沒。天祚帝只好經天德軍（今內蒙古自治區呼和浩特市東）穿越沙漠，向西逃往西夏。逃亡路上，天祚帝一行斷糧缺水，只好靠冰雪充饑。一一二五年，天祚帝耶律阿果在逃往西夏的途中，被女真金國著名的常勝將軍完顏斡里衍率領的輕騎兵追上俘虜，押往金國上京會寧府（今黑龍江省阿城南）。據二十四史中的《遼史》記載，天祚帝耶律阿果被俘三年後，於一一二八年病逝。而在《大宋宣和遺事》中，卻記載了天祚帝之死的另一個版本：

契丹文哀冊

一一五六年，金國皇帝完顏亮舉行馬球比賽，命令天祚帝耶律阿果和靖康之變中被女真金國俘虜的宋欽宗趙桓一起參加。宋欽宗不習馬術，從馬上跌落下來被女真人亂馬踐踏而死，時年八十一歲的天祚帝耶律阿果趁女真人不備，奪過一名女真兵士的弓箭，射死幾名女真兵士，縱馬試圖衝出圍場逃命，被女真人亂箭射死。

天祚帝耶律阿果被俘，標誌著傳統意義上的契丹帝國覆亡。耶律大石在天祚帝出夾山進攻武州之前，率領兩百多名親隨離開天祚帝，踏上了漫長的西征之路，為在遙遠的西域重建契丹帝國保存了火種，開啟了契丹帝國歷史的嶄新篇章。

肉 지

## 第七章　西域稱雄

# 契丹西征與帝國餘暉

在傳統意義上的契丹帝國覆亡前夕，耶律大石率領兩百多名親隨離開天祚帝，踏上漫長的西征之路，終於抵達西域並在那裡重建了契丹帝國，史稱「喀喇契丹」，又稱「西遼」。自此，契丹帝國的歷史在遙遠的西域開啟了新的篇章。

## 大石西征：契丹帝國的最後希望

一一二四年夏季，契丹帝國北部、西北部一些部落的援兵趕到天祚帝耶律阿果藏身的夾山一帶，各地被女真軍打敗的散兵游勇也聚集起來，重新燃起了天祚帝收復失地，擊敗女真金國的希望。天祚帝耶律阿果不顧耶律大石等人的強烈反對，率領全軍出夾山，主動尋找女真軍主力決戰，結果全軍覆沒，兵敗被俘。就在天祚帝耶律阿果率領全軍出夾山與女真軍決戰的前夜，耶律大石趁夜殺掉天祚帝耶律阿果派來監視自己的兩名將領，蕭乙薛和坡里括，率領兩百多名親隨逃出生天，向西北方向轉移，以圖保存實力，東山再起。

耶律大石西征的第一站，就是西北鎮州的可敦城。「可敦」是北方民族語言中「皇后」之意，可敦城即今蒙古國布林干省青托羅蓋古城，初建於回鶻汗國時期，是回鶻可汗的牙帳所在。一〇〇三年，承天太后蕭綽和聖宗耶律文殊奴，派遣官吏在原回鶻王城附近開始修建可敦城。一〇〇四年，即契丹帝國與宋朝簽訂「澶淵之盟」的那一年，承天太后蕭綽調遣諸部落騎兵共兩萬人駐守可敦城，並遷徙渤海人、漢人七百戶到可敦城屯

耶律大石西征

璽。一〇一一年，契丹帝國設置西北路招討司一職，駐地就在可敦城。可敦城地處西北大漠深處，既可以作為契丹帝國戰略後備軍的駐地，又可以作為契丹帝國向中亞擴張勢力範圍的前哨基地。承天太后蕭綽和聖宗耶律文殊奴頒布相關律令，明令規定駐守可敦城的兩萬騎兵是帝國的總預備隊，不到萬不得已不允許任何人調動。耶律大石寄希望於得到可敦城的生力軍，於是率領僅剩的兩百多名親隨去尋找遠在數千裡外大漠深處的可敦城。

耶律大石一行翻越大青山，渡過黑水，到達白韃靼部。白韃靼部首領床古兒熱情款待耶律大石一行，並贈送四百匹駿馬、二十頭駱駝、若干隻羊。耶律大石一行翻越大漠，到達可敦城。據傳聞，在耶律大石到達可敦城之前，天祚帝耶律阿果的次子耶律雅里曾到過可敦城一帶，被擁立為皇帝，但耶律雅里愛好打獵。一一二三年農曆十月，耶律雅里在查剌山打獵，一天之內獵獲了四十隻黃羊和二十一匹狼，但耶律雅里本人也因打獵勞累過度，一病不起，幾天後便病逝了，終年三十歲。耶律大石在可敦城召集契丹帝國西北的七州十八部會盟，七州包括威武州、崇德州、會蕃州、新州、大林州、紫河州、駝州；十八部包括大黃室韋部、敵剌部、王紀剌部、茶赤剌部、也喜部、鼻古德部、尼剌部、達剌乖部、達密里部、密兒紀部、合主部、烏古里部、阻蔔部、普速完部、唐古部、忽母思部、奚部、糺而畢部。耶律大石對七州十八部的首領慷慨陳詞：「我契丹列祖列宗創業維艱，歷經九代兩百多年，金國人作為臣屬，逼迫我國家社稷、殘殺我黎民百姓、毀滅我城池州邑，使得我們的皇帝（天祚帝耶律阿果）蒙塵逃難在外，想到這些，我日夜痛心疾首！我現在仗義西行，希望集合眾蕃部的力量，殲滅我們的仇敵、恢復我們的疆土，你們眾人之中想必也有顧念國家存亡、憂慮社稷安危、希望共同拯救君父、拯救黎民百姓於苦海之中的人吧！」七州十八部首領一致擁護耶律大石，共謀重建契丹帝國。耶律大石設置南北官署，仍然遙尊遼天祚帝為君主。

從一一二五年到一一三〇年，耶律大石在可敦城經營五年，積聚力量，休養生息，並積極聯絡韃靼、西夏，以圖共同抗擊女真金國。此時女真金國已經與南面的宋朝反目，正忙於對宋朝的戰爭，無暇西顧，因此對耶律大石採取守勢。在耶律大石的影響下，韃靼甚至一度拒絕向女真金國供應戰馬。一一三〇年，金太宗完顏吳乞買派遣契丹帝國降將耶律余睹率領一萬名精銳騎兵攻打可敦城，但由於後勤補給供應不上，耶律余睹的遠征軍沒能到達可敦城就返回金國境內。經過一番精心準備，耶律余睹率領兩萬多名騎兵、十萬多匹戰馬再次試圖翻越大漠，攻打可敦城，被契丹軍擊敗。一番大戰過後，耶律大石意識到，眼下消滅女真金國的先遣部隊不難，但是可敦城畢竟地處大漠深處，周圍人口、資源有限，要以可敦城為中心長期發展則非常困難。因此，耶律大石決定率領主力軍繼續西征，並將可敦城留作向東收復祖地的前沿陣地，留下一支偏師駐守。耶律大石離開可敦城後，女真金國先後於一一三五年、一一五六年兩度攻打可敦城，均被契丹守軍擊退。

約一一三〇年至一一三一年，耶律大石殺白馬青牛祭祀天地祖先，率領主力部隊離開可敦城，繼續西征。耶律大石一行穿越阿爾泰山，到達今天中國新疆額敏縣一帶，在額敏河畔修築起一座葉密立城，周圍草原遊牧部族紛紛來投奔耶律大石。一一三二年農曆三月，耶律大石在部下和各部族首領的擁戴下稱汗，號「菊兒汗」（一些中國史籍中又譯為「古兒汗」或「葛兒汗」），意為「眾汗之汗」，喀喇契丹正式建立，杉山正明等一些學者亦將其稱為「第二契丹帝國」。在中國史籍中，耶律大石建立的喀喇契丹又被稱為「西遼」，耶律大石又被稱為「遼德宗」。

## 河中爭鋒：卡特萬草原戰役與立足西域

喀喇契丹建立後，耶律大石主要面臨的是西域各國、各種勢力對新生的喀喇契丹的威脅。通過十多年的征戰，耶律大石終於降服了西域各國、各種勢力，建立了以河中地區為中心、囊括中亞和西亞的廣袤帝國，延續了契丹帝國的國祚，將中華文明的輝煌成果傳播到遙遠的中亞、西亞地區。

喀喇契丹以河中地區為中心發展壯大。所謂「河中地區」，是指中亞錫爾河流域、阿姆河流域、澤拉夫尚河流域一帶，大致包括今烏茲別克全境、哈薩克西南部，中國古代典籍中將這一地區稱為「河中」。河中地區自西元前六世紀波斯帝國時代起，就是溝通東西方世界的橋樑，後逐漸成為草原絲綢之路的樞紐。正是由於其重要的地理位置，河中地區在兩千多年來一直是多民族、多種文化、多種文明角逐與交融的舞臺。

在喀喇契丹建立的同一年，即一一三二年，耶律大石就設法拉攏東南方向的高昌回鶻。高昌回鶻又稱「西州回鶻」，是中國北方遊牧民族回鶻人建立的政權。契丹人與回鶻人淵源頗深，契丹帝國開創者耶律阿保機的妻子述律月里朵及其所在的述律家族，就是回鶻人的後裔。回鶻最初在漢文史籍中寫作「回紇」。七八八年，回鶻汗國第四任可汗頓莫賀達干上書唐德宗，請求將本族名稱的漢文譯文寫作「回鶻」二字，一方面因「回鶻」二字更符合回鶻語的發音，另一方面也取「迴旋輕捷如鶻」之意。回鶻是漠北九姓鐵勒的一支，其先祖出自匈奴部族。回鶻部族最早隸屬於突厥汗國。六世紀末至七世紀初，草原遊牧民族鐵勒中的一部袁紇部遊牧於伊黎河、鄂爾渾河和色楞格河流域，因反抗突厥汗國的壓迫，袁紇部聯合僕骨部、渾部、拔野古部、同羅部、思結部、契苾部等遊牧部落成立了部落聯盟，總稱「回鶻」。袁紇部首領時健被推舉為回鶻部落聯盟的領袖，在色楞格河畔建立領袖的牙帳。六四六年，唐朝在回鶻領地分置六府七州，冊封回鶻首領吐迷度為瀚海都督府都督，子孫世襲。七四四年，回鶻首領骨力裴羅占據突厥故地，自立為可汗，號「骨咄祿闕毗伽可汗」，正式建立回鶻汗國，置牙帳於烏德鞬山（今杭愛山北山）。回鶻汗國極盛時東起今天的額爾古納河流域，西至金山（即阿爾泰山），南跨大漠，北至今天的西伯利亞地區。回鶻汗國境內所轄草原遊牧部族眾多，契丹人就曾是回鶻汗國的屬民，史籍記載：「契丹舊為回紇牧羊，韃靼舊為回紇牧牛。」回鶻汗國覆滅後，回鶻貴族於九世紀中葉建立高昌回鶻，以高昌城（今新疆吐魯番市高昌古城）為首都，下轄今天中國新疆東部廣大領土，北至阿術河（今新疆北部阿察果勒河），南至酒泉（今甘肅省酒泉市），東至兀敦甲石哈（今新疆哈密市東烏納格什湖），西至西蕃（今天山南麓廣大地區）。早在十世紀下半葉至十一世紀時，高昌回鶻就依附於契丹帝國，曾多次遣使向契丹帝國進貢。高昌回鶻受中華文明影響極深，十一世紀時出使高昌回鶻的契丹使者，就曾感歎：「高敞（昌）本漢土。」高昌回鶻崇尚佛教，其境內有五十多座佛寺，分別藏有《大藏經》、《唐韻》、《玉篇》、《經音》等典籍。一一三二年，耶律大石寫信給高昌回鶻可汗畢勒哥，申明高昌回鶻原本就曾多次遣使向契丹帝國朝貢，希望高昌回鶻能歸順喀喇契丹。畢勒哥接到書信時，耶律大石率領的喀喇契丹大軍已然抵達高昌回鶻的首都高昌城下。畢勒哥登上城樓，遠遠望見喀喇契丹大軍軍容嚴整、旌旗蔽日，於是，畢勒哥下令打開高昌城四門，恭敬地迎接耶律大石和喀喇契丹大軍進入高昌城，大宴三日，進獻六百匹戰馬、一百頭駱駝、三千隻羊，並將自己的兒子送到耶律大石軍中作質子。耶律大石冊封畢勒哥為「高昌王」，留下少監作為喀喇契丹的代表，常駐高昌城，負責徵收稅賦等事宜。從此，高昌回鶻正式成為喀喇契丹的附庸。

高昌回鶻歸附喀喇契丹之後，耶律大石將進攻的矛頭指向東喀喇汗王朝和西喀喇汗王朝。東、西喀喇汗王朝是喀喇汗王朝分裂後形成的兩個王朝，與高昌回鶻相似，喀喇汗王朝也是西遷的回鶻人與當地遊牧民族融合而建立的王朝。喀喇汗王朝極盛時，疆域囊括今天中國新疆大部分地區和中亞的哈薩克、烏茲別克、吉爾吉斯、塔吉克四國。九六〇年，阿爾斯蘭汗（突厥語意為「獅子汗」）穆薩將伊斯蘭教立為喀喇汗王朝的國教。十一世紀初，喀喇汗王朝攻滅了立國一千兩百多年的西域古國于闐，並向高昌回鶻發起進攻。喀喇汗王朝雖然在軍事上屢次擊敗高昌回鶻，但高昌回鶻得到了東面強鄰契丹帝國的支持，有足夠的實力與喀喇汗王朝長期對峙。約一〇四一年，喀喇汗王朝正式分裂為東喀喇汗王朝和西喀喇汗王朝。一〇八九年，西喀喇汗王朝被塞爾柱帝國擊敗，成為塞爾柱帝國的附庸。一一三二年，耶律大石首先對東喀喇汗王朝發起進攻，但初戰失利，契丹軍被東喀喇汗王朝可汗阿赫馬德擊敗。不過，耶律大石很快獲得了一個降服東喀喇汗王朝的絕佳機會。阿赫馬德可汗於一一三二年病逝，其子伊蔔拉欣即位，史稱「伊蔔拉欣二世」。伊蔔拉欣二世剛剛即位不久，東喀喇汗王朝境內的葛邏祿人和康里人就舉旗造反，伊蔔拉欣二世無奈之下只好向耶律大石求援。一一三四年，耶律大石率領數萬大軍開進東喀喇汗王朝首都巴拉沙袞（今吉爾吉斯托克馬克市東），幫助伊蔔拉欣二世平定了葛邏祿人和康里人的起義，並趁機將東喀喇汗王朝納入自己的「保護」之下。耶律大石正式冊封伊蔔拉欣二世為「土庫曼王」，並令其讓出首都，另擇地居住。這樣，東喀喇汗王朝也成了喀喇契丹的附庸。

耶律大石將巴拉沙袞更名為「虎思斡耳朵」（契丹語「強有力的宮帳」之意），作為喀喇契丹的新都城。定都虎思斡耳朵的同一年，即一一三四年，耶律大石殺白馬青牛祭祀天地祖先，莊嚴地發布東征女真金國的詔令。耶律大石任命六院司大王蕭斡里剌為兵馬都元帥、樞密副使蕭查剌阿不為副元帥、耶律燕山為都部署、耶律鐵哥為都監，率領七萬騎兵東征女真金國，以圖恢復契丹故土。但是此次東征的喀喇契丹大軍並沒有到達女真金國，而是在穿越大漠時遇上風災和沙塵暴，損失了很多匹戰馬和隨軍攜帶的牛羊。於是，喀喇契丹大軍統帥蕭斡里剌不得不下令退兵。見到東征大軍無功而返，耶律大石仰天長歎：「皇天弗順，數也！」迫於形勢，耶律大石不得不暫時擱置東征女真金國、恢復契丹故土的計畫。

一一三七年，耶律大石繼續向西擴張，進攻西喀喇汗王朝。耶律大石首先率軍進入費爾干納谷地，繼而到達忽氈城。在忽氈城附近，耶律大石的軍隊與西喀喇汗王朝可汗馬赫穆德率領的軍隊相遇。雙方剛一交戰，西喀喇汗王朝軍隊中的遊牧部族葛邏祿人就臨陣倒戈，歸降了耶律大石。葛邏祿人的倒戈，致使西喀喇汗王朝軍隊大敗，馬赫穆德可汗率領殘兵敗將逃回首都撒馬爾罕。耶律大石並沒有急於追擊，而是停下來休整部隊，致力於鞏固已經取得的地盤。到一一四一年，經過四年休整的喀喇契丹大軍再度西進，兵鋒直指西喀喇汗王朝首都撒馬爾罕。由於西喀喇汗王朝早在一〇八九年就成了塞爾柱帝國的附庸，馬赫穆德可汗連忙向宗主國塞爾柱帝國求援。因此，一場影響中亞、西亞歷史進程的大戰拉開了序幕。

塞爾柱帝國是西遷的突厥人於一〇三七年在中亞、西亞廣大地區建立的帝國，以其首位「蘇丹」（即君主）塞爾柱的名字命名，定伊斯蘭教為國教。塞爾柱帝國占據波斯故地，並於一〇四八年在卡佩特羅戰役中擊敗了西面的東羅馬帝國組織起來的聯軍，得以在西亞、中亞立足。一〇五一年，塞爾柱帝國遷都伊斯法罕（今伊朗中部城市），陸續降服西亞、中亞一些遊牧部族，成為這一地區的霸主。一一四一年，面對喀喇契丹大軍來攻，西喀喇汗王朝急忙向宗主國塞爾柱帝國求援。當時塞爾柱帝國的蘇丹是桑賈爾。桑賈爾於一〇九七年即位。到一一四一年，經過四十多年的征戰，桑賈爾蘇丹將中亞、西亞大片土地囊括進塞爾柱帝國的版圖。由此，桑賈爾蘇丹威名遠播，今土庫曼的五馬納特紙幣正面，印的即是桑賈爾蘇丹的頭像。

桑賈爾蘇丹發布動員令，西亞、中亞的各地王公們紛紛率領軍隊來援。桑賈爾蘇丹花費了半年的時間，湊齊了十萬大軍，於一一四一年七月氣勢洶洶渡過阿姆河，進駐撒馬爾罕，聯合西喀喇汗王朝率先向歸附耶律大石的葛邏祿人發動進攻。葛邏祿人向耶律大石求援，耶律大石給桑賈爾蘇丹寫信，要求他立即停止對葛邏祿人的進攻，並謀求與塞爾柱帝國的和平共處。收到耶律大石的書信後，不可一世的桑賈爾蘇丹斷然拒絕罷兵，並派遣使者向耶律大石宣戰。塞爾柱帝國的使者到達耶律大石軍中，傲慢地要求喀喇契丹向塞爾柱帝國稱臣，並對耶律大石聲稱：「我們的大軍能夠用刀砍掉你們的頭顱，我們的戰士能夠用箭割斷你們的鬚髮！」耶律大石聽罷，命侍衛給塞爾柱帝國使者一根針，讓他用這根針割斷自己的鬍鬚。塞爾柱帝國使者當然無法用針割斷鬍鬚，耶律大石大笑著對使者說：「回去告訴你的主人，用針尚且割不斷鬍鬚，他怎麼可能用箭割斷鬚髮呢！」於是，喀喇契丹與塞爾柱帝國在撒馬爾罕以北的卡特萬草原（位於今烏茲別克境內）兵戎相見。

一一四一年九月九日，喀喇契丹與塞爾柱帝國的軍佇列陣於卡特萬草原，相隔僅兩里。塞爾柱帝國軍隊十萬多眾，喀喇契丹軍隊僅兩、三萬人。桑賈爾蘇丹將全軍分為左、中、右三軍，親自統領以他的近衛軍古拉姆奴隸軍團為主力的中軍，令庫馬吉將軍統領左翼軍，讓附屬國西吉斯坦的國王統領右翼軍。針對塞爾柱帝國軍隊的布陣，耶律大石也將自己的軍隊分為左、中、右三軍，背靠達爾加姆峽谷列陣。六院司大王蕭斡里剌、招討副使耶律松山統領右翼軍兩千五百名騎兵，對陣塞爾柱帝國左翼軍；樞密副使蕭查剌阿不、招討使耶律術薛統領左翼軍兩千五百名騎兵，對陣塞爾柱帝國右翼軍；耶律大石親自統領剩下的所有兵士為中軍，歸附喀喇契丹的葛邏祿人埋伏在達爾加姆峽谷中，作為全軍的後援。

戰前，耶律大石縱馬對全軍將士發表演說：「敵軍雖然人數眾多，但相互無法配合，必然首尾不能相顧，我們一定會取得勝利！」喀喇契丹與塞爾柱帝國的軍隊幾乎同時發起衝鋒，短兵相接之際，蕭斡里剌的右翼軍與耶律大石的中軍之間拉開一個缺口，塞爾柱帝國的左、中、右三軍漸漸都填進缺口之中，蕭查剌阿不的左翼軍迅速迂迴到塞爾柱帝國大軍後方發起進攻。這樣，戰場形勢就變成了蕭斡里剌的右翼軍位於塞爾柱帝國大軍左側，耶律大石的中軍位於塞爾柱帝國大軍的右側，蕭查剌阿不的左翼軍位於塞爾柱帝國大軍的後側，而塞爾柱帝國大軍正面面對的正是耶律大石選定的達爾加姆峽谷。喀喇契丹三軍從左方、右方、後方三個方向拼命向中間擠壓塞爾柱帝國的大軍，塞爾柱帝國大軍掉頭不便，數萬人被擠壓進狹長的達爾加姆峽谷。耶律大石抓住戰機，傳令埋伏在峽谷中的葛邏祿人向塞爾柱帝國大軍發起攻勢，塞爾柱帝國大軍無路可退，自相踐踏，潰不成軍。一場戰鬥之後，塞爾柱帝國大軍幾乎全軍覆沒，桑賈爾蘇丹的妻子、左右翼統帥、宮廷法學家布哈里均被喀喇契丹俘虜，桑賈爾蘇丹身負重傷，在近衛軍的拼死護衛下，狼狽逃離戰場，待終於擺脫喀喇契丹的追兵時，桑賈爾蘇丹身旁僅剩十五名隨從。

這場戰役史稱「卡特萬草原戰役」。卡特萬草原戰役之後，耶律大石率軍進入撒馬爾罕，西喀喇汗王朝成為喀喇契丹的附庸。桑賈爾蘇丹敗逃後，塞爾柱帝國從此一蹶不振，約一一五七年，塞爾柱帝國被其附庸花剌子模所滅。卡特萬草原戰役之後，耶律大石派遣額爾布斯率軍西進，征討花剌子模。花剌子模蘇丹阿即思權衡利弊，主動歸附喀喇契丹，並許諾每年向喀喇契丹進貢三萬金第納爾，花剌子模正式成為喀喇契丹的附庸。

卡特萬草原戰役對中亞、西亞的歷史進程影響深遠。卡特萬草原戰役之後，喀喇契丹成為中亞地區的霸主。

## 中亞稱雄：契丹帝國在西域的復興

卡特萬草原戰役之後，喀喇契丹成為中亞地區的霸主。耶律大石建立的喀喇契丹，沿用了契丹帝國列祖列宗一國多制、因俗而治的國家治理傳統，以草原遊牧民族舊俗治理契丹人、回鶻人、葛邏祿人等草原遊牧民族聚居地區，以伊斯蘭教習俗治理皈依伊斯蘭教的回鶻人、塞爾柱突厥人等穆斯林聚居地區。西遷的契丹人將東方的草原文明、中原農耕文明傳播到遙遠的中亞、西亞廣大地區，將中華文化向北、向西推廣到遙遠的西伯利亞、中亞、西亞甚至南亞北部等廣大地區。

中亞地區處於草原絲綢之路的樞紐位置，多種文化、多種宗教信仰乃至多種社會習俗在中亞匯聚、交融。針對中亞的特殊地理位置，耶律大石在文化、宗教信仰、社會風俗上採取極為寬容的政策。例如在宗教信仰方面，耶律大石從未強制推行過任何一種宗教信仰，而是尊重喀喇契丹境內各民族的傳統習俗、宗教信仰，並對不同宗教的信徒一視同仁。伊斯蘭教、佛教、基督教、摩尼教、薩滿教等宗教均在喀喇契丹獲得了良好發展。耶律大石的宗教信仰寬容政策，甚至使得不同宗教的信徒對於耶律大石本人的宗教信仰，都有著不同的說法。《世界征服者史》的作者志費尼認為耶律大石祕密地皈依伊斯蘭教，是一位穆斯林；歷史學家伊本・阿西爾認為耶律大石是一位摩尼教徒；基督徒稱頌耶律大石是傳說中的祭司王約翰，甚至認為在卡特萬草原戰役中失敗的桑賈爾蘇丹，是被一位名叫「約翰」的基督徒國王擊敗的。

耶律大石對於喀喇契丹的附屬國和附屬部落的治理，沿用了傳統契丹帝國一國多制、因俗而治的傳統，保留當地的原有生產方式、原有制度和原有社會習俗，只是派遣一名「沙黑納」（契丹語官職名稱，意為「監國」）監管，詔令各個附屬國和附屬部落的首領要佩掛銀牌，以示附屬關係。耶律大石對於喀喇契丹直轄下的不同地區也採取一國多制、因俗而治的治理方式，並保留了傳統契丹帝國的北、南面官制度，設置北面官管理北部遊牧民族、設置南面官管理南部農耕地區。無論是什麼民族，耶律大石的稅收標準一視同仁，僅向每戶徵收一第納爾的賦稅。

耶律大石的威名與赫赫戰功給後世留下了深刻印象，以至於他去世多年後，西夏、女真金國和宋朝仍以「大石」來代指喀喇契丹（西遼）。耶律大石去世一個多世紀之後，大蒙古國成吉思汗的謀士耶律楚材作詩讚頌耶律大石：「後遼興大石，西域統龜茲。萬里威聲震，百年名教垂。」

一一四三年，耶律大石懷著未能收復故土的遺憾病逝，其子耶律夷列即位，在中國史籍中稱為「遼仁宗」。因耶律夷列年幼，耶律大石立有遺詔，令自己的可敦蕭塔不煙攝政，蕭塔不煙被尊為「感天太后」。感天太后蕭塔不煙改年號為「咸清」，她是契丹帝國歷史上第一位自立年號的太后。

耶律大石病逝的第二年，即一一四四年，一個回鶻部落派遣使者到女真金國進貢，將耶律大石病逝、感天太后蕭塔不煙攝政的消息通報給女真金國。得知這一消息後，女真金國當時在位的金熙宗完顏合剌，派遣粘割韓奴出使喀喇契丹，意圖招降喀喇契丹。粘割韓奴到達喀喇契丹後，感天太后蕭塔不煙正在外圍獵，於是便在獵場接見粘割韓奴。粘割韓奴見到感天太后蕭塔不煙，非但不下馬行禮，反而高傲地要求感天太后蕭塔不煙下馬接詔，甚至當眾稱呼感天太后蕭塔不煙為「反賊」。感天太后蕭塔不煙命人將粘割韓奴拉下馬來，粘割韓奴痛罵不止，厲聲指責感天太后蕭塔不煙的這種行為是「侮辱上國使臣」。感天太后蕭塔不煙取出弓箭，射死了粘割韓奴，有史籍記載感天太后蕭塔不煙並未親自動手射死粘割韓奴，而是命近侍們亂刀將他砍為肉泥。

一一五〇年，感天太后蕭塔不煙歸政，遼仁宗耶律夷列親政。仁宗耶律夷列在位時，喀喇契丹國力達到鼎盛。仁宗耶律夷列在位之初，對喀喇契丹首都虎思斡耳朵及其周邊地區進行了一次人口普查，據統計，當時虎思斡耳朵及其周邊地區能服兵役的居民多達八萬四千五百戶，足見當時喀喇契丹國力之強盛、首都之繁華。一一五五年，仁宗耶律夷列病逝，由於兩個兒子年幼，耶律夷列留下遺詔，由妹妹耶律普速完攝政。

耶律普速完效仿十世紀末至十一世紀初承天太后蕭綽輔佐遼聖宗耶律文殊奴開創契丹帝國盛世的典故，給自己也上尊號為「承天太后」。耶律普速完還效仿自己的母親感天太后蕭塔不煙，自立年號為「崇福」。

耶律普速完的丈夫名為蕭朵魯不，他是喀喇契丹開國元勳、六院司大王蕭斡里剌之子。一一七八年，耶律普速完與駙馬蕭朵魯不的弟弟蕭朴古只沙里私通，先是將駙馬蕭朵魯不貶為東平王，而後又羅織罪名殺害了駙馬蕭朵魯不。蕭朵魯不的父親、六院司大王蕭斡里剌得知後，發動宮廷政變，帶兵闖入皇宮，亂箭射死承天太后耶律普速完和蕭朴古只沙里，擁立耶律夷列之子耶律直魯古即位。

耶律直魯古即位後，連年用兵，導致喀喇契丹國力日益削弱。這一時期，喀喇契丹的主要軍事活動是與古爾王朝爭奪呼羅珊地區。「呼羅珊」在當地語言中意為「太陽升起的地方」，呼羅珊地區大致包括今塔吉克全境、阿富汗和土庫曼大部分地區、烏茲別克東半部地區、吉爾吉斯小部分地區以及伊朗東北部地區。自一一四一年卡特萬草原戰役之後，塞爾柱帝國的勢力不僅退出河中地區，而且在呼羅珊地區的勢力也受到明顯削弱，這就給了新興的古爾王朝可乘之機。古爾王朝建立於一一四八年，在一些中國史籍中亦寫作「郭耳國」、「廓爾王朝」等，位於今阿富汗以及印度北部一帶，其建立者是遷徙到今阿富汗和印度北部的突厥部落。到十二世紀末，古爾王朝吞併了原本向喀喇契丹稱臣納貢的巴爾赫（今阿富汗北部巴爾赫省一帶），並向喀喇契丹西邊的附屬國花剌子模擴張。花剌子模蘇丹（即君主，一些史籍中稱為「沙」）阿拉丁•塔乞失向宗主國喀喇契丹求援。一一九八年春夏之交，耶律直魯古派遣塔陽古率軍渡過阿姆河，向呼羅珊地區進軍。喀喇契丹大軍剛剛渡過阿姆河，就遭到古爾王朝軍隊的突襲，喀喇契丹損失慘重，一萬兩千多人陣亡，塔陽古不得不撤軍。得知兵敗的消息，耶律直魯古極為震怒，派遣使者出使花

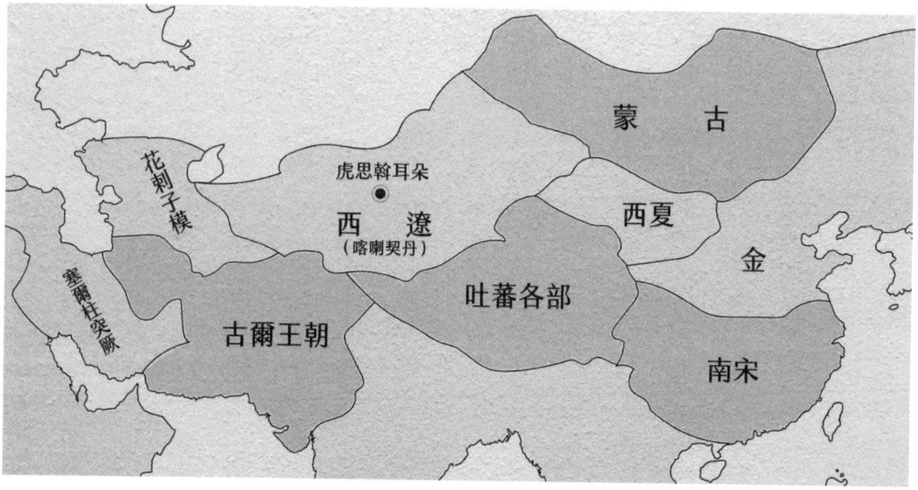


西遼（喀喇契丹）與周圍國家形勢圖

剌子模，提出花剌子模需向喀喇契丹支付每名陣亡將士，一萬金第納爾的損失費，花剌子模蘇丹阿拉丁・塔乞失斷然拒絕，並對喀喇契丹使者出言不遜。於是，耶律直魯古出兵攻打花剌子模，被花剌子模軍隊擊退。一二〇〇年，花剌子模蘇丹阿拉丁・塔乞失去世，其子摩訶末即位。一二〇三年末至一二〇四年初，古爾王朝再次進攻花剌子模，花剌子模蘇丹摩訶末不得不再次向宗主國喀喇契丹求援。耶律直魯古不計前嫌，派遣塔陽古率領一萬騎兵馳援花剌子模，喀喇契丹的另一個附屬國西喀喇汗國可汗奧斯曼・伊本・易蔔拉欣也出兵增援。古爾王朝蘇丹失哈不丁得知喀喇契丹出兵援助花剌子模的消息後，急忙退兵。塔陽古率軍緊追不捨，喀喇契丹大軍在安都淮（今阿富汗安德胡伊市）將古爾王朝軍隊包圍，雙方展開激戰，古爾王朝五萬多名將士陣亡，古爾王朝蘇丹失哈不丁僅率領一百多名禁衛軍逃到安都淮的內堡躲避。走投無路的失哈不丁蘇丹偷偷買通了跟隨喀喇契丹大軍出征的西喀喇汗國可汗奧斯曼・伊本・易蔔拉欣，請求他幫忙從中斡旋。在奧斯曼・伊本・易蔔拉欣的斡旋下，古爾王朝蘇丹失哈不丁承諾向喀喇契丹進貢大象、名馬、珍奇異寶，並交納大筆贖金，以此換取喀喇契丹退兵。耶律直魯古答應了失哈不丁的請求，命令塔陽古退兵，古爾王朝蘇丹失哈不丁得以倖免。一二〇五年，古爾王朝再度興兵，攻占了喀喇契丹控制下的泰爾梅茲。不過，古爾王朝蘇丹失哈不丁在一二〇六年率軍進攻印度期間被刺殺。同年，花剌子模奪取了被古爾王朝占據的泰爾梅茲，並將其歸還給喀喇契丹。

經過與古爾王朝的多年戰爭，喀喇契丹的國力日益削弱。一二〇九年，喀喇契丹的附屬國高昌回鶻殺死喀喇契丹派駐的少監，投奔了新興的大蒙古國。一二一〇年，花剌子模蘇丹摩訶末殺死了喀喇契丹派去徵收年貢的官員，公開宣布脫離喀喇契丹。耶律直魯古極為震怒，派遣塔陽古率軍討伐花剌子模。花剌子模早有準備，以逸待勞，將喀喇契丹軍隊擊敗，俘虜了喀喇契丹軍隊主帥塔陽古，將其處死，並將屍體投入河中。此後，喀喇契丹與花剌子模之間時常爆發戰爭，直至喀喇契丹被大蒙古國所滅。

耶律直魯古在位期間，因好心收留了一名乃蠻部王子屈出律，不僅給自己引來了殺身之禍，而且使得喀喇契丹也隨之走向覆滅。

## 引狼入室：喀喇契丹的衰亡

十三世紀初，在喀喇契丹東面崛起了一個新興的強大帝國——大蒙古國。此時的喀喇契丹，經過耶律普速完攝政時期的宮廷政變和耶律直魯古的統治，國力有所下降。耶律直魯古好心收留了被大蒙古國的締造者成吉思汗打敗的乃蠻部王子屈出律，為自己和整個喀喇契丹帶來了滅頂之災。

蒙古人與契丹人有著極深的淵源。關於蒙古人的起源，目前學術界一般認為，蒙古人的直系祖先是室韋人，與契丹人同出自東胡鮮卑一系。柔然汗國覆滅後，一部分鮮卑人西遷。留在今天中國東北、蒙古草原上的鮮卑人以大興安嶺為界，生活在西拉木倫河（蒙古語意為「黃色的河」，因此古稱「潢水」）和老哈河流域一帶的鮮卑人的一支，自號「契丹」；生活在大興安嶺以西、今天呼倫貝爾大草原上的鮮卑人的一支，自號「室韋」（即「鮮卑」的諧音）。《舊唐書》中就記載了室韋人與契丹人的親屬關係：「室韋者，契丹之別類也。」一直到唐朝時，在很多室韋部落中還能找到些許母系氏族的痕跡，例如唐朝人記載，一些室韋部落的男子娶妻，必須先在岳父家勞動三年，才能將妻子領回自己家。唐朝中期，室韋人又分為嶺西室韋、山北室韋、黃頭室韋、大如者室韋、小如者室韋、婆萵室韋、訥北室韋、駱駝室韋等若干部落。契丹帝國時期，「韃靼」（中國史籍中又寫作「達怛」、「塔坦」、「達達」等）一度成為室韋諸部落的總稱。由於其中的蒙古部落相對強盛，一些史籍中有時也用「蒙兀室韋」代指草原諸部落。十二世紀時，蒙古草原上主要有六大部落：蒙古部、塔塔兒部、蔑兒乞部、克烈部、汪古部、乃蠻部，其中蒙古部、塔塔兒部、蔑兒乞部和克烈部出自鮮卑後裔，汪古部和乃蠻部出自突厥後裔。每個大部落內部又包含若干小部落，在六大部落之外，草原上還散居著無數的小部落。

大蒙古國締造者成吉思汗所在的蒙古部落的起源，與契丹民族的起源頗為相似。關於成吉思汗黃金家族所在的蒙古部落的起源，《蒙古祕史》開篇就記載了這樣一段美麗的傳說：在蒙古草原東北部，有一條發源於不兒罕山（今蒙古國肯特山）東麓的河流，被稱為斡難河（今鄂嫩河）。遠古時，有一頭蒼色的狼和一隻白色的鹿在斡難河畔相遇，一見鍾情，結為伴侶，孕育了蒙古部落。這就是「蒼狼白鹿」的傳說。關於這一傳說，有兩種版本的解讀。一種解讀為：在斡難河畔，有一個名叫孛兒貼赤那（蒙古語意為「蒼狼」）的小夥子，遇見一個名叫豁埃馬闌勒（蒙古語意為「白鹿」）的姑娘，兩人一見鍾情，結為夫妻，生育後代，漸漸繁衍形成了蒙古部落。另一種解讀為：在斡難河畔，有一個以蒼狼為圖騰的部落，和另一個以白鹿為圖騰的部落世代通婚，逐漸繁衍形成了一個新的部落，即蒙古部落。因這段美麗的傳說，蒙古部落世代以蒼狼白鹿為圖騰。這與契丹民族「白馬青牛」的起源傳說有異曲同工之處。

契丹帝國曾是中國北方草原上的霸主，傳統的契丹帝國（遼朝）被女真金國滅亡後，北方草原的動盪持續了近兩個世紀。《蒙古祕史》中記載了當時草原上流傳的一首歌謠：「星空旋轉著，眾部落都反了，不得安臥，你爭我奪為財貨；草地翻轉了，所有的部落都反了，無法下榻。你攻我打，沒有彼此思念的時候，只有彼此衝撞；沒有躲藏的地方，盡是互相攻伐；沒有彼此愛慕，只有相互仇殺。」一一六二年，位於草原東部的蒙古部落孛兒只斤家族中誕生了一名男孩鐵木真，他就是後來的成吉思汗。十二世紀末到十三世紀初，鐵木真經過二十多年的征戰，逐步統一了草原上各個部落，到一二〇四年，草原上僅剩西部的乃蠻部還沒有臣服於鐵木真。

乃蠻部居於阿爾泰山一帶，在十二世紀末至十三世紀初成為北方草原西部最強盛的部落，也成為鐵木真統一整個蒙古草原的最大障礙。一二〇四年春，乃蠻部的首領太陽汗率先出兵，進駐杭海山（今杭愛山），召集箚木合等被鐵木真打敗的各部落首領及其殘餘力量，準備與鐵木真決戰。鐵木真親自率軍遠征，翻越沙漠進攻乃蠻部。哲別和忽必來的先鋒部隊與乃蠻先鋒爆發衝突，蒙古部的一匹戰馬被乃蠻部繳獲。乃蠻部見到蒙古部的戰馬十分瘦弱，就瞭解到了蒙古部經過長途奔襲，必定疲憊。蒙古部先鋒部隊的戰馬被敵方繳獲後，也引起了鐵木真等人的警覺。於是，經謀士們建議，鐵木真下令全軍分散紮營、每個人點五堆篝火，以此來迷惑敵軍。乃蠻部太陽汗在夜裡見到蒙古部營寨中遍地篝火，誤以為蒙古部落人多勢眾，於是打算命令部隊後撤到阿爾泰山一帶的大本營，再尋找機會決戰。但太陽汗的計畫遭到了兒子古出魯克和麾下大將可克薛兀的強烈反對。於是，向來沒有主心骨的太陽汗下令全軍進軍到納忽山崖東麓列陣，準備與蒙古部從速決戰。由於蒙古部是遠道奔襲，如果長期相持將對蒙古軍不利，因此，鐵木真決定趁己方士氣正旺，從速進攻。於是，蒙古部與乃蠻部在納忽山崖展開決戰。

戰前，鐵木真告誡部將：「敵軍人數多，作戰時我們要讓他們多折損兵馬；我軍人數少，要注意減少傷亡。」鐵木真親自率領先鋒部隊發起進攻，他命令將士們：「我們要如同灌木叢般向前推進，擺開海浪般的陣勢，像鑿子一樣鑿進敵人的軍隊中！」戰爭剛剛開始，乃蠻部太陽汗就問身邊數次被鐵木真擊敗、對鐵木真極為瞭解的箚答闌部首領箚木合：「那些衝在最前面的、如同狼一樣將羊群趕入羊圈裡的是什麼人？」箚木合答道：「他們是我的鐵木真安答用人肉餵大的四條惡犬！他們額似銅、嘴如鑿、舌如錐、心如鐵，拿彎刀當鞭子，飲用朝露解渴，乘著疾風而行，在廝殺的日子裡，他們以人肉為食！他們是哲別、忽必來、者勒蔑、速不台！」太陽汗聽後，嚇得趕緊將陣地從山腳向山坡後撤。太陽汗指著哲別等人身後包抄過來的軍隊問箚木合：「那些像清晨放出來的馬駒一樣，跳躍著呈環形圍上來的是什麼人？」箚木合答道：「在戰場上，他們追趕著持長槍的男子並將他們統統殺掉，在混戰中，他們追趕著持彎刀的兵丁並搶奪他們的財物，他們就是兀魯兀人和忙忽人！」太陽汗聽後，將陣地向山腰上後撤。太陽汗指著蒙古部前鋒部隊中間持大纛的人問箚木合：「那個像獵鷹撲食般奮勇殺來的是什麼人？」箚木合答道：「那是我的鐵木真安答，他全身用生銅鑄成，用錐子去紮，都找不到縫隙，他全身用精鐵鍛造，用針去刺，也刺不出針孔！」太陽汗聽後，連忙將陣地又往山上後撤了很長一段距離。太陽汗遠遠望見鐵木真部隊的後方，又問箚木合：「鐵木真後面那些像海水一樣衝殺過來的又是些什麼人？」箚木合答道：「那是我的鐵木真安答偉大的母親訶額侖夫人用人肉餵養的兒子們，他們身披三層鎧甲，能吃掉三歲的小牛，他們能把帶弓箭的人整個咽下而不傷到喉嚨，他們把成年男子整個吞下來還不夠充饑，他們射出的箭能飛越山嶺、射穿二十個人！他們就是哈撒兒、別勒古台、合赤溫、帖木格！」被箚木合的話嚇破膽的太陽汗，最後下令將陣地撤到山頂。乃蠻部從山腳退到山頂，導致其被鐵木真大軍包圍在納忽山崖邊緣。經過一天一夜的激戰，太陽汗中箭身亡，乃蠻部全軍覆沒，僅剩太陽汗之子屈出律帶著數名隨從在亂軍中逃出生天。

一二〇六年，統一了草原諸部落的鐵木真在斡難河畔召開忽里勒台大會，正式建立了大蒙古國，在當時的漢文文書、典籍中，其蒙古語的漢字轉寫為「也客・蒙古・兀魯斯」（蒙古語中「也客」意為「大」，「兀魯斯」意為「國家」）。鐵木真被眾部落共同推舉為整個草原的可汗，號「成吉思汗」，意為「富有四海的汗」。從此之後，整個北方草原就以成吉思汗黃金家族所在的蒙古部落名稱來命名，生活在這片草原上的眾多遊牧部落，就統一以成吉思汗黃金家族所在的蒙古部落名稱來命名為「蒙古人」。

約在一二〇八年，輾轉各地躲避蒙古軍追擊的乃蠻部王子屈出律，到達喀喇契丹國都虎思斡耳朵。屈出律摸不清喀喇契丹的可汗耶律直魯古對自己的態度如何，因此沒有貿然親自前往覲見，而是讓一名親隨冒用自己的名字前去覲見，屈出律自己則扮作車夫，站在宮門外等候。屈出律等候之時，恰逢喀喇契丹的可敦和公主外出歸來，可敦見屈出律雖然樣貌落魄，但面露不凡之色，於是便將他帶入宮中盤問，屈出律只好以實情相告。於是，可敦將屈出律引薦給可汗耶律直魯古，耶律直魯古對屈出律很是欣賞，不僅收留了他，而且將公主耶律渾忽嫁給他為妻。

成為喀喇契丹的駙馬之後，屈出律請求耶律直魯古允許他以喀喇契丹的旗號召集乃蠻舊部，耶律直魯古答應了他的請求。不久之後，屈出律不僅召回了一部分遊牧在各地的乃蠻舊部，而且利用自己的駙馬身分拉攏了喀喇契丹的一些大臣和將領。此時，喀喇契丹西邊的附屬國花剌子模勢力強盛，希望擺脫喀喇契丹的控制。花剌子模的蘇丹摩訶末暗中聯絡屈出律，謀劃共同推翻耶律直魯古的統治，瓜分喀喇契丹。一二一二年，花剌子模依計進攻喀喇契丹的西部邊境，屈出律藉口招兵抵抗花剌子模，從岳父耶律直魯古手中討得了兵權，著手謀劃奪權。在耶律直魯古一次狩獵途中，屈出律埋下伏兵，突然發動政變，擒獲了耶律直魯古，並逼迫耶律直魯古讓位給自己。耶律直魯古萬般無奈，不得不讓位。到此時為止，喀喇契丹不再由耶律氏擔任可汗，已是名存實亡。一二一三年，退位後的耶律直魯古鬱鬱而終。

屈出律篡位成功後，將喀喇契丹南部錫爾河以西的土地割讓給花剌子模作為「酬謝」。屈出律登基後，一改喀喇契丹因俗而治的國策，倒行逆施，對喀喇契丹境內一些宗教的教徒實行宗教迫害，引起全國上下的普遍不滿。一二一五年，屈出律將喀喇契丹的都城遷到喀什噶爾。一二一八

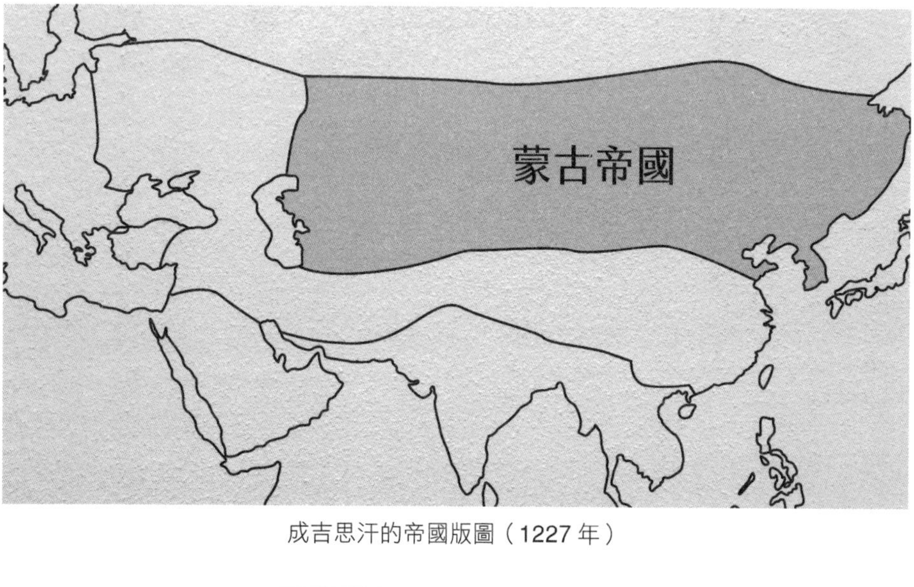


成吉思汗的帝國版圖（1227 年）

年，成吉思汗得知了宿敵乃蠻王子屈出律的下落，於是派遣哲別、郭寶玉領兵攻打屈出律統治下的喀喇契丹。飽受屈出律迫害的喀喇契丹百姓簞食壺漿迎接蒙古大軍，屈出律不戰而逃，在塔什庫爾幹一帶被當地獵人擒獲，獻給蒙古軍統帥哲別。哲別將屈出律處死，喀喇契丹正式劃入大蒙古國的版圖。

喀喇契丹覆滅後，契丹貴族波剌黑逃到波斯東南部克爾曼地區（大約位於今天伊朗克爾曼省），建立了克爾曼王朝，後世一些學者將其稱為「後西遼」。一三〇九年，克爾曼王朝被蒙古伊兒汗國所吞併。

自一一三二年耶律大石正式稱帝到一二一八年喀喇契丹被大蒙古國吞併，喀喇契丹在中亞地區稱雄近一個世紀，將中華文明向西推廣到了遙遠的中亞、西亞甚至南亞北部等廣大地區。

## 絲路樞紐：東西方貿易往來與文明互動

在傳統的契丹帝國時期，契丹人在草原絲綢之路上占據重要地位。契丹帝國極盛時，其疆域東至日本海，西至阿爾泰山，北至額爾古納河、外興安嶺一帶，南到今河北省中部的白溝河一帶，幾乎壟斷了草原絲綢之路東端的主要路線。到喀喇契丹（一些學者稱之為「第二契丹帝國」）時期，契丹人占據著草原絲綢之路上至關重要的河中地區。河中地區自西元前六世紀波斯帝國時代起，就是溝通東西方世界的橋樑。兩千多年來，河中地區一直是多民族、多種文化、多種文明碰撞與交融的舞臺。契丹人以河中地區為中心，占據中亞、西亞大片土地，也就占據著草原絲綢之路的樞紐。

契丹帝國的繁榮，客觀上推動了中亞、西亞、東歐草原民族國家的發展。其中，位於草原絲綢之路西端、東歐草原上的匈牙利，也是在十一至十三世紀時獲得迅速發展並達到鼎盛。匈牙利是東方商人經草原絲綢之路進入歐洲的第一站，也是歐洲商人走出歐洲、踏上草原絲綢之路的起點。東西方商品在那裡中轉，東西方商人在那裡匯聚。東面契丹帝國、喀喇契丹的經濟發展、貿易繁榮，客觀上促進了匈牙利的強盛。

十一至十三世紀時，匈牙利王國達到鼎盛，此時的匈牙利國王同時兼任波希米亞國王、克羅埃西亞大公、波蘭國王、那不勒斯國王、達爾馬提亞大公等職，所轄區域涵蓋了東歐絕大部分地區。匈牙利是基督教世界抵禦東方諸文明，特別是亞洲內陸遊牧文明和阿拉伯——伊斯蘭文明向西擴張的屏障，被當時歐洲人稱為「基督教之盾」。匈牙利在東面處於守勢的同時，不斷插手中歐、西歐事務，一直在西面處於攻勢，這也在客觀上阻擋了基督教文明向東擴張。因此，匈牙利成為東西方文明的分界線，它不僅處於東西方世界的地理節點上，而且處於政治、宗教和文明的節點上，兼具東西方文明的雙重特徵。

匈牙利人雖然定居歐洲，但屬於東方遊牧民族，與東方文明有著極深的淵源。匈牙利人自稱「馬紮爾人」（匈牙利文 Magyar），是亞歐大陸內陸草原遊牧民族，最早生活在卡瑪河、別拉雅河、烏拉爾山環抱地帶。馬紮爾人每年秋天遷徙到河谷地帶，以便能夠度過漫長的寒冬，開春就遷徙到山地平原或丘陵地帶，以便繁衍牲畜。馬紮爾人主要有七個遊牧部落：馬紮爾部（Magyar）、涅克部（Nyék）、菊特切爾馬特部（Kürtgyarmat）、陶爾揚部（Tarján）、耶諾爾部（Jenő）、塞爾部（Kér）和凱西部（Keszi），其中馬紮爾部最為強大，居於七個部落之首。因此，這七個遊牧部落以及後來形成的民族共同體，就以「馬紮爾」為名。九一年，位於中國北方的北匈奴西遷，揭開了亞歐大陸上持續近千年的民族大遷徙的序幕。九世紀時，馬紮爾人迫於來自中亞的各支遊牧民族的壓力，向西遷徙。為了避免被其他遊牧民族吞併，七個馬紮爾部落聯合三個可薩部落，組成了一個相對較大的部落聯盟。盟誓時，每個部落拿出一支箭，共十支箭捆在一起，插在敖包之上，象徵著聯盟的達成。在當時中亞遊牧民族的語言中，「十支箭」的發音為「On-Ogur」，鄰近的斯拉夫人以此來稱呼這個新成立的部落聯盟，並根據當時的斯拉夫語發音，將其訛讀為「Vengr」。這一名稱由斯拉夫人傳入歐洲，被一再轉譯、訛讀，就成了今天英語中的「Hungary」，中國學者在十九世紀末根據英語將其譯為「匈牙利」。

九世紀下半葉，匈牙利人翻越喀爾巴阡山脈，遷徙到東歐平原，並於八九六年正式建立匈牙利王國。匈牙利人初入歐洲時，攻勢極盛，兵鋒甚至一度遠至大西洋岸邊。九五五年八月，匈牙利人在奧格斯堡戰役中被東法蘭克王國薩克森王朝的第二代國王、神聖羅馬帝國的開創者奧托一世組織的歐洲聯軍擊敗。奧格斯堡戰役打破了匈牙利人不可戰勝的神話，極大地動搖了匈牙利的內部凝聚力。為了挽救民族危亡，匈牙利人不得不選擇皈依基督教。一〇〇〇年十二月二十五日，羅馬教皇西爾維斯特二世為匈牙利國王聖・斯蒂芬一世加冕，基督教被立為匈牙利王國的國教，匈牙利正式成為當時歐洲的一部分。

東方的契丹帝國在將燕雲十六州納入版圖之後，並沒有全盤照搬中原王朝的國家治理制度，而是結合本民族傳統，有選擇地將中原王朝典章制度融入自身的國家治理制度之中，因地制宜、因俗而治，確立了一國多制的國家治理方針。與東方的契丹帝國相輝映，西方的匈牙利王國雖然定居歐洲，卻也沒有全盤照搬當時歐洲的封建制度，而是始終堅持基於自身東方傳統，有選擇地將西方元素融入國家治理模式，創立出具有獨特性的州治制度（匈牙利文 Megyerendszert），使之成為匈牙利國家建構和治理的基石，更成為匈牙利得享數百年繁榮強盛的制度保障。州治制度將匈牙利人的東方傳統政治組織觀念，與當時歐洲普遍盛行的封建制度加以融合，是唯一一項將東方制度文明元素引入中世紀歐洲國家治理中的制度。州治制度與匈牙利國家獨特的治理模式，保障了匈牙利民族成為唯一一個進入歐洲，而沒有完全歐洲化的東方遊牧民族，深刻地影響了現代匈牙利民族有別於歐洲其他國家、民族的獨特價值觀念的形成，塑造了作為歐洲國家的匈牙利對東方文明的強烈認同感。

聖・斯蒂芬一世將基督教確立為匈牙利王國的國教之後，從歐洲各地邀請大量教士、騎士旅居匈牙利，幫助匈牙利人建設國家，這些人將歐洲的封建制度、思想文化、生活習俗等引入匈牙利王國。同時，聖・斯蒂芬一世融合了匈牙利人的東方遊牧民族傳統政治組織形式，和當時歐洲普遍盛行的封建制度，打破匈牙利人原有的氏族血緣紐帶，創立了匈牙利州治制度。匈牙利州治制度以地域為劃分依據、以城堡為中心。每個「州」（匈牙利文 Megye）的大部分土地屬於王室領地，負責提供王室的開支、供養國王在各州的軍隊；其他少部分土地是大領主的采邑、教會土地以及自由民的居住地。每個州以一座城堡為中心，城堡負責代表國王對該州履行行政管理職責，但城堡自身的行政管理體系，又是獨立於州之外的另一套系統，城堡的開支由隸屬於城堡的農奴負責提供。匈牙利的一些州採用第一任州長的姓氏來命名，例如索爾諾克州、薩波爾奇州等，但這與此前匈牙利人氏族部落以首領姓氏命名有著本質的不同，這僅僅是國王給予各州州長名義上的殊榮而已，不代表各州州長在自己管轄的州內具有實質上的絕對權力。各州州長僅僅是國王在各州的代言人，他們直接對國王負責，國王對各州州長有任免權。

與契丹帝國的「宮帳」制度、「捺缽」制度類似，匈牙利在國家中央行政管理方面，保留了草原遊牧民族的傳統習俗。在中央行政管理方面，聖・斯蒂芬一世保留了匈牙利人的遊牧民族傳統，沒有設立固定的國家首都，而是設立可以移動的「宮帳」，並在全國範圍內指定了幾個國王駐地，這與契丹帝國的斡耳朵制度、捺缽制度極為相似。每年的絕大部分時間裡，聖・斯蒂芬一世在全國各地巡行，他走到哪裡，宮帳就安在哪裡。巡行過程中，聖・斯蒂芬一世直接插手各地的行政管理事務、徵收各州王室領地的賦稅。每年，聖・斯蒂芬一世僅有少部分時間居住在指定的幾個國王駐地之中。宮帳制度是州治制度的一部分，有效地鞏固了匈牙利國王在地方上的絕對權力。

與契丹帝國的中央集權類似，州治制度的推行，使得地方權力收歸中央、收歸國王所有。匈牙利的州治制度融合了東西方制度文明的雙重元素，在很長一段時期內保障了東西方文化在匈牙利王國內部的和平共生，保障了國王的絕對權力和匈牙利王國的中央集權，客觀上加強了匈牙利的國家整合力和民族凝聚力，促進了匈牙利王國走向強盛。在十一至十三世紀極盛時，匈牙利王國所轄區域涵蓋波希米亞、波蘭、克羅埃西亞、那不勒斯、達爾馬提亞等東歐絕大部分地區，幾乎整個東歐都處於匈牙利王國的中央集權統治之下，這在客觀上為當地貿易的發展提供了和平、安定的環境。

州治制度也是匈牙利能夠在古代絲綢之路中發揮樞紐作用的制度保障。位於東西方文明分界的前提基礎和州治制度的制度保障，促進了匈牙利經濟的穩定發展和草原絲綢之路的貿易繁榮。十一至十三世紀，匈牙利王國是東方商人經草原絲綢之路進入歐洲的第一站，也是歐洲商人走出歐洲、踏上草原絲綢之路的起點。東西方商品在匈牙利中轉，東西方商人在匈牙利匯聚。匈牙利王國經濟、貿易在這一時期達到空前繁榮。

生活方式方面，在遊牧和定居之間、在保持自身遊牧民族傳統和借鑒農耕民族寶貴經驗之間尋找平衡點，是東方契丹帝國和西方匈牙利王國的共同特徵。匈牙利人原本是來自亞洲內陸草原的遊牧民族，初到東歐平原時，仍舊保持著遊牧生活方式。匈牙利牧民夏天趕著牧群「逐水草而居」，冬天則選擇背風避寒的地點安頓下來。隨著草原絲綢之路經過匈牙利境內，一些重要貿易地點逐漸發展為村莊甚至城鎮，這促進了匈牙利人由遊牧向定居生活的過渡。起初，匈牙利人村莊中的住舍以帳篷為主，僅有少量的房舍建築。

匈牙利人在夏季依舊離開村莊遊牧，只有冬季才回到村莊居住。隨著貿易繁榮，村莊逐漸成為匈牙利人的生產、生活重心，部分匈牙利人轉牧為農，圍繞村莊開墾耕地。匈牙利牧民的遊牧範圍也主要圍繞村莊展開，每逢星期日，除了在牧地看守火種的牧民之外，其他牧民大多回到村莊中從事禮拜活動。隨著生產力的提高、人口的增長和經濟、貿易的發展，一些較大的村莊逐漸發展為城鎮，這主要得益於草原絲綢之路的貿易繁榮。

由於貿易的繁榮、經濟的發展，匈牙利的社會分工特別是生產分工日益細化。在一些新興村莊中，全體成員甚至專門從事某一行業，這樣的村莊也相應地以這種行業來命名，例如科瓦奇村（匈牙利文 Kovácsi，意為「鐵匠」）、涅爾蓋什村（匈牙利文 Nyerges，意為「制鞍匠」）、喬塔利村（匈牙利文 Csatári，意為「制盾匠」）等。

草原絲綢之路貿易的繁榮和匈牙利經濟的發展，吸引了周邊一些國家和地區的居民移居匈牙利，充實了匈牙利王國的人口和勞動力。匈牙利王國位於東歐草原，地廣人稀。為了充實人口、提高生產力，聖・斯蒂芬一世在位時期就制定相關政策，招來其他國家和地區的移民進入匈牙利，並給外來移民提供種子和農具，鼓勵移民開墾荒地。鼓勵移民的政策為匈牙利王國歷代國王所沿用。到十三世紀初，匈牙利境內的移民不僅有來自東歐廣大地區的波希米亞人、烏克蘭人、羅馬尼亞人、克羅埃西亞人、斯拉夫人等，還有來自中歐、西歐的日爾曼人、高盧人等，甚至有來自亞洲內陸草原的庫曼人、佩切涅格人、欽察人、可薩人等，以及來自阿拉伯世界的穆斯林商人。外來移民的大量湧入和大量荒地的開墾，大大提高了匈牙利的社會生產力。

村莊和城鎮的興起、生產分工的細化與外來移民的大量湧入，是草原絲綢之路貿易繁榮、匈牙利經濟發展的必然結果，同時也進一步促進了草原絲綢之路貿易的繁榮，形成良性迴圈。匈牙利王國治下的達爾馬提亞地區位於亞得里亞海東岸，這一地區的紮拉城、斯普利特城等城市均是當時歐洲重要的貿易港口。僅僅是亞得里亞海東岸的貿易城市紮拉城，就足以成為「商業帝國」威尼斯的重要競爭對手，以至於一二〇二年第四次十字軍東征之初的第一場戰役，威尼斯人就慫恿十字軍攻占並洗劫了紮拉城，當時匈牙利的貿易繁榮程度由此可見一斑。經濟和貿易的空前繁榮，使得匈牙利在十一至十三世紀占據了草原絲綢之路中的重要地位。

匈牙利在古代絲綢之路中的重要地位，對東西方世界的文化繁榮和文明互動產生了深遠影響。匈牙利在草原絲綢之路上發揮的樞紐作用，促進了整個草原絲綢之路的貿易繁榮，進而促進了沿線草原民族、遊牧國家的崛起和興盛。十一至十三世紀是匈牙利貿易繁榮的鼎盛時期，同時也是契丹等東方草原民族、遊牧國家興盛的時期，和古代東西方文明頻繁互動時期。草原絲綢之路東端的契丹帝國與西端的匈牙利王國相互促進，通過貿易紐帶頻繁互動，共同推動著草原絲綢之路的發展繁榮。

歐洲中世紀時，匈牙利雖然是基督教世界在東面抵禦亞洲內陸遊牧民族，和阿拉伯人向西擴張的「基督教之盾」，但在草原絲綢之路上，卻是連接東西方貿易的橋樑。在匈牙利，不僅東西方商品在此中轉，而且東西方文明在此匯聚、交融、互動。匈牙利國王聖・拉斯洛一世在位時，匈牙利王國取得了抵禦來自亞洲內陸草原的遊牧民族，佩切涅格人和庫曼人向西擴張的決定性勝利，由此為匈牙利王國東部邊境帶來了長達一百五十多年的安全保障，為整個基督教世界創造了一個多世紀相對和平、安定的局面。民族大遷徙時代以來歐洲長達七百多年的大規模戰爭結束，西方基督教世界迎來了經濟、文化的發展時期，西歐的「十二世紀文藝復興」即得益於此。匈牙利在古代絲綢之路上的關鍵地位，塑造了匈牙利國家和民族的獨特性。時至今日，匈牙利仍是東西方世界的分界線，處於東西方文明交融的重要節點之上。二〇一五年六月六日，匈牙利與中國正式簽署了《中華人民共和國政府和匈牙利政府關於共同推進絲綢之路經濟帶和二十一世紀海上絲綢之路建設的諒解備忘錄》，成為歐洲第一個加入中國「一帶一路」倡議的國家，這有著深刻的歷史淵源，與匈牙利在古代草原絲綢之路上的重要地位密不可分。

位於草原絲綢之路關鍵位置的匈牙利王國，與草原絲綢之路東端契丹帝國（包括喀喇契丹）的友好往來、頻繁互動，帶動了整個草原絲綢之路的貿易繁榮，進而促進了東方草原帝國的崛起，十至十二世紀契丹帝國的興盛和十三世紀蒙古帝國的崛起，均受惠於這一時期草原絲綢之路的貿易繁榮。在草原絲綢之路貿易的帶動下，契丹人建立起東起渤海之濱，北至西伯利亞，南到今天河北、山西等地，向西曾一度遠至西亞的強大帝國，將東方的中華文明向北、向西推廣到遙遠的西伯利亞、中亞甚至西亞等地，為中華文明向世界的傳播做出了不可磨滅的貢獻。

草原絲綢之路沿線遊牧國家的崛起和東西方文明的頻繁互動，相當程度上得益於契丹帝國，特別是喀喇契丹在古代絲綢之路中的樞紐作用，及其對草原絲綢之路貿易繁榮的巨大貢獻。

## 帝國餘暉：東遼、後遼與後西遼的興衰

喀喇契丹覆滅後，契丹貴族特別是耶律皇族又先後建立了東遼、後遼與後西遼，一定程度上延續了契丹帝國的血脈。

東遼建國於一二一三年，是女真金國末年，契丹人建立的一個依附於大蒙古國的地方政權。

一二一一年初，大蒙古國成吉思汗在怯綠連河畔誓師，親率大軍攻打女真金國，為先祖俺巴孩汗復仇，正式拉開了為時二十四年的蒙古滅金戰爭的序幕。當時女真金國的總人口是大蒙古國總人口的四十多倍，常備軍是大蒙古國軍隊的十多倍，力量對比懸殊。成吉思汗在進行了充足軍事準備的同

時，在政治上拉攏被女真金國滅亡的契丹帝國後裔，分化瓦解女真金國。面對蒙古大軍的攻勢，女真金國的統治者衛紹王完顏永濟為防範契丹人投靠大蒙古國，規定在東北地區，兩戶女真人夾居一戶契丹人，以此來監視契丹民眾，引起了契丹人的普遍不滿。

女真金國有一名北邊千戶（官職名）耶律留哥，本為契丹帝國皇族後裔，見大蒙古國興起、女真金國衰落，漸漸生出起兵反金之心。一二一二年，趁女真金國上京（今黑龍江省阿城南）、泰州（今吉林省洮安四家子）一帶守軍調動之機，時年四十七歲的耶律留哥在隆安（今吉林省農安縣）、韓州（今吉林省梨樹縣）白山鄉岫岩村白山咀子山崗南坡一帶起兵反金，召集當地契丹人組建軍隊，號稱「義軍」。僅數月時間，雲集回應者達十多萬，耶律留哥自任都元帥，任命耶律的為副元帥，進攻當地金軍。女真金國的統治者衛紹王完顏永濟詔令咸平路招討使蒲鮮萬奴率軍進抵遼河一帶，征討耶律留哥。大軍出征前夕，衛紹王完顏永濟開出賞金：得耶律留哥骨者，每兩賞一兩黃金；得其肉者，每兩賞一兩白銀。耶律留哥自知憑藉自身力量無法與女真金國對抗，於是聯絡大蒙古國，請求援助。在蒙古軍的幫助下，耶律留哥在迪吉腦兒（今遼寧省昌圖縣）大敗金軍。一二一三年農曆三月，耶律留哥自立為「遼王」，年號元統，國號為「遼」，史稱「東遼」。一二一五年農曆十一月，耶律留哥親自到蒙古草原朝覲成吉思汗，成吉思汗賜予他金虎符，並正式冊封他為「遼王」。耶律留哥定都咸平（今遼寧省開原市老城區），稱為「中京」。

一二二〇年，耶律留哥病逝，由於耶律留哥長子耶律薛闍正在跟隨成吉思汗西征的途中，因而暫時由耶律留哥繼妻姚里氏（一些史籍中記載姚里氏名為姚里掇蘭）攝政。一二二六年，姚里氏帶著兒子耶律善哥、耶律鐵哥、耶律永安和侄子耶律塔塔兒、孫子耶律收國奴，到成吉思汗西征途中的阿里湫城朝覲。成吉思汗見到姚里氏一行不遠萬里前來朝覲，賜以美酒佳餚，並讚歎道：「這裡距離您那裡非常遙遠，雄鷹都飛不到的地方，您一位女子竟能夠到達！」姚里氏向成吉思汗奏請道：「我丈夫留哥已經去世多年，契丹官民無主，留哥的長子薛闍扈從您西征多年，我願以次子善哥來代替他，還請您允許薛闍回到契丹襲爵。」成吉思汗十分欣賞耶律薛闍，於是婉言拒絕道：「薛闍跟隨我西征，搭救我的兒子，屢立戰功，如今已經是我們蒙古人的家人了，不可遣回，可令您的兒子善哥承襲父爵。」姚里氏再次奏請道：「薛闍是留哥已經過世的原配夫人所生，是留哥的嫡子，善哥是我所生，我怎麼能夠拋棄薛闍而讓我生的兒子襲爵？這樣利己的事我萬萬不能做！」成吉思汗聽罷深受感動，不禁由衷讚歎：「縱觀天下的女人，能配得上為人主的，只有我的母親一人，能配得上為人臣的，只有薛闍的母親姚里氏一人！」於是，成吉思汗依姚里氏所請，留下耶律善哥，讓耶律薛闍回到東遼承襲王位。

一二三〇年，大蒙古國窩闊台汗改革地方行政，將東遼劃歸大蒙古國廣寧府路管轄，由東遼國王兼任「大蒙古國行廣寧府路總管軍民萬戶府事」。自一二二九年至一二三七年，耶律薛闍多次跟隨窩闊台汗南征女真金國、東征高麗，屢立戰功。一二三八年，耶律薛闍病逝，時年四十六歲，其子耶律收國奴襲爵。耶律收國奴在位期間，多次跟隨蒙古軍東征高麗。一二五九年，耶律收國奴病逝，時年四十五歲，其長子耶律古乃襲爵。一二六九年，大蒙古國薛禪汗忽必烈改制，將廣寧府路與東京合併，耶律古乃卸任「大蒙古國行廣寧府路總管軍民萬戶府事」一職，同時也不再擔任「遼王」。同年，耶律古乃去世，時年三十六歲，東遼不復存在。

一二一五年，東遼國王耶律留哥攻占了女真金國的東京遼陽府，部將耶律厮不勸耶律留哥稱帝，擺脫大蒙古國，遭到耶律留哥的拒絕。一二一六年初，耶律厮不帶兵脫離耶律留哥，在澄州（今遼寧省海城市）稱帝，年號天威，國號為「遼」，史稱「後遼」。不久之後，耶律厮不被部下所殺，後遼眾臣推舉宰相耶律乞奴「監國」，暫時代掌國家權力，改年號為「天佑」。一二一六年秋，成吉思汗麾下「四傑」之一木華黎，率領大軍協助東遼進攻後遼，耶律乞奴不敵，率領九萬多名契丹部眾渡過鴨綠江向東逃亡。後遼政權剛剛到達鴨綠江東岸，就發生了內訌，耶律金山殺掉耶律乞奴，自稱「遼王」，改年號為「天德」。一二一七年，耶律統古與弒殺耶律金山，取而代之成為「遼王」，沿用「天德」年號。一二一八年，耶律喊舍弒殺耶律統古與，成為新一任「遼王」，沿用「天德」年號。一二一九年正月，東遼聯合蒙古軍進攻後遼，耶律喊舍兵敗，自縊身亡，後遼約五萬契丹部眾歸降東遼。自此，曇花一現的後遼政權宣告滅亡。

契丹帝國皇族後裔在東北地區相繼建立東遼、後遼之時，在遙遠的西亞地區，喀喇契丹（西遼）的一名貴族波剌黑建立了克爾曼王朝，後世一些學者將其稱為「後西遼」，這是契丹人建立的最後一個王朝。

一二一八年，喀喇契丹（西遼）在蒙古和花剌子模的夾擊下滅亡。喀喇契丹的一名貴族波剌黑，率領一部分喀喇契丹臣民向西遷徙到波斯東南部克爾曼地區，並於一二二四年在當地建立克爾曼王朝，後世一些學者稱其為「後西遼」。克爾曼王朝並非契丹帝國皇族耶律氏所建立，也沒有史籍明確記載它使用過「契丹」或「遼」的國號，但克爾曼王朝奉契丹（遼）為正統，多桑在《蒙古史》中也寫道：「有兩個喀喇契丹王朝，後一個王朝晚於前一個王朝一百多年。」克爾曼王朝（後西遼）堅持契丹鑄幣的成例，其錢幣為打制幣，上有阿拉伯文書寫的王號，目前出土的克爾曼王朝幣上沒有見到漢文字樣。

克爾曼王朝（後西遼）歷經八位皇帝執政、兩位皇后攝政。一二五一年，大蒙古國蒙哥汗任命胞弟旭烈兀為蒙古西征軍統帥，率領十萬大軍西征，並任命怯的不花為先鋒，率一萬兩千軍隊先行，開啟了大蒙古國的第三次西征。西征軍出發前，蒙哥汗向旭烈兀許諾，此次西征攻占的土地都將劃給旭烈兀作為封國，只要這些土地上的人民都遵守成吉思汗頒行的《大箚撒》、並擁護蒙哥汗的正統地位即可。因此，旭烈兀一改前兩次蒙古西征中的狂飆突進戰術，在西征過程中穩紮穩打、步步為營，儘量避免大規模的破壞，並且每攻占一地，都立刻委派地方長官進行治理。一二五六年，蒙古西征軍攻滅了位於今天伊朗北部的木剌夷國，大蒙古國蒙哥汗正式冊封自己的胞弟、西征軍統帥旭烈兀為「伊兒汗」，伊兒汗國正式建立。一三〇四年，伊兒汗國可汗合贊病逝，可汗完者都繼位。一三〇九年，伊兒汗國可汗完者都親自率軍進攻克爾曼王朝，克爾曼王朝被伊兒汗國所吞併。至此，契丹人建立的最後一個王朝宣告結束。

契丹銀幣

內 지

尾聲

# 契丹民族的發展與融合

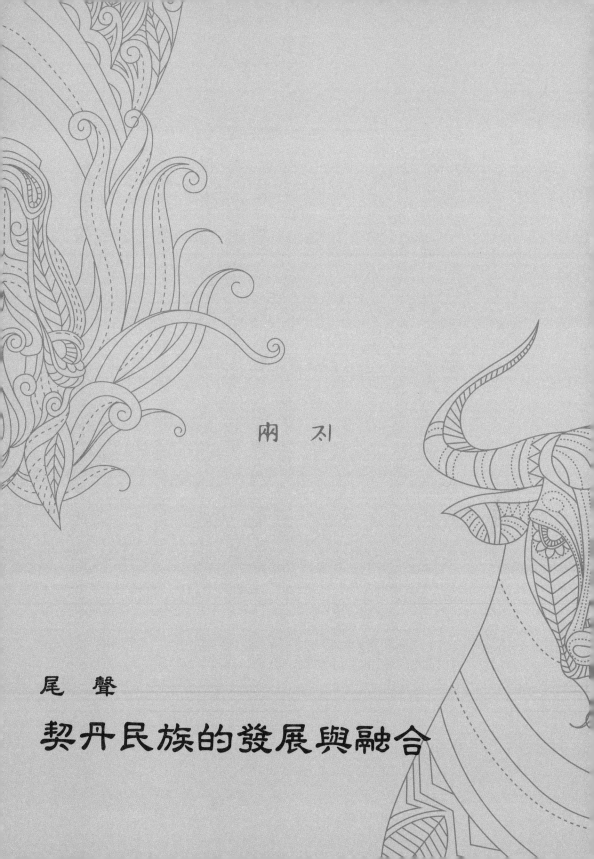

契丹帝國的歷史雖然結束了，但契丹民族的歷史並沒有隨之結束。契丹帝國覆亡後，經歷了數百年的發展，契丹民族的主體融入了今天中國境內，包括漢民族在內的很多民族之中，成為中華民族大家庭中的一分子。此外，一部分契丹人散落在中亞、西亞等地，多與當地民族融合。

耶律大石率領部眾西遷後，尚有一部分契丹人留在了中國東北、中原一帶，成了女真金國的屬民。最初，女真金國將契丹人編入女真金國的社會組織——猛安、謀克之中，為了防範契丹貴族階層復興契丹帝國，女真金國不允許契丹貴族，特別是皇族耶律氏、后族蕭氏使用自己的舊姓，將一部分「耶律氏」改為「移剌氏」，將一部分「蕭氏」改為「石抹氏」，女真金國後期投靠成吉思汗的名將石抹明安，就是契丹帝國后族蕭氏的後裔。為拉攏契丹貴族，女真金國一方面允許一部分契丹帝國皇族，保留皇族的「耶律」姓氏和后族的「蕭」姓氏，如成吉思汗麾下的謀士耶律楚材，一方面為契丹貴族賜女真金國的國姓「完顏」。金世宗完顏烏祿（漢語名完顏雍）在位時，將契丹人的猛安、謀克分散，帶領契丹人與女真人、漢人、渤海人等混居。

女真金國末年，很多契丹人幫助大蒙古國攻打女真金國，一部分契丹貴族又恢復自己的契丹舊姓。因此，一部分契丹人也融入蒙古民族之中。女真金國覆亡後，元朝將生活在中原地區的漢族人、女真人、契丹人、党項人等一些族群統稱為「漢人」。成吉思汗麾下重臣耶律楚材，就是契丹帝國皇族後裔。耶律楚材是契丹帝國的開國君主耶律阿保機九世孫、耶律突欲八世孫。耶律楚材出生時，其父耶律履援引《春秋左氏傳》中「雖楚有材，晉實用之」的典故，為新生兒取名「耶律楚材」，不料一語成讖，出生在女真金國的耶律楚材，長大後成為大蒙古國的棟樑之材。耶律楚材的祖父、父親都在女真金國的中都（今北京市）做官，耶律楚材從小受到過良好的教育，特別是受到過系統性的儒家教育。他博覽群書，不僅精通儒家經典，而且精通天文、地理、律曆、術數、醫卜等學問。耶律楚材歸順成吉思汗之後，跟隨成吉思汗征戰四方，成為成吉思汗最為倚重的謀士。因為耶律楚材留有長長的鬍鬚，成吉思汗一直親切地稱呼他為「吾圖撒合里」，是蒙古語「長髯公」之意。耶律楚材輔佐了大蒙古國成吉思汗和窩闊台汗兩位可汗，創立各項典章制度，為大蒙古國以及後來元朝的發展做出了不可抹滅的巨大貢獻。

女真金國滅亡之後，一部分契丹人遷回東北故鄉，在明朝時被劃歸為「野人女真」的一部分。大清帝國建立後，這一部分人被編入滿洲八旗。因其語言、風俗、習慣等方面保留了契丹民族的部分傳統，因而在大清帝國時期，就有學者注意到東北地區滿洲八旗中的索倫部，就是由一部分契丹後裔組成的。「索倫」是大清帝國時期對今中國東北地區達斡爾族、鄂溫克族、鄂倫春族以及今蒙古國、俄羅斯境內布里亞特人的統稱。索倫部中的達斡爾人，在生產方面或是生活方式如狩獵、馴鷹等，與古代契丹民族極為相似。

二十世紀末至二十一世紀初，歷史學家、考古學家、人類學家、民族學家從契丹墓葬中古標本的牙髓和骨髓中，用硅法提取了線粒體DNA，與今天達斡爾族的基因進行比較，發現達斡爾族與古代契丹民族的DNA最為相近，進而認定今天的達斡爾族可能是古代契丹民族的直系後裔。達斡爾族民間文學作品極為豐富，包括民間故事、神話、祝贊詞、民歌等多種形式，其中民間故事是達斡爾族民間文學中內容最為豐富的一種體裁，代表作品有《阿波卡提莫日根》、《德布庫的傳說》、《套嘎沁脫險》、《阿拉塔尼莫日根》、《尼桑薩滿的傳說》、《德莫日根和齊尼花哈托》等，其中又以莽蓋故事最具特色。「莽蓋」在草原民族的民間傳說中，是一個半人半獸、形象怪異的巨型惡魔，它在北方草原民族的傳統觀念中，則是大自然中的破壞力和社會惡勢力的化身，莽蓋故事實則寄託著達斡爾族人民抵禦自然風險、戰勝惡勢力的美好願望。達斡爾族莽蓋故事中的代表作品有《去殺莽蓋》、《天神戰勝莽蓋》等。這些民間文學作品中含有東向拜日、舉火燒天等很多古代契丹民族的傳統習俗。此外，達斡爾人的圍棋與漢民族傳統的圍棋不同，卻與契丹帝國墓葬中出土的圍棋極為相似。

在今天中國的雲南一帶，有一部分自稱「本人」的居民，他們現今的民族成分雖然填寫「漢族」，但歷史學家、人類學家、民族學家考察他們的族譜、墓碑發現，這一部分「本人」很有可能是大蒙古國時期跟隨蒙古軍南下、留在當地的契丹人後裔。「本人」祖先的墓碑上有契丹小字。二十世紀九〇年代，學者在當地考察發現，「本人」在介紹

達斡爾族圍鹿棋

姓氏時，前面均會加上兩個字「阿莽」，例如「本人」自稱姓「阿莽蔣」、「阿莽李」、「阿莽趙」等。雲南省德宏傣族景頗族自治州一戶姓「蔣」（自稱姓「阿莽蔣」）的「本人」家中族譜明確記載：「蔣氏祖先姓耶律氏，名阿保機，創建遼朝，為金所滅，後裔以阿為姓，又改為莽。」這份族譜記載了南遷的耶律家族，在姓氏上的變化歷程。蔣氏「本人」的祖先本姓耶律，契丹帝國滅亡後，他們取阿保機名字漢語音譯的第一個字「阿」為姓，後來為了避免女真人的敵視，改姓「莽」。明朝時，他們因幫助明朝平定地方叛亂有功，成了當地的世襲土司，改姓「蔣」。除了這份族譜之外，學者們考察了蔣氏「本人」的宗祠，宗祠正門向東，符合契丹民族「坐西向東」、「東向拜日」的傳統習俗。並且，祠堂正門的對聯上還寫道：「耶律庭前千株樹，莽蔣祠內一堂春。」祠堂內部壁畫上也體現了北方草原遊牧民族的生活習俗。經 DNA 測序證明，雲南一帶的「本人」與古代契丹民族的 DNA 十分相近，結合歷史學家、人類學家、民族學家在當地的考察結果，可以認定「本人」也是古代契丹民族的後裔。

時至今日，在中亞的哈薩克、吉爾吉斯等國家中，存在著以遊牧為生的乞塔（契丹）部落，他們自稱是西遷的契丹人後裔。在今天的乞塔部落中，有一部分部民以耶律大石的「菊兒汗」稱號漢語音譯的第一個字「菊」為姓，轉寫成「局」。

享國三百多年的契丹帝國雖然覆滅，但契丹民族後裔卻得以留存下來、繁衍生息。契丹民族後裔主要生活在今天中國的東北、西南地區以及中亞地區的哈薩克、吉爾吉斯等地。

# 大事年表

五五三年，農曆十月，北齊文宣帝侯尼干（漢語名高洋）御駕親征，進攻契丹。

六〇五年，契丹大舉南下，進攻隋朝邊境重鎮營州（今遼寧省朝陽市）。

六一九年，契丹首領大賀咄羅率軍進攻唐朝平州，大掠而去。

六二三年，契丹首領大賀咄羅遣使到長安，向唐朝進貢名馬、豐貂，以示歸附。

六二八年，大賀咄羅的繼任者大賀摩會率部眾歸附唐朝，並親自到長安朝貢。

六四八年，唐太宗在契丹聚居地設立松漠都督府，作為管理契丹的羈縻都督府。唐太宗冊封契丹部落聯盟首領大賀窟哥為第一任松漠都督，並賜國姓「李」。

六六〇年，唐高宗任命阿史德樞賓為沙磚道行軍總管，會同遼東經略薛仁貴討伐契丹。

六九六年，農曆五月十二日，契丹首領兼松漠都督李盡忠率領契丹人發動起義，攻克營州，斬殺武周邊將趙文翽，史稱「營州之亂」；同年農曆五月二十五日，武則天詔命左鷹揚衛將軍曹仁師、右金吾衛大將軍張玄遇、左威衛大將軍李多祚、司農少卿麻仁節等二十八員將領率軍征討契丹；同年農曆十月，李盡忠病逝，其妻兄孫萬榮接任。

六九七年，農曆三月，武則天任命王孝傑為統帥，再次派遣大軍征討契丹；同年夏，在武周政權與後突厥汗國的夾擊下，孫萬榮兵敗，逃亡途中被家奴所殺，首級被送到洛陽。

六九八年，大祚榮在東牟山山城正式建國，初名「震國」，即渤海國前身，大祚榮自稱「震國王」。

七〇〇年，武則天詔命李楷固、駱務整等將領率軍追剿契丹起義軍餘部。

七一三年，唐玄宗冊封震國王大祚榮為「渤海郡王」，加授忽汗州都督，震國正式更名為「渤海國」。

七一四年，契丹部落聯盟首領李失活趁後突厥汗國衰落之際，主動向唐朝示好。

七一六年，李失活與奚族首領李大酺一同到長安朝覲唐玄宗，唐玄宗賜其丹書鐵券，復置松漠都督府，冊封李失活為松漠都督，繼而冊封他為松漠郡王，並授其為左金吾衛大將軍。

七一七年，唐玄宗將東平王李續外孫楊元嗣的女兒冊封為永樂公主，將其嫁給李失活。

七一八年，李失活去世，其堂弟李娑固繼任，永樂公主復嫁李娑固。

七一九年，農曆十一月，李娑固與永樂公主共同到長安朝覲唐玄宗。

首領。

七二〇年，李娑固被可突干所殺，李娑固的堂弟李郁干被擁立為契丹首領。

七二二年，李郁干到長安朝覲唐玄宗，請求和親。唐玄宗將燕郡公主賜予李郁干，並冊封李郁干為松漠郡王，授左金吾衛員外大將軍兼靜析軍經略使。

七二三年，李郁干病逝，其弟李吐干繼任契丹首領，燕郡公主復嫁李吐干。

七二五年，李吐干攜燕郡公主投奔唐朝，唐玄宗冊封他為遼陽郡王，可突干擁立李盡忠的弟弟李邵固為契丹首領。

七三〇年，可突干殺害李邵固，擁立遙輦屈列為可汗，史稱「遙輦窪可汗」，遙輦氏取代大賀氏成為契丹部落聯盟首領。

七三二年，唐玄宗詔令信安王、禮部尚書李禕為河北道行軍副總管，會同幽州長史、知范陽節度事趙含章出塞進攻契丹。

七三三年，契丹在渝關都山一帶大破唐軍。

七三四年，唐玄宗興兵攻打契丹，幽州長史兼禦史中丞張守珪策動契丹松漠都督府衙官李過折謀反；農曆十二月，李過折襲殺契丹可汗遙輦屈列以及可突干等數十名契丹貴族，投靠唐朝。

七三五年，農曆正月，唐玄宗冊封李過折為北平郡王、松漠都督。

七四五年，後突厥汗國滅亡，契丹投靠唐朝。

七四六年，遙輦楷落即位，史稱「胡剌可汗」，唐玄宗冊封他為恭仁王、代松漠都督。

七五五年，唐朝內部爆發「安史之亂」，契丹幫助唐朝平叛。

七六五年，唐代宗冊封党項首領拓跋朝光為靜邊州大首領、左羽林大將軍，並准其在銀州建立牙帳。

八四二年，唐武宗李炎賜給契丹可汗遙輦屈戍一枚「奉國契丹之印」。

八七二年，耶律阿保機出生於契丹迭剌部耶律氏家庭。

八七八年，太祖耶律阿保機的皇后述律月里朵出生。

八八二年，韓延徽出生。

八九二年，耶律阿保機與述律月里朵成婚。

九〇六年，農曆十二月，痕德可汗遙輦欽德去世，夷離堇耶律阿保機自立為可汗。

九一一年，農曆五月，第一次諸弟之亂爆發。

九一二年，農曆七月，第二次諸弟之亂爆發。

九一三年，農曆三月，第三次諸弟之亂爆發。

九一五年底至九一六年初，「鹽池之變」爆發。

九一六年，耶律阿保機正式稱帝，定國號為「大契丹國」。

九一七年，太祖耶律阿保機的長孫、耶律突欲的長子耶律兀欲出生，即後來的遼世宗。

九一八年，王建建立高麗，定都開州，後改稱開京。

九二一年，耶律阿保機攻打後唐，第四子耶律牙里果隨軍出征，被後唐軍隊俘虜，軟禁於太原。

九二三年，李克用之子、後唐開國皇帝李存勗滅掉後梁；耶律剌葛被殺。

九二四年，渤海國殺死了契丹帝國遼州刺史張秀實，大肆劫掠遼州。

九二五年，冬，耶律阿保機御駕親征，傾全國主力進攻渤海國。

九二六年，契丹帝國滅亡渤海國，耶律阿保機在渤海國故地建立東丹國，由太子耶律突欲擔任東丹王。耶律阿保機在從渤海國班師途中駕崩。數月後，耶律阿保機幼弟耶律蘇病逝。

九二七年，秋，應天太后述律月里朵在上京臨潢府舉行新帝選舉儀式，耶律阿保機次子耶律堯骨被選為新君，史稱「遼太宗」。

九二九年，太宗耶律堯骨將東丹國天福城居民遷至遼河流域，天福城遂廢棄。

九三〇年，農曆三月，太宗耶律堯骨冊封耶律李胡為皇太弟，史稱「壽昌皇太弟」，令他兼任「天下兵馬大元帥」；耶律突欲渡海南逃至後唐，東丹國暫時由其妻蕭氏攝政。

九三一年，太宗耶律堯骨的長子耶律述律出生，即後來的遼穆宗，母為皇后蕭溫。

九三三年，後唐明宗李嗣源病逝，其子李從厚即位。

九三四年，後唐明宗李嗣源的養子、潞王李從珂攻陷後唐首都洛陽，廢黜李從厚，自立為帝，史稱「後唐末帝」。

九三五年，農曆正月，太宗耶律堯骨的皇后蕭溫在春捺缽期間病逝。

九三六年，石敬瑭主動請求認比自己小十歲的太宗耶律堯骨為父（石敬瑭時年四十四歲，耶律堯骨時年三十四歲），請求太宗耶律堯骨出兵幫助自己爭位。同年農曆十一月，太宗耶律堯骨在柳林冊封石敬瑭為皇帝，國號為「晉」，史稱「後晉」，年號天福；石敬瑭當即尊太宗耶律堯骨為「父皇帝」，自稱「兒皇帝」，並將燕雲十六州割讓給契丹帝國；契丹軍攻陷後唐首都洛陽前夕，後唐末帝李從珂邀耶律突欲一同自焚殉國，耶律突欲不肯，被李從珂殺害；同年，耶律阿保機第四子耶律牙里果在被中原王朝俘虜十五年之後回國。

九三八年，農曆十一月，後晉君臣為宗主國皇帝耶律堯骨上尊號為「睿文神武法天啟運明德章信至道廣敬昭孝嗣聖皇帝」。

九三九年，太宗耶律堯骨的長子耶律述律受封為壽安王。

九四〇年，耶律突欲長子耶律兀欲繼任東丹國國王。

九四二年，「兒皇帝」的石敬瑭病逝，石敬瑭的養子、手握重兵的石重貴即位。

九四七年，契丹大軍攻入後晉都城開封，俘虜石重貴，後晉滅亡；農曆四月二十二日，太宗耶律堯骨在北返途中病逝；農曆四月二十三日，太祖耶律阿保機的長孫、耶律突欲的長子耶律兀欲在太宗靈柩前即契丹帝國帝位，史稱「遼世宗」。世宗耶律兀欲與祖母述律太后達成「橫渡之約」。

九四八年，駙馬蕭翰聯合耶律天德、耶律劉哥、耶律盆都等人發動叛亂，被世宗耶律兀欲平定。

九四九年，駙馬蕭翰與妻子、世宗耶律兀欲的妹妹耶律阿不里再次聯合宗室貴族謀反，並寫信勾結耶律安端一同謀反，被耶律安端之子耶律察割告發，蕭翰被處死，耶律阿不里被逮捕入獄，不久後死去，耶律安端未受實質性處罰；農曆十月，世宗耶律兀欲冊封出身後族的蕭撒葛只為皇后，與甄皇后並立。

九五一年，農曆九月，耶律察割發動「火神澱之亂」，弒殺世宗耶律兀欲、甄皇后、蕭皇后以及世宗耶律兀欲的母親、太后蕭氏；耶律屋質、耶律述律等人斬殺耶律察割、平定叛亂；「火神澱之亂」平定後，太宗耶律堯骨之子耶律述律即位，史稱「遼穆宗」；北漢建立，位於今山西省中部、北部地方，都城晉陽，是「十國」中唯一一個位於中國北方的政權，北漢依附契丹帝國。

九五二年，農曆十二月，耶律阿保機五弟耶律安端病逝。

九五三年，耶律李胡的次子耶律宛等人謀反，被穆宗耶律述律平定；穆宗耶律述律唯一的同母弟、太平王耶律罨撒葛謀劃叛亂未遂，被罰幽禁三個月；蕭綽出生，即後來的承天太后；述律太后病逝。

九五九年，穆宗耶律述律的異母弟、太宗耶律堯骨第四子耶律敵烈策劃謀反未遂。契丹帝國的開國功臣韓延徽病逝，加諡號「崇文令公」。

九六〇年，耶律李胡的長子耶律喜隱策動謀反，被穆宗耶律述律平定，耶律喜隱被捕入獄。後周殿前都點檢趙匡胤發動陳橋兵變，建立宋朝，史稱「北宋」。

九六一年，耶律喜隱被穆宗釋放出獄。

九六九年，農曆二月二十二日，穆宗耶律述律在黑山圍獵時被侍從所殺，這次事件史稱「黑山之變」。世宗耶律兀欲的次子耶律明扆受群臣擁立即位，史稱「遼景宗」。此後，契丹帝國的帝位一直在太祖長子耶律突欲一支中傳承。

九七〇年，農曆五月十三日，北府宰相蕭思溫遇刺身亡。

九七二年，穆宗同母弟耶律罨撒葛病逝。

九七六年，農曆二月初五，景宗耶律明扆正式下詔，明文規定皇后蕭綽在詔令中自稱「朕」或「予」。宋太祖趙匡胤離奇去世，弟弟趙光義即位，史稱「宋太宗」。

九七八年，高勳、女里因涉嫌蕭思溫遇刺案，被賜死。

九七九年，農曆二月，宋太宗趙光義御駕親征，進攻北漢，宋軍在白馬嶺之戰中擊退契丹援軍，滅亡北漢；農曆六月，宋太宗率軍進攻契丹帝國南京析津府（幽州城），「高梁河之戰」爆發，宋軍幾乎全軍覆沒，宋太宗第一次北伐被挫敗；耶律休哥因對宋戰功，被景宗耶律明扆冊封為「于越」。

九八〇年，景宗耶律明扆御駕親征，在宋朝邊境一帶大掠而去。

九八二年，契丹帝國徹底廢掉東丹國國號，東丹國宣告結束。

九八三年，景宗耶律明扆病逝，長子耶律文殊奴即位，史稱「遼聖宗」，其母承天太后蕭綽奉遺詔攝政。

九八五年，農曆七月，聖宗耶律文殊奴傳諭契丹帝國諸道諸部，整頓兵馬，準備東征高麗；党項首領李繼遷與族弟李繼沖誘殺宋朝駐防西北的將領曹光實，攻占銀州、會州，徹底與宋朝決裂。

九八六年，宋太宗趙光義對契丹帝國發起「雍熙北伐」，契丹帝國一方稱之為「統和戰爭」，宋軍慘敗。

九八九年，景宗耶律明扆與蕭綽所生的第三女耶律延壽奴下嫁蘭陵王蕭撻凜之子蕭恒德。

九九二年，聖宗耶律文殊奴任命東京留守蕭恒德為統帥，出兵東征高麗。

九九三年，高麗成宗王治向契丹帝國奉表請罪，契丹帝國第一次東征高麗的戰爭宣告結束。

九九四年，承天太后蕭綽將近支堂弟蕭隗因的女兒蕭菩薩哥選入宮中，冊封為貴妃。

九九六年，党項首領李繼遷截擊宋軍軍糧四十萬擔，宋太宗趙光義派兵攻打李繼遷，被李繼遷擊敗。

九九七年，宋太宗趙光義病逝，第三子壽王趙恒即位，史稱「宋真宗」。

一〇〇一年，聖宗耶律文殊奴冊立蕭菩薩哥為皇后。

一〇〇三年，承天太后蕭綽和聖宗耶律文殊奴派遣官吏在原回鶻王城附近開始修建可敦城；宋真宗藩邸重臣王繼忠被契丹軍俘虜，歸降契丹帝國。

一〇〇四年，承天太后蕭綽和聖宗耶律文殊奴御駕親征，進攻宋朝。

一〇〇五年，契丹帝國與宋朝簽訂「澶淵之盟」。

一〇〇六年，党項首領李德明向宋朝上表請求歸附，宋真宗趙恒加封李德明為特進、檢校太師兼侍中、持節都督夏州諸軍事、行夏州刺史、上柱國、定難軍節度使等職。

一〇〇九年，農曆十一月初一，承天太后蕭綽為聖宗耶律文殊奴舉行「燔柴禮」，聖宗耶律文殊奴親政；農曆十二月十一日，承天太后蕭綽病逝。

一〇〇九年至一〇一〇年，高麗西京留守康肇弒殺高麗穆宗王誦，擁立高麗近支宗室王詢為國王，史稱「高麗顯宗」；高麗擅自廢立國王，並未向宗主國契丹帝國通報。

一〇一〇年，農曆十一月，聖宗耶律文殊奴親率四十萬大軍，發起了對高麗的第二次東征；農曆十二月二十八日，高麗顯宗王詢逃離高麗都城開京。

一〇一一年，農曆正月初一，契丹大軍攻占開京，並將其付之一炬。高麗顯宗王詢遣使奉表請罪，契丹帝國第二次東征高麗的戰爭宣告結束。契丹帝國設置西北路招討司，駐地為可敦城。

一〇一三年，契丹帝國以高麗顯宗王詢未能親自到上京朝覲為由，向高麗索要鴨綠江東岸的六個州，被高麗拒絕。

一〇一五年，高麗顯宗王詢派遣民官侍郎郭元渡海到宋朝朝貢，並停用契丹帝國的「開泰」年號，改用宋朝的「大中祥符」年號。

一〇一六年，聖宗耶律文殊奴第四子出生，初名耶律木不孤，後改名為耶律只骨，即後來的遼興宗。

一〇一八年，聖宗耶律文殊奴任命東平郡王蕭排押為都統、蕭虛烈為副都統、契丹帝國東京留守耶律八哥為都監，率領十萬大軍發起對高麗的第三次東征。

一〇一九年，高麗顯宗王詢遣使向契丹帝國謝罪、進貢。

一〇二〇年，高麗顯宗王詢向契丹帝國呈上降表，契丹帝國對高麗發起的第三次東征宣告結束。

一〇二一年，聖宗耶律文殊奴改年號為「太平」，契丹帝國在聖宗耶律文殊奴時期的鼎盛局面史稱「太平之治」；耶律只骨同母弟耶律孛吉只出生。

一〇二八年，聖宗耶律文殊奴將皇后蕭菩薩哥的堂兄弟蕭匹里與秦國公主耶律燕哥所生的女兒蕭三情冊立為太子妃，許配給太子耶律只骨；党項人滅亡了甘州回鶻，占據了整個河西走廊，勢力範圍擴展到了玉門關。

一〇三一年，聖宗耶律文殊奴病逝，第四子耶律只骨即位，史稱「遼興宗」；党項向契丹帝國請求和親，契丹帝國興平公主下嫁李元昊。

一〇三二年，趁興宗耶律只骨舉行春捺缽之時，興宗的生母法天太后蕭耨斤趁機矯詔，將聖宗的皇后、興宗的養母齊天太后蕭菩薩哥賜死；法天太后蕭耨斤廢掉興宗皇后蕭三蒨，將自己的親弟弟蕭胡獨堇之女蕭撻里冊立為興宗的皇后；党項首領李德明病逝，其子李元昊繼任；李元昊對河湟吐蕃發動戰爭，攻占了貓牛城。

一〇三四年，法天太后蕭耨斤密謀廢掉興宗耶律只骨，改立幼子耶律孛吉只為帝；耶律孛吉只告發法天太后蕭耨斤，興宗耶律只骨將法天太后蕭耨斤貶為庶人，押往慶州幽禁。

一〇三六年，党項首領李元昊擊敗河西回鶻，占領肅州。

一〇三七年，塞爾柱帝國建立。

一〇三八年，党項首領李元昊正式稱帝建國，國號「大夏國」，史稱「西夏」；李元昊之妻、契丹帝國「和親」的興平公主離奇去世，興宗耶律只骨遣使責問李元昊。

一〇三九年，李元昊要求宋朝正式承認他的皇帝稱號，宋朝斷然拒絕，西夏與宋朝之間正式拉開戰爭序幕。

一〇四〇年，西夏與宋朝之間爆發「三川口之戰」，宋軍慘敗。

一〇四一年，西夏與宋朝之間爆發「好水川之戰」，宋軍慘敗；西夏與宋朝之間爆發「麟府豐之戰」，宋軍失利。

一〇四二年，西夏與宋朝之間爆發「定川寨之戰」，宋軍慘敗；遼興宗耶律只骨趁宋夏定川寨之戰宋軍慘敗之機，遣使到宋朝索要「關南十縣」，宋朝雖然拒絕交出關南十縣的土地，卻允諾將關南十縣的稅賦交給契丹帝國，同時增加「澶淵之盟」中許給契丹帝國的「歲幣」數量，這一事件史稱「重熙增幣」。

一〇四四年，党項與宋朝達成「慶曆和議」；農曆十月，興宗耶律只骨親率十萬大軍進攻西夏，「河曲之戰」爆發，契丹軍因遇沙塵暴敗退；契丹帝國兵敗後，興宗耶律只骨正式將雲州確立為契丹帝國的西京，命耶律仁先率軍鎮守，統籌對西夏的戰事，至此，契丹帝國的「五京」體制完備。

一〇四七年，興宗耶律只骨聽「報恩經」有所感悟，將已被幽禁十三年的母親蕭耨斤迎回宮中奉養，並歸還「法天太后」的尊號。

一〇四八年，西夏爆發宮廷政變，李元昊被殺，其子李諒祚即位，史稱「西夏毅宗」；塞爾柱帝國在卡佩特羅戰役中擊敗東羅馬帝國。

一〇四九年，遼興宗耶律只骨第二次出兵進攻西夏，重挫西夏軍。

一〇五〇年，農曆五月，西夏向契丹帝國稱臣請降，至此，契丹帝國與西夏之間的大規模戰爭結束。

一〇五一年，塞爾柱帝國遷都伊斯法罕。

一〇五五年，興宗耶律只骨駕崩，長子耶律查剌即位，史稱「遼道宗」；道宗耶律查剌冊封耶律孛吉只為「皇太叔」，並加封為「天下兵馬大元帥」。

一〇五七年，法天太后蕭耨斤病逝。

一〇六一年，「皇太叔」耶律孛吉只之子耶律涅魯古慫恿父親弒君奪位，未果。一〇六二年，道宗耶律查剌長子耶律耶魯斡被冊封為梁王。

一〇六三年，道宗耶律查剌出行途中駐蹕灤河行宮，「皇太叔」耶律孛吉只及其子耶律涅魯古發動「太叔之亂」，被道宗耶律查剌平定，耶律涅魯古被殺，耶律孛吉只自盡。

一〇六四年，道宗耶律查剌長子耶律耶魯斡被冊立為皇太子。

一〇七五年，道宗耶律查剌向宋朝提出重新議定邊界，未果；道宗耶律查剌詔令皇太子耶律耶魯斡兼管北、南樞密院事；農曆十一月，耶律乙辛等人製造冤案「十香詞案」，皇后蕭觀音被賜自縊。

一〇七七年，耶律乙辛等人再度掀起冤獄，殺害太子耶律耶魯斡及太子妃蕭氏。一〇七九年，正月，耶律乙辛等人謀害皇孫耶律阿果未遂。

一〇八一年，道宗耶律查剌將耶律乙辛逮捕，施以杖責之刑，並拘禁於來州；宋朝出兵約三十五萬，分五路進攻党項，史稱「五路伐夏」，宋軍遭受慘敗，全軍覆沒。

一〇八三年，道宗耶律查剌下詔，將耶律乙辛縊死，並為含冤而死的皇后、太子等人平反。

一一〇一年，農曆正月十三日，道宗耶律查剌駕崩，皇孫耶律阿果即位，史稱「遼天祚帝」。

一一一一年，宋徽宗趙佶派遣鄭允中、童貫出使契丹帝國，出生於燕雲十六州的契丹大臣馬植向童貫獻上聯合女真人消滅契丹帝國的計策。

一一一二年春，天祚帝耶律阿果到春州視察生女真各部落，在頭魚宴上與女真酋長完顏阿骨打結怨。

一一一四年，完顏阿骨打召集女真各部落共兩千五百人，會師於淶流河，攻克契丹帝國重鎮寧江州，正式拉開了女真人與契丹帝國的戰爭序幕；農曆十月，「出河店之戰」爆發，契丹軍被女真軍擊敗。

一一一五年，正月，完顏阿骨打正式稱帝，建立金朝；女真金國攻占契丹帝國東北重鎮黃龍府；農曆十二月初，遼金「護步達岡之戰」爆發，契丹軍慘敗。

一一一六年，女真金國攻占契丹帝國東京遼陽府。

一一一九年，金太祖完顏阿骨打命宗室完顏希尹創造女真文字。

一一二〇年，女真金國攻占契丹帝國上京臨潢府，天祚帝耶律阿果逃往中京；宋徽宗趙佶再次遣使從山東半島渡海到遼東半島，與女真金國簽訂夾擊契丹帝國的「海上之盟」。

一一二一年，農曆正月，蕭奉先等人誣陷文妃蕭瑟瑟與姐夫耶律撻葛、妹夫耶律余睹串通謀反，文妃蕭瑟瑟被賜死，耶律余睹降金。

一一二二年，女真金國攻占契丹帝國中京大定府；女真金國攻占契丹帝國西京大同府，天祚帝耶律阿果逃入夾山；留守南京的契丹文武百官擁立天祚帝的皇叔耶律涅里為帝，建立臨時政權，史稱「北遼」，耶律涅里史稱「北遼宣宗」；農曆五月底，宋徽宗任命宦官童貫為宣撫使，兩度進攻契丹帝國南京析津府，均遭受慘敗；年末，金太祖完顏阿骨打親自率軍攻占契丹帝國南京。

一一二四年，夏季，耶律大石離開天祚帝耶律阿果，率領兩百多名親隨西征，到達可敦城。

一一二五年，天祚帝耶律阿果在逃往西夏的途中被女真軍俘虜。

一一三〇年，金太宗完顏吳乞買派遣契丹帝國降將耶律余睹兩度進攻可敦城，未果。

一一三〇至一一三一年，耶律大石殺白馬青牛祭祀天地祖先，率領主力部隊離開可敦城，繼續西征。

一一三二年，農曆三月，耶律大石稱汗，號「菊兒汗」，正式建立喀喇契丹，在中國史籍中，喀喇契丹被稱為「西遼」，耶律大石被稱為「遼德宗」。

一一三四年，耶律大石率軍開進東喀喇汗王朝首都巴拉沙袞，幫助伊葛拉欣二世平定了葛邏祿人和康里人的叛亂，趁機將東喀喇汗王朝納入自己的保護之下。耶律大石將巴拉沙袞更名為「虎思斡耳朵」，作為喀喇契丹的新都城。耶律大石任命六院司大王蕭斡里剌為兵馬都元帥、樞密副使蕭查剌阿不為副元帥、耶律燕山為都部署、耶律鐵哥為都監，率領七萬騎兵東征女真金國，因天氣原因無功而返。

一一三五年，女真金國攻打可敦城，被契丹守軍擊退。

一一三七年，耶律大石大敗西喀喇汗王朝軍隊。一一四一年，九月九日，耶律大石與塞爾柱帝國之間爆發卡特萬草原戰役，耶律大石大獲全勝，趁機占領西喀喇汗王朝首都撒馬爾罕。

一一四三年，耶律大石病逝，其子耶律夷列即位，史稱「遼仁宗」。因耶律夷列年幼，耶律大石立有遺詔，令自己的可敦蕭塔不煙攝政，蕭塔不煙被尊為「感天太后」。

一一四四年，金熙宗完顏合剌派遣粘割韓奴出使喀喇契丹，粘割韓奴因傲慢無禮，被感天太后蕭塔不煙射死。

一一五〇年，感天太后蕭塔不煙歸政，耶律夷列親政。耶律夷列在位時，喀喇契丹國力達到鼎盛。

一一五五年，耶律夷列病逝，由於兩個兒子年幼，耶律夷列留下遺詔，由妹妹耶律普速完攝政。

一一五六年，女真金國攻打可敦城，被契丹守軍擊退。

約一一五七年，塞爾柱帝國被其附庸花剌子模所滅。

一一七八年，耶律普速完因與駙馬蕭朵魯不的弟弟蕭朴古只沙里私通，殺害了駙馬蕭朵魯不。蕭朵魯不的父親、六院司大王蕭斡里剌發動宮廷政變，射死耶律普速完和蕭朴古只沙里，擁立耶律夷列之子耶律直魯古即位。

一一九一年，女真金國章宗皇帝完顏麻達葛正式下詔，在官方和民間廢止契丹文。一二〇四年，蒙古部鐵木真在納忽山崖戰役中消滅乃蠻部。

一二〇六年，鐵木真正式建立大蒙古國，號「成吉思汗」。

約一二〇八年，乃蠻部王子屈出律到達喀喇契丹國都虎思斡耳朵，被耶律直魯古招為駙馬。

一二一一年，屈出律發動宮廷政變，逼迫耶律直魯古讓位，至此，喀喇契丹不再由耶律氏擔任可汗（皇帝），喀喇契丹已是名存實亡；女真金國北邊千戶耶律留哥在隆安、韓州一帶起兵反金，召集當地契丹人組建軍隊，號稱「義軍」。

一二一三年，耶律直魯古鬱鬱而終；農曆三月，耶律留哥自立為「遼王」，年號元統，國號為「遼」，史稱「東遼」。

一二一五年，屈出律將喀喇契丹的都城遷到喀什噶爾；農曆十一月，耶律留哥親自到蒙古草原朝覲成吉思汗，成吉思汗賜予他金虎符，並正式冊封他為「遼王」，東遼定都咸平，稱為「中京」。

一二一六年初，東遼將領耶律廝不帶兵脫離耶律留哥，在澄州稱帝，年號天威，國號為「遼」，史稱「後遼」；耶律廝不被部下所殺，後遼眾臣推舉宰相耶律乞奴「監國」。

一二一七年，後遼將領耶律統古與弒殺後遼國王耶律金山，取而代之成為後遼國王。

一二一八年，後遼將領耶律喊舍弒殺後遼國王耶律統古與，取而代之成為後遼國王；大蒙古國攻滅喀喇契丹；喀喇契丹的一名貴族波剌黑率領一部分喀喇契丹臣民向西遷徙到波斯東南部克爾曼地區。

一二一九年，後遼滅亡。一二二〇年，東遼國王耶律留哥病逝，繼妻姚里氏攝政。

一二二四年，波剌黑建立克爾曼王朝，後世一些學者將這個王朝稱為「後西遼」。一二二六年，姚里氏帶著子侄等到成吉思汗西征途中的阿里湫城朝覲，迎接耶律留哥長子耶律薛闍回到東遼即位。

一二三〇年，大蒙古國窩闊台汗改革地方行政，將東遼劃歸大蒙古國廣寧府路管轄，由東遼國王兼任「大蒙古國行廣寧府路總管軍民萬戶府事」。

一二三八年，耶律薛闍病逝，其子耶律收國奴襲爵。

一二五六年，伊兒汗國正式建立。

一二五九年，耶律收國奴病逝，長子耶律古乃襲爵。

一二六九年，大蒙古國薛禪汗忽必烈改制，將廣寧府路與東京合併，耶律古乃卸任「大蒙古國行廣寧府路總管軍民萬戶府事」一職，同時也不再擔任「遼王」；耶律古乃去世，東遼不復存在。

一三〇九年，克爾曼王朝被蒙古伊兒汗國所吞併，至此，契丹人建立的最後一個王朝宣告結束。

# 參考文獻

## 古典文獻

[1] 李延壽，《北史》，北京：中華書局，2018。
[2] 李百藥，《北齊書》，北京：中華書局，2020。
[3] 魏徵等，《隋書》，北京：中華書局，2020。
[4] 劉昫等，《舊唐書》，北京：中華書局，2020。
[5] 歐陽修、宋祁等，《新唐書》，北京：中華書局，2019。
[6] 脫脫等，《遼史》，北京：中華書局，2018。

[7] 葉隆禮，《契丹國志》，北京：中華書局，2014。
[8] 脫脫等，《宋史》，北京：中華書局，2019。
[9] 脫脫等，《金史》，北京：中華書局，2020。
[10] 宇文懋昭，《大金國志校正》，北京：中華書局，2019。
[11] 額爾登泰，烏雲達賚校勘，《蒙古祕史》，呼和浩特：內蒙古人民出版社，1980。
[12] 宋濂等，《元史》，北京：中華書局，1976。
[13]《元典章》編委會，《元典章》，北京：中國書店出版社，2011。

## 現代著作

[1] 李夙斌，《草原文化研究》，北京：中央編譯出版社，2008。

[2]林干，《中國古代北方民族通論》，呼和浩特：內蒙古人民出版社，2007。

[3]王鉞、李蘭軍、張溫剛，《亞歐大陸交流史》，蘭州：蘭州大學出版社，2000。

[4]項英傑、馬駿騏、藍琪等，《中亞：馬背上的文化》，杭州：浙江人民出版社，1993。

[5]邢莉，《遊牧中國：一種北方的生活態度》，北京：新世界出版社，2006。

[6]余太山，《內陸歐亞古代史研究》，福州：福建人民出版社，2005。

[7]張碧波、董國堯，《中國古代北方民族文化史》，哈爾濱：黑龍江人民出版社，2001。

[8]趙雲田，《中國邊疆民族管理機構沿革史》，北京：中國社會科學

出版社，1993。
[9] 朱學淵，《中國北方諸族的源流》，北京：中華書局，2002。
[10] 杉山正明，《疾馳的草原征服者：遼、西夏、金、元》，烏蘭・烏日娜譯，桂林：廣西師範大學出版社，2014。
[11] 加文・漢布里，《中亞史綱要》，吳玉貴譯，北京：商務印書館，1994。
[12] 勒內・格魯塞，《草原帝國》，藍琪譯，北京：商務印書館，2007。
[13] 李特文斯基，《中亞文明史》，馬小鶴等譯，北京：中國對外翻譯出版公司，2003。
[14] 麥高文，《中亞古國史》，章巽譯，北京：中華書局，2004。
[15] 溫蓋爾・馬加什、薩博爾奇・奧托，《匈牙利史》，闞思靜、龔坤余、李鴻臣譯，哈爾濱：黑龍江人民出版社，1982。

[16] Andrew Bell-Fialkoff. *The Role of Migration in the History of the Eurasian Steppe: Sedentary Civilization vs. "Barbarian" and Nomad*. London: Macmillan Press Ltd., 2000.

[17] Fodor István. *Magyarország Története: Őstörténet és Honfoglalás*. Budapest: Kossuth Kiadó, 2009.

[18] Herbert Franke, Deins Twitchett. *Alien Regimes and Border States, 907-1368*. The Cambridge History of China, Volume 6. Cambridge: Cambridge University Press, 1994.

[19] Hóman Bálint. *Magyar Pénztörténet, 1000-1325*. Budapest: Kiadja A Magyar Tudományos Akadémia, 1916.

[20] Juan Ramón Azaola, Jean-François Bueno. *La Hongrie Médiévale: Des Tribus à l'Empire*. Paris: DelPrado Éditeurs, E. U. R. L., 2005.

[21] Koszta László. *Magyarország Története: Válság és megerősödés, 1038-1196*. Budapest: Kossuth Kiadó, 2009.

[22] Lyudmla Doncheva-Petkova, etc. *Avars, Bulgars and Magyars on the Middle and Lower Danube*. trans. by Hajnalka Pál, etc. Budapest: Archaeolingua Alapítvány, 2014.

[23] O. P. Goyal. *Nomads: at the Crossroads*. Delhi: Isha Books, 2005.

[24] René Groussèt. *L'empire des Steppes*. Paris: Payot, 1952.

[25] Pásztor Péter. *Magyar Politikai Enciklopédia*. Budapest: Polgári Magyarországért Alapítvány, 2018.

[26] Tóth István Gy rgy. *Magyar Története: Magyarország Története a Honfoglalástól Napjainkig*. Budapest: Osiris Kiadó, 2002.

[27] Unger Mátyás, Szabolcs Otto. *Magyarország T.rténete*. Budapest ·· Gondolat · 1973.

[28] Zsoldos Attila. *Magyarország Története: Nagy uralkodók és kiskirályok a 13. században*. Budapest: Kossuth Kiadó, 2009.

# 後記

中國北方草原遊牧民族契丹，已經不在今天中國的五十六個民族之列，但這個民族在中國北方建立的契丹帝國（遼朝），曾盛極一時。契丹帝國東起渤海之濱，北至西伯利亞，南到今天河北、山西等地，向西曾一度遠至西亞，將中華文明向北、向西推廣到遙遠的西伯利亞、中亞甚至西亞等地，為中華文明向世界的傳播做出了不可磨滅的貢獻，「契丹」曾一度成為西方人心目中「中國」的代名詞。

從匈奴、鮮卑時代的頻繁互動到遼、金、元、清四代王朝的治理和整合，草原民族與中原王朝在長達數千年的頻繁交往和互動過程中，奠定了今天中國的版圖，孕育出了今天中國的文明形態。中華民族包含有草原民族的血液，中國北方草原文明也是今天中華文明的重要組成部分。契丹帝國的一國多制、因俗而治，為亞歐大陸北部草原文明與南部農耕文明的融合探索出了新的道路，為統一的多民族國家的形成奠定了一定的基礎，更為後來的金、元、清三代一國多制、因俗而治的國家治理模式提供了極為寶貴的歷史經驗。

二十世紀下半葉開始，個別西方學者渲染「文明衝突論」，過分強調不同文明之間的差異和對抗，繼而將「文明衝突論」套用到中國北方草原文明與南部農耕文明之間的關係上，有意割裂二者的統一性，過分強調草原民族與中原王朝的戰爭和對抗，刻意抹殺草原民族與中原王朝的交往和聯繫。然而，只要完整瞭解草原文明數千年的歷史，就不難看出這種「文明衝突論」的荒謬性。經過了數千年時而兵戎相見、時而和平共處的頻繁互動，無論是中國北方草原文明，還是南部農耕文明，均不再具有「非此即彼」的強烈排他性，而是具備了極大的包容性。自古以來，中國北方草原文明與南部農耕文明等多種文明形態在生活習俗、文化傳統乃至衣食住行各個方面，均相互借鑒、相互融合，契丹帝國以及契丹民族的歷史就是最為顯著的一例。

在本書的寫作過程中，筆者選取契丹帝國歷史上具有代表性的歷史事件、歷史人物和文化現象，在講述契丹帝國歷史沿革的同時，對契丹民族以及同時代一些草原遊牧民族的經濟、文化、社會生活、傳統習俗等加以介紹，力爭向讀者展現一個雖然已經遠去、但對今天仍有影響的契丹帝國的概貌。

在本書的最後，筆者要特別感謝華中科技大學出版社給予筆者這樣一次寶貴的寫作機會，特別感謝華中科技大學出版社閆麗娜老師和康豔老師在本書寫作過程中對筆者的大力幫助。特別感謝筆者導師東北師範大學歷史文化學院宮秀華教授、南開大學歷史學院楊巨平教授、東北師範大學歷史文化學院王晉新教授，在筆者學習草原民族歷史和本書寫作過程中的指導和幫助。感謝南開大學歷史學院王曉欣老師、東北師範大學歷史文化學院蘇力老師、南開大學歷史學院馬曉林老師，關於北方少數民族史方面的課程和對筆者在寫作本書過程中的幫助。感謝尚德君師兄、劉琳琳師姐在筆者寫作過程中的幫助。特別感謝父母的關愛和支持，特別感謝愛人鐘姍姍的支持和幫助。

在本書的寫作過程中，筆者查閱大量資料，仔細核對相關內容，力爭做到史實準確。對於一些學術界尚存爭議的歷史問題，筆者僅根據自己現有的知識儲備和認知水準，酌情採納其中一種較為廣泛認可的觀點介紹給讀者。鑒於筆者學識尚淺、水準有限，書中難免有疏漏之處和不當之處，懇請各位讀者不吝賜教。

宇信瀟

# 契丹：從白馬青牛的起源傳說到草原帝國的崛起與沒落

作　　者　宇信瀟

發 行 人　林敬彬
主　　編　楊安瑜
編　　輯　林佳伶
封面設計　蔡致傑
地圖繪製　柯俊仰
行銷經理　林子揚
行銷企劃　戴詠蕙
編輯協力　陳于雯、高家宏

出　　版　大旗出版社
發　　行　大都會文化事業有限公司
11051 台北市信義區基隆路一段 432 號 4 樓之 9
讀者服務專線：（02）27235216
讀者服務傳真：（02）27235220
電子郵件信箱：metro@ms21.hinet.net
網　　　址：www.metrobook.com.tw

郵政劃撥　14050529 大都會文化事業有限公司
出版日期　2023 年 12 月初版一刷
定　　價　480 元
I S B N　978-626-7284-34-6
書　　號　History-161

Banner Publishing, a division of Metropolitan Culture Enterprise Co., Ltd.
4F-9, Double Hero Bldg., 432, Keelung Rd., Sec. 1,Taipei 11051, Taiwan
Tel:+886-2-2723-5216　Fax:+886-2-2723-5220
E-mail:metro@ms21.hinet.net
Web-site:www.metrobook.com.tw

◎本書由華中科技大學出版社授權繁體字版之出版發行。
◎本書如有缺頁、破損、裝訂錯誤，請寄回本公司更換。



國家圖書館出版品預行編目（CIP）資料

契丹：從白馬青牛的起源傳說到草原帝國的崛起與沒落／宇信瀟　著. -- 初版 -- 臺北市：大旗出版：大都會文化發行,2023.12；336 面；17×23 公分. -- (History-161)
ISBN 978-626-7284-34-6(平裝)

1. 契丹 2. 遼史

625.51　　112017282